'영예'로운 패전

일제 침략군의 한반도 전쟁기지화와 상처받지 않은 패전

[강제동원&평화총서 22 연구총서 제5권]
'영예'로운 패전 - 일제 침략군의 한반도 전쟁기지화와 상처받지 않은 패전

초판 1쇄 발행 2023년 10월 31일

저 자 | 조건
발행인 | 윤관백
발행처 | 선인

등 록 | 제5 - 77호(1998. 11. 4)
주 소 | 서울특별시 양천구 남부순환로 48길 1, 1층
전 화 | 02)718 - 6252 / 6257
팩 스 | 02)718 - 6253
E-mail | suninbook@naver.com

정가 24,000원
ISBN 979 - 11 - 6068 - 843 - 6 94900
ISBN 978 - 89 - 5933 - 473 - 5 (세트)

[강제동원&평화총서 22 연구총서 제5권]

영예로운 패전

일제 침략군의 한반도 전쟁기지화와 상처받지 않은 패전

조 건

선인

책을 펴내며

'영예'로운 패전 – 일제 침략군의 한반도 전쟁기지화와 상처받지 않은 패전

"해방은 도둑처럼 왔다." 함석헌 선생이 했다는 이 말은 여러모로 논쟁의 여지가 있다. 해방과 독립을 위해 고군분투했던 독립운동가들의 치열한 노력이 제대로 된 역할을 하지 못했다는 뉘앙스로 들리기 때문이다. 아시아태평양전쟁이 한창일 때 열강이 '한국의 독립'을 약속한 데는 한국인의 독립에 대한 확고한 의지와 행동이 작용했다. 그럼에도 해방을 온전히 우리의 노력에 따른 결실로 인정하기는 어렵다. 해방은 알 수 없는 사이, 그리고 그만큼 위태롭게 우리 사이에 침수(浸水)해 왔던 것이다. 이러한 의미에서 함석헌 선생의 말은, 해방이 우리가 의도하거나 계획하지 않은 '외적 요인'에 힘입은 바 크다는 점을 자인한 일종의 체념적 독백이었다. 충분한 준비와 대비 없이 맞이한 해방에 대한 아쉬움이었다고도 할 수 있다.

다만, 해방(패전)은 우리만큼이나 식민지배의 당국자들에게도 당황스러운 일이었다. 일제는 한반도의 해방과 한반도에서의 패전을 어떻게 맞이해야 하는지 전혀 준비가 되어 있지 않았다. 특히 한반도 주둔 일본군은 패전하는 순간까지 미군 등 연합군을 상대로 한 전쟁 준비로 여념이 없었다. 한반도는 애초 아시아태평양전쟁의 '주전장(主戰場)'이 아니었지만, 종국은 '최후 결전'의 전장으로 탈바꿈했다. 일제는 중일전쟁 이후 병참기지화 정책에 따라 조선을 '대륙병참기지'로 구축한 데 이어, 전쟁 말기에는 '본토결전(本土決戰)'을 수행할 거대한 전쟁기지로 변질시켰던 것이다. 만일 일제가 '무조건 항복'하지 않고 전쟁을 지속했다면 연합군의 공습과 상륙 공격으로 인한 한반도의 피해는 상상 그 이상으로 비참했을 것이다. 식민지 조선은 국권의 피탈과 모진 식민 지배, 전시 동원을 강제당한 데 이어 제국주의 침략전쟁의 가장 큰 피해자가 될 수도 있었다.

불행인지 다행인지, 천황은 미국의 핵폭탄 투하 직후 항복을 선언했다. 한반도가 전장화되기 직전이었다. 결국 조선에 주둔하고 있던 일본군은 한반도의 구석구석에 굴착한 수백, 수천의 지하군사시설을 남긴 채 전쟁을 멈췄다. 굴욕적인 패망이었겠지만, 상처입지 않은 패전이었다.

패전 직후 한반도 주둔 일본군의 지상 목표는 '무사 귀환'이었다. 이들은 오키나와에 주둔하고 있던 미 제24군단과 수 십 차례 무선 교신을 통해 자신들의 '안전'을 확보했다. 1945년 8월 15일 해방 직후부터 미군이 인천에 상륙한 9월 8일까지, 그리고 그 해 말 대부분 지역에서 무장해제와 귀환이 완료될 때까지 일본군은 한반도 내에서 안전했다. 일본군 고위 참모는 이러한 상황을 "고래(古來)의 종전사(終戰史)에서 본" 적 없는 '평온'한 일이었다고 술회했다. 이 책의 제목을 『'영예'로운 패전』이라고 지은 이유다.

영광스럽고 명예로운 패전이라는 것이 어디 있으랴. 패전은 치욕적이고 실상은 비극적이다. 하지만 한반도 주둔 일본군은 이러한 치욕과 비극을 겪지 않았다. 적어도 38도선 이남에서 이들의 패전은 전례 없이 '평온'했다. 식민지의 '본국인'들이 패전 이후에도 끔찍한 피해를 입었어야만 한다고 생각하지는 않는다. 그래도 그들 스스로 '평온'했다는 말을 하는 것은 못내 듣기 거북스럽다. 일제는 침략전쟁에 조선인들을 강제로 끌어가면서 늘 '영예'로운 일이라는 수사를 아끼지 않았다. 그래서 그들의 '평온한 패전'에 '영광과 명예'를 돌려주고 싶었다.

이를 위해 본문에서는 일본군이 한반도에서 어떻게 침략전쟁을 준비했고, 결국 패전에 이르게 되었는가를 살펴보았다. 그 과정에서 한반도에 신설된 부대와 군사시설, 특히 패전 직전 대규모로 증설된 비행장과 엄체호 등 항공기지의 전체상과 지역별 양상을 고찰했다. 다음으로 한반도 병참기지화의 중핵시설인 인천육군조병창의 지하화와 해체 상황도 검토했다. 일제는 침략전쟁 수행을 위한 이 모든 것들이 천황을 위한 '영예'라고 포장했다. 하지만 그 귀결은 패전과 패망이었다.

이 책은 모두 3부로 구성되어 있다. 제1부에는 「일제 침략군의 증식(增殖)과 결전장이 된 한반도」라는 제목 아래 두 편의 글을 수록했는데, 중일전쟁 이후 한반도에 증설된 제30사단의 실체와 의미, 그리고 한반도를 최후 결전의 전장으로 만들기 위해 추진한 지하 군사령부 구축 실태를 다루었다. 제30사단의 설치는 기존 한반도에 주둔하고 있던 제19사단과 제20사단에 이은 새로운 상주사단(常駐師團)의 편성이라는 점에서 중요하다. 제30사단이 편성되면서 일제의 식민지 군사지배가 한반도 북서부와 북동부, 그리고 남부로 삼분(三分)되었다. 이는 전시체제 하 한반도 식민지배의 변화라는 점에서 주목할 필요가 있다. 제1부 두 번째 글은 일본 군사령부의 대전 이전과 그에 따른 지하사령부 구축 실태에 관한 것이다. 일제는 1945년 초, 미군의 공격이 가시화되자 곳곳에 지하시설을 건설하는 등 한반도를 군사기지화 했다. 특히 대전에 지하시설을 구축하고 이곳을 한반도 최후 결전의 사령부로 삼았다.

제2부는 「일제의 항공군사기지 건설과 성격」으로 세 편의 글을 담았다. 첫째는 '아시아태평양전쟁기 일본군의 한반도 내 항공기지 건설과 의미', 둘째는 '한반도 주둔 일본 해군의 제주항공기지 건설과 특징', 셋째는 '아시아태평양전쟁기 일본군의 광주·전남지역 군사시설 건설과

전쟁유적의 성격'이다. 한반도의 항공 군사적 중요성은 중일전쟁 직후 급격히 높아졌다. 기존 한반도 내 항공군사기지는 교육훈련에 집중되어 있었으나, 중일전쟁 직후부터는 바다를 건너 중국을 공습하기 위한 중간기지로 활용되었다. 그리고 패전이 머지않았던 1944년부터는 미군의 공격에 대비하여 비행장을 비롯한 항공기지가 대대적으로 증설되었다. 첫 번째 글에서는 한반도 내 일본군 항공기지의 증설 추이와 전체 현황을 살펴보고 그것이 의미하는 것에 대해 고찰하였다. 두 번째와 세 번째 글은 제주도와 한반도 남서해안을 대상으로 일본군 항공기지의 건설, 현황, 특징 등을 다루었다. 이중 세 번째 글에서는 항공기지뿐만 아니라 광주·전남지역에 잔존한 여타 일제 전쟁유적의 실태와 성격도 함께 검토하였다.

제3부에는 「침략전쟁 말기 한반도 병참기지화의 실체와 파급」이라는 제목 아래 두 편의 글을 구성했다. 첫 번째 글은 '일제 말기 인천육군조병창의 지하화와 강제동원 피해'로 일제 병참기지화정책의 중핵시설인 육군조병창이 인천 부평에 설치되는 과정을 비롯하여 패전 직전 조병창 지하화와 그로 인한 강제동원 피해 실태를 다루었다. 두 번째 글은 인천 부평지역에 일제 육군조병창이 건설되게 된 배경을 경성제국대학 교수였던 스즈키 다케오(鈴木武雄)의 「대륙병참기지론해설(大陸兵站基地論解說)」 등 저작을 통해 살피고, 이후 일본군과 미군에 의한 병참기지 설치와 해체 과정을 검토하였다. 일제가 폈던 식민지 동화정책은 늘 허울에 불과했었다. 내지와 외지는 명확히 구분되었으며, '본토'의 일본인과 식민지민 또한 엄격한 차별이 있었다. 그런데 전황이 악화되어 막상 천황을 지키는 일이 다급해지자 한반도는 '내지의 분신(分身)'이 되어 '본토'로 격상되었다. 실상은 내지와 똑같은 전쟁 피해를 한반도에 분담하려는 속셈에 지나지 않았다. 한반도가 '본토'와 함께 연합군의 공격을 감내하는 동안 조금이라도 천황의 목숨을 연장할 수 있을 것이라고 판단했던 것이

다. 일제가 한반도에서 시행한 병참기지화정책의 실체였다.

책의 말미에는 〈보론〉을 두었다. 「'본토'가 된 한반도의 상처받지 않은 침략군」이라는 제목으로 패전 당시 한반도 주둔 일본군의 상황과 귀환 실태를 수록하였다. 한반도 주둔 일본군은 '본토결전'에 따라 제17방면군과 조선군관구사령부로 재편되었다. 전황 악화로 조선 주둔 상주사단들이 '남방'으로 전용됨에 따라 한반도 방어에 큰 공백이 생겼다. 이를 극복하기 위해 신설 사단을 급조하는 한편 중국 전선에 주둔하던 부대를 이전하기도 했다. 한편 38도선 이남지역의 일본군은 패전에도 불구하고 승전국의 '비호' 아래 스스로 치안을 유지할 수 있었다. 심지어 '경거망동'한 한국인들에게 피해를 입을까 우려하여 무장해제 이후에도 상당량의 무기를 소지했다. 개항 이래 무력을 앞세워 한반도를 침탈하고 수많은 한국인들을 학살했던 일제 침략군은 '상처 받지 않고' 무사히 귀환했다.

본문에 수록한 글들은 필자가 최근 학계에 발표한 논문 중에서 선별한 뒤 약간의 수정을 거친 것이다. 그동안 나름대로 일제의 침략전쟁과 그로 인한 피해 실태를 규명하려는 목적 아래 연구를 진행해 왔지만 애초 단행본을 염두에 두고 집필한 것이 아닌 탓에 일부 중복되거나 어색한 부분도 있다. 독자들의 너른 양해를 구한다.

과연 일본 제국주의는 한반도를 얼마나 망쳐놓았을까. 해방(패전)된 지 80년이 다 되어 가는 지금 한국과 일본의 국민들은 이러한 사실을 얼마나 무겁게 인식하고 있을까. 역사적 피해는 사람들의 복잡다단한 일상 속에서 보잘 것 없이 잊혀 진다. 가끔 고된 일상에 대한 화풀이 대상처럼 일제의 만행이 언급되는 경우가 있다. 하지만 이러한 감정적 분노는 최근 들어 더욱 강성해진 한국과 일본의 역사부정론 앞에서 무력하게만 느껴질 뿐이다. 다행인 점은 아직 한반도 곳곳에 일제 침략전쟁이 남긴 흔적이 다수 존재한다는 사실이다. 이 책에서 언급하고 있는 비행장과 엄체호, 육군조병창 지하공장 등이 그것이다. 불행한 유적이지만 위태로운 우리의 기억을 대신할 소중한 증거이기도 하다. 이 책을 통해 앞서 언급한 의구심들이 조금이라도 해소되고, 일제가 남긴 증거들이 더욱 중하게 조명되었으면 좋겠다.

마지막으로 촉박한 출판 일정에도 불구하고 훌륭하게 책을 발간해 준 선인의 윤관백 사장님과 장유진 주임님 등 출판사 식구들에게 진심으로 감사드린다.

2023년 10월

서대문에서 조건

차 례

제2부 아시아태평양전쟁기 일제의 항공군사기지 건설과 성격 / 77

제3부 침략전쟁 말기 한반도 병참기지화의 실체와 파급 / 171

〈보론〉 '본토'가 된 한반도의 상처받지 않은 침략군 / 245

일러두기

※이 책은 학회지에 실린 필자의 글을 수정·보안 발간한 것이다. 이 책의 저본이 된 논문은 다음과 같다.

- 「해방 직후 일본군의 한반도 점령 실태와 귀환」, 『한국학논총』 47, 2017, 제2·4장.
- 「일제 말기 조선 주둔 일본군의 大田 주둔과 군사령부 이전 계획」, 『호서사학』 92, 2019.
- 「중일전쟁 이후 조선군의 '평양사단' 증설과 그 의미」, 『숭실사학』 44, 2020.
- 「아시아태평양전쟁기 일본군의 광주·전남지역 군사시설 건설과 전쟁유적의 성격」, 『한국근현대사연구』 103, 2022.
- 「인천시 부평 외국군 '兵站基地'의 성립과 해체, 그리고 현재적 의미」, 『한일민족문제연구』 43, 2022.
- 「일제 말기 인천육군조병창의 地下化와 강제동원 피해」, 『한국근현대사연구』 87, 2021.
- 「아시아태평양전쟁기 일본군의 한반도 내 항공기지 건설과 의미」, 『한국근현대사연구』 104, 2023.
- 「한반도 주둔 일본 해군의 제주항공기지 건설과 특징」, 『동국사학』 76, 2023.

제1부
일제 침략군의 증식과 결전장이 된 한반도

제1장
중일전쟁 이후 조선군의 '평양사단' 증설과 그 의미

1. 머리말

1943년 5월 평양에 일본군 상주(常駐) 제30사단이 신설되었다. 이미 1921년 식민지 조선에 설치되었던 상주 제19사단과 제20사단에 이은 세 번째 상주사단이었다. 제2차 세계대전 말기 전황 악화에 따라 한반도에도 수많은 사단이 증편된 바 있지만, 제30사단의 설치는 이들과는 궤를 달리한다. 요컨대 상주 제30사단의 평양 설치는 1940년대 초 달라진 한반도와 주변 군사 환경에 따른 것이었다.

조선 주둔 일본군은 1916년부터 시작된 상주화를 통해 그 주둔과 지배체제를 공고히 하였다. 그 근간을 이뤘던 부대가 함경북도 나남에 사령부를 둔 제19사단과 서울 용산의 제20사단 등 2개의 육군 사단이었다. 두 육군사단의 상주화는 1921년에 완료된다. 제19·20사단은 1916년부터 설치되기 시작하여 1945년 패전 때까지 지속적으로 식민지 조선에 주둔한 부대였다. 그런데 1930년대 말 일본 육군은 한반도 내 또 하나의 상주사단 설치를 추진한다. 평양에 사령부를 둔 제30사단이었다.

제30사단의 상주화가 완료된 것은 1943년이었다. 이미 패전이 가시화되던 시점이었다. 그리고 이러한 전황 속에서 제30사단은 1944년 한반도에 머물지 않고 필리핀으로 '전용'되었다.[1] 제30사단은 상주사단이었지만 실제 한반도 내에서 그에 걸맞는 활동을 전개할 시간은 거의 없었던 것이다. 이 때문에 제30사단은 전쟁 말기 미군의 상륙에 맞서 한반도에 급조된 여타 사단과 유사하게 인식된다.

그러나 제30사단은 상주화가 결정된 시기나 형태, 그리고 이후 역할 등에서 패전에 직면해서 만들어졌던 다른 사단들과는 차이가 있다. 제30사단이 계획된 것은 중일전쟁이 장기화 국면에 접어든 1939년 경이었고, 형태 또한 기존과는 달리 3단위제 사단의 형태를 띠었다. 아울러 상주사단이었던 까닭에 사령부였던 평양을 중심으로 평안도 일대를 위수지역으로 하고 있었다.

지금까지 제19사단과 제20사단의 창설과정과 규모, 그리고 주둔 지역 및 성격에 대해서는 대략적이나마 연구가 진행되어 왔다. 그러나 1930년대 말과 1940년 초 중일전쟁과 연루되어 창설되었던 새로운 상주사단에 대해서는 아직까지 제대로 검토된 바가 없다. 제30사단은 왜 신설되었을까. 이 글은 평양에 창설되었던 상주 제30사단의 주둔과 그 역할을 파악하는 것을 일차적인 목적으로 한다. 아울러 제30사단의 주둔지를 현재 평양과 비교하여 그 실태와 공간의 변화상을 살펴보고자 한다. 마지막으로 제30사단 상주로 완성된 조선 주둔군 정립(鼎立)의 의미를 고찰해 보겠다.

1) 1940년대 초반 한반도와 만주 일대에 주둔하던 부대를 미군의 공격에 대비하여 동남아시아 등으로 이동시킨 것을 '남방전용'이라고 일컫는다. 이에 따라 한반도에 상주하고 있었던 제20사단은 동부 뉴기니로, 제19사단은 필리핀과 대만으로, 그리고 제30사단은 필리핀으로 '전용' 되었다. '남방전용'은 태평양전선의 전황 악화에 따른 고육지책이었다.

2. 중일전쟁기 조선군의 중국 침략과 사단 증설

1) 중일전쟁기 조선 주둔군의 중국 침략

1920년대 일본 내 다이쇼 데모크라시와 수차례의 군축으로 인해 상대적으로 약화된 듯 했던 군부의 영향력은 1930년대 초반 만주 침략을 기화로 폭주하기 시작했다.[2] 그리고 1937년에 시작된 중일전쟁은 결국 제국주의 일본이 패망의 길로 접어든 계기가 되었다. 애초 일본은 중국과 장기전을 구상하지 않았기 때문에 전쟁이 지구전으로 변해갈수록 감당할 수 없는 지경에 빠져들었다.

1930년대 초반까지 조선 내 치안유지와 비공식적인 교전 상태로 인해 전면적인 대외 침략이 어려웠던 조선 주둔 일본군은 중일전쟁으로 새로운 국면을 맞는다. 당시 일본은 중일전쟁을 '북지사변(北支事變)' 또는 '지나사변(支那事變)' 등으로 축소 왜곡하고자 했지만, 1937년 이래 중국과 일본의 교전은 이전과는 다른 양상을 띠었다. 중일전쟁은 일본 정부의 파병 결정과 일왕의 '봉칙명령(奉勅命令)'에 따른 공식적인 전쟁 행위였기 때문이다.

중일전쟁은 조선 주둔 일본군을 비롯한 일본군의 편제와 활동을 중심으로 몇 가지 점에서 이전과는 구분된다. 첫째, 식민지 조선 경계 밖으로 이동한 조선군의 편제 및 규모가 확대되는 동시에 공식화되었다. 1937년 이전 중국에 침공했던 조선 주둔 일본군은 주로 특설부대 형식을 취했으나 중일전쟁 이후에는 상주사단 편제를 유지한 채 참전했고, 규모 또한 이전에 비해 확대되었다.

2) 1930년대 초 일본군의 만주 침략과 조선 주둔군의 활동에 대해서는 서민교의 「만주사변기 조선 주둔 일본군의 역할과 활동」(『한국민족운동사연구』 32, 2002)에 구체적으로 적시되어 있다.

둘째, 1937년 중일 전면전은 엄연한 전쟁 행위였고 부대 파견 역시 공식적인 형태를 띠었다. 즉 1937년 이후 조선군의 파견은 일본 정부 및 군 중앙의 공식적인 명령에 의한 것이었다. 중일전쟁 직후 상주사단에는 '동원령(動員令)'이 내려졌고,[3] 이에 대응하여 사단의 원소속지에 유수사단(留守師團)이 편성되었다.[4] '동원하령(動員下令)'과 유수사단의 설치는 일왕의 재가를 거친 뒤 이뤄진 작전 활동이었다는 점에서도 중요성을 갖는다.

셋째, 중일전쟁 이전 조선 주둔 일본군의 대외 침략은 정세에 따른 일시적인 '파견'에 가까웠으나 1937년 이후의 중국 침략은 제2차 세계대전 말기까지 연결된다는 점에서 중요하다. 물론 중일전쟁 당시 화북에 파견되었던 제20사단 본대는 1939년 11월 경성으로 복귀했다. 그러나 중일전쟁은 1941년 12월 시작된 동남아시아와 태평양지역의 전쟁과 함께 일본이 자행한 거대한 침략전쟁의 일부였고,[5] 이에 따라 일단 복귀했던 제20사단은 다시 '남방'으로 파견되기에 이른다. 이것은 이전 조선군의 여타 파병들이 서로 특별한 연관성을 갖지 않았을 뿐만 아니라 지속되지 않았다는 점과 구별된다.

넷째, 조선군사령부의 전시체제 개편이다. 중일전쟁 개전 직후부터 조선군사령부 내에 전쟁 수행을 위한 새로운 조직이 설치되기 시작했던 것이다. 즉 1937년 10월 참모부 내 신문반 편성을 시작으로 1938년 10월

3) 일본 육군에서 '動員'은 "편제를 평시(상시) 태세로부터 작전 수행에 적응할 수 있는 태세로 바꾸는 것"을 의미한다. 동원은 '勅命'에 의해 실시되는데 이를 동원령이라고 지칭한다. 동원령은 다시 응급동원령·임시동원령·임시응급동원령·임시편성령·임시응급편성령 등으로 구분된다. 또한 동원된 부대를 다시 평시 태세로 복귀시키는 것을 '復員'이라고 한다.(秦郁彦, 『日本陸海軍総合事典』 第2版, 東京大学出版会, 2005, 758쪽.)

4) 유수사단은 동원령에 의해 일본 본토와 조선의 상주사단이 전지로 파견될 때 원주둔지에 편성되어 전선으로 이동한 부대의 유수 및 보충 업무를 맡았다.(秦郁彦, 『日本陸海軍總合事典』, 777쪽.) 즉 유수사단의 편성은 상주사단의 동원과 전선 이동에 따른 조치이다.

5) 이에 대해서는 요시다 유타카의 책에 잘 정리되어 있다.(吉田裕, 『アジア·太平洋戦争』, 岩波書店, 2007.)

보도부[6], 1939년 병사부[7], 1940년 참모부 자원반[8], 1941년 병무부 등이 차례로 조선군과 조선군사령부 내에 설치되었다. 이를 통해 중일전쟁을 기점으로 조선군사령부가 개편되고 조선 주둔군의 역할 또한 이전과 확연히 구분되는 것을 알 수 있다.

중일전쟁은 1937년 7월 7일 밤 하북성 노구교(盧溝橋) 부근에서 야간 훈련 중이던 일본군 중대와 인근의 중국군 사이에 벌어진 '의혹의 총격' 사건으로 촉발되었다. 그러나 이 사건이 곧바로 중일 간의 전면전으로 이어지지는 않았다. 사건 다음 날 현지 일본군이 중국군 진지를 공격하여 노구교를 점령했지만 11일에는 양국군 사이에 정전협정이 체결되는 등 사태가 잠시 진정되는 듯 했던 것이다. 그런데 무마되는 듯 보였던 국면은 정전협정 당일 고노에(近衛) 내각의 본토 사단 파견 결정으로 급변했다.[9] 아울러 일본 정부는 11일 밤 관동군의 혼성 2개 여단과 조선군 제20사단의 화북 파견을 명령했고, 15일에는 육군 항공 병력의 절반 이상을 집결하여 임시항공병단을 편성한 뒤 역시 화북에 파견시켰다.

7월 11일 체결된 정전협정은 현지 야전부대와 관동군 및 육군 중앙의 사태 파악에 얼마나 괴리가 있었는지를 보여주는 해프닝에 불과했다. 이미 일본 육군 중앙은 노구교 사건 직후인 8일 본토의 긴키(近畿) 지방 서편에 주둔하는 사단 병력에 대하여 제대 연기 명령을 하달하고 곧 있을 동원령에 대비하고 있었다.[10] 관동군 역시 8일부터 2개 여단이 출동

---

6) 조건, 「중일전쟁기(1037~1940) '조선군사령부 보도부'의 설치와 조직 구성」, 『한일민족문제연구』 19, 2010.

7) 김상규, 「전시체제기(1937~1945) 조선 주둔 일본군 병사부의 설치와 역할」, 『한국근현대사연구』 67, 2013.

8) 안자코 유카, 「조선총독부의 '총동원체제'(1937~1945) 형성 정책」, 고려대 박사학위논문, 2006.

9) 고노에의 중일전쟁 확전 방침에 대해서는 김봉식의 『고노에 후미마로-패전으로 귀결된 야망과 좌절-』(살림, 2019)에 잘 드러나 있다.

10) 藤原彰, 『日本軍事史』上, 社會批評社, 2006, 290~295, 307쪽.

준비를 하고 있었고, 10일 밤에는 참모본부에서 관동군 병력과 더불어 조선 상주 제20사단 및 비행 중대 3개 그리고 본토 상주 제5·6·10사단과 18개 비행중대의 파병이 내정되어 있었다.[11] 11일에 있었던 일본 정부의 파병 결정은 육군 참모본부의 파병안을 추인한 것에 지나지 않았던 것이다.

관동군과 참모본부의 움직임과 별도로 조선군 역시 기민하게 반응했다. 당시 조선군사령관 고이소 구니아키(小磯國昭)는 사건 발생 직후 육군 중앙에 예하 제20사단이 즉시 화북에 급파될 수 있다고 전신으로 보고했다. 이에 대응하여 마침내 7월 11일 제20사단에 응급동원령이 하달되었다.[12] 사단장 가와기시 분자부로(川岸文三郎)는 곧바로 휘하 병력을 이끌고 철로로 국경을 넘어, 주력은 천진(天津)에 주둔시키고 일부를 당산(唐山)과 산해관(山海關)에 분주시켰다.

제20사단은 7월 28일 남원(南苑) 전투를 시작으로 제1군 예하에서 평한선(平漢線)[13]을 따라 남하하며 작전 활동을 전개했다. 제1군은 9월 말 보정(保定)을 지나 10월 초에는 석가장(石家莊)까지 침입했는데, 여기에서 제20사단은 침공 방향을 바꿔 서쪽의 산서성(山西省)으로 돌입, 태원(太原)을 목표로 진격하기 시작했다. 이후 하북(河北)과 산서(山西)의 경계인 낭자관(娘子關)에서 중국군과 격전을 치르고, 결국 11월 초 태원 남방에 도착했다. 이때 이미 사단 병력 중 약 3,100명이 죽거나 다치는 등의 손실을 입었다고 한다. 태원 공략 이후 20사단은 지속적으로 남서

11) 임종국, 『日本軍의 朝鮮侵略史』Ⅱ, 일월서각, 79쪽. 임종국에 따르면 참모본부 내의 강경안에도 불구하고 실제 중일 양국 간의 교전은 무마될 가능성이 적지 않았다. 즉 파병안 결정 이후에도 양국간 협상이 이어졌으며 이에 따라 실제 본토 사단의 파병은 두 차례나 유보되기도 했다. 결국 노구교 사건이 전면전으로 비화한 것은 일본군의 '집요한 도발' 때문이었다.

12) 『조선군개요사』에는 동원령이 7월 10일 하달된 것으로 기록되어 있다.(宮田節子 編·解說, 『朝鮮軍概要史』, 24쪽.) 그러나 실제 동원령은 각의에서 파병안이 결정된 11일이었을 것이다.

13) 北平에서 漢口에 이르는 철도선.

진하여 1938년 2월 영석현(靈石縣)을 지났고, 계속해서 임분(臨汾)·운성(運城)을 거쳐 3월에는 황하가 인접한 포주(蒲州)까지 진입했다.[14] 포주는 황하를 사이에 두고 서안(西安) 공략이 가능한 지점이었다. 20사단이 교전을 통해 점령해 간 지점들을 연결하면, 북경에서 서안까지 거의 일직선 상에 놓여 있다는 것을 알 수 있다. 그러나 20사단은 황하를 건너지 않은 채 이후 주로 화북 지역 경비를 담당하다가 1939년 11월 7일 동원이 해제되어 원 소속지인 경성으로 복원되었다.[15]

한편 제19사단의 경우 중일전쟁 때 중국 전선에 직접 참전하지 않았지만, 1938년 7월 혼춘(琿春)에 인접한 소만 국경지역에서 이른바 장고봉(張鼓峰) 사건이 발생하자 예하 보병 제73연대를 주력으로 한 대규모 병력을 파견했다. 그러나 우세한 공군력을 앞세운 소련의 공격에 속수무책으로 패배를 거듭하다가 결국 9월 11일 정전협정에 따라 원 주둔지로 퇴각했다.[16]

2) 전쟁의 장기화와 신설 사단 증설

중일전쟁이 장기화되면서 일본의 전쟁 수행 능력은 한계를 보이기 시작했다. 사실상 1938년 초 이미 중국 전선은 부담이 되고 있었다. 확대되어 가는 중국 전선을 유지하기 위해 조선과 만주에 주둔하고 있던 부대의 유출이 심화되고 있었던 것이다. 일각에서는 소련에 대비한 전비가 충실하게 되지 않는 이상 중국 전선의 확대는 불가하다는 의견이

14) 일본군의 화북지역 전투 상황에 대해서는 임종국의 저서를 참고했다.(임종국, 『日本軍의 朝鮮侵略史』Ⅱ, 82~86쪽.)

15) 중일전쟁기 제20사단이 황하를 넘어 진격하지 않은 것은 애초 사단의 작전 범위에서 벗어나기 때문이라는 견해가 있다. 즉 제20사단의 작전 지역은 중국 동북과 화북 일대에 국한되어 있었다.(신주백, 「일제의 강점과 조선 주둔 일본군(1910~1937)」, 『일제 식민지 지배의 구조와 성격』, 경인문화사, 2005, 268~270쪽.)

16) 宮田節子 編·解說, 『朝鮮軍概要史』, 29쪽.

터져 나왔다. 이것은 중국 침략이 불가하다는 것이 아니라 소련에 대한 방어를 튼튼히 한 이후에 본격적인 '공략'이 이뤄져야 한다는 논리였다. 결국 일본 육군은 군비 충실을 위한 다음 사항을 계획한다.

1. 지나사변의 장기지구화, 일반국제정세, 그 중에서도 특히 소련, 중국 제휴의 동향에 비춰 군비의 획기적 충실을 급성(急成)할 필요가 있다.
2. 1940년도까지, 상설 25개 사단(3단위 7개 사단, 4단위 18개 사단)을 정비하고, 그 외에 임시편성 약 10개 사단, 특설사단 14개 사단의 준비를 완정(完整)한다. 이상의 회계는 49개 사단으로 한다.
3. 더불어 제2과장으로서는, 위 병력으로는 불충분하다고 하여, 1940년도까지 제4단위 60개 사단을 완정하려는 열렬(熱烈)한 희망을 표명하였다.[17)]

위 계획은 1938년 2월 11일 육군성과 참모본부 간 회의에서 참모본부 작전과가 육군성에게 요구한 내용이었다. 이에 따르면, 중일전쟁이 장기화되는 국면에서 소련과 중국이 연대할 가능성을 우려하여 육군 사단의 대대적인 증설이 필요하다는 점이 지적되어 있다. 특히 1940년까지 상설사단만 25개를 구성한다는 내용이 눈에 띈다. 아울러 25개 사단 중에는 3단위를 7개, 4단위를 18개로 편제한다는 계획이 있었다. 여기서 말하는 3단위, 또는 4단위란 사단의 기간을 이루는 보병 연대의 편제 규모를 말한다. 즉 3개 보병연대를 기간으로 하면 3단위 사단, 4개 보병연대를 기간으로 하면 4단위제 사단이 되는 것이었다.

참모본부의 욕망은 끝이 없었다. 이들은 1940년도까지 4단위로 완편된 60개 사단이 필요하다는 점을 다시금 강조하였다. 그러나 이는 당시 제국주의 일본의 전체적인 동원력, 경제력 등을 고려할 때 실현하기 어려운 일이었다.

---

17) 『戰史叢書-大本營陸軍部(1)』, 朝雲新聞社, 534쪽.

계획은 계획이고, 일단 중국과의 전쟁을 위해 누수된 후방의 병력을 다시금 채우는 일이 시급했다. 여기에는 중일전쟁 개시와 함께 동원되었던 제20사단도 포함되어 있었다. 1938년 2월 16일 대본영 어전회의에서 참모본부는 중국 내 병력 배치 구상을 다음과 같이 밝혔다.

> 1. 중지방면 제9, 11, 101사단을 귀환시키고, 제3, 6, 13, 18사단 및 대만혼성여단을 배치하며, 그 외 신설사단을 필요에 따라 위치시킨다.
> 2. 북지로부터 귀환시키는 순서는 제20, 16(남만으로)으로 한다. 제5사단은 북지에 남긴다. 제10, 14, 108, 109, 114사단은 7월 복귀 예정.[18)]

만주와 조선에서 동원한 사단을 복귀시키고 일본 내 상주사단과 대만군 예하 병력, 그리고 신설 사단을 새롭게 배치한다는 계획이었다. 제20사단은 이 가운데서도 가장 시급히 복귀시켜야할 부대였다. 물론 이 역시 계획에 그쳤고, 결국 제20사단이 복귀하는 것은 이듬 해 말이 되어서였다. 전황은 녹록치 않았고 결국 해법은 군비 증강에 있었다.

육군의 군비 증강계획은 전황에 따라 지속적으로 확대되었다. 애초 계획되었던 1937년 하야시 센주로(林銑十郎) 내각의 제1호 육군군비충실계획은 1939년 12월에 수정군비충실계획(제2호 군비)으로 이듬해 7월에는 경개군비충실계획(3호 군비)으로 다시금 변경되었고, 1942년 봄에 제4호로 기본군비충실계획이 발표되면서 지속적으로 확장되어 나갔다. 그리고 이러한 군비 확대 계획에 주요한 방편이 된 것이 3단위제 사단의 신설이었다고 할 수 있다.

앞서 간략히 언급했던 3단위제 사단의 신설 방안이 제기된 것은 1935년 중반이었다. 이는 지속적으로 증강되어 가는 극동 소련군의 규모에 대응하여 제기된 것이었다. 당시 3단위제 사단의 신설을 검토했던

---

18) 『戰史叢書-大本營陸軍部(1)』, 朝雲新聞社, 535~536쪽.

육군성 편제관계과의 구상 내용은 아래와 같았다.

> 1. 종래의 4단위제 사단은 2개 보병여단사령부와 4개 보병연대를 기간으로 하고 있었는데, 이것을 1개 보병단사령부와 3개 보병연대로 고치고, 화력 장비를 증가하여, 全軍的으로 보아 전략 단위를 증가시켰다. 물론, 이 안에 대하여 극동의 광막한 지형에서 사단은, 구미 열강의 군단과 같은 임무를 지지 않으면 안 되었다. 2명의 장관을 가진 4단위가 오히려 적합하고 특히 넓은 정면의 전투를 담당하거나 일부 병력을 支分하면 3단위 사단으로는 결전 정면의 위력이 결핍되어 작전부서의 운용의 묘를 발휘할 여지가 적어진다고 하는 반대의견도 있었다. 그러나 명치이래 전통이 오래된 여단편성을 폐지하고 3단위제를 채용하는 것으로 되었다.[19]

3단위제 사단 신설의 핵심은 전략 단위를 증가시키는 것이었다. 조삼모사와 같은 형국이라는 비판도 있었으나 사단을 경량화, 정예화하는 한편 그 숫자를 늘려 확장된 전선을 유지할 수 있게 한다는 판단이었다. 이 계획 아래 처음으로 조선 내 3개 사단 편성이 구체화된 것으로 보인다. 1935년 17개 사단이었던 병력을 3단위제로 변경하면 23개 사단으로 증가되는데 이 안에 조선 내 3개 사단 상주화가 들어 있었다.

> 2. 이 구상은 제2차 세계대전은 대략 1940년 전후로 판단하고, 그 국제적 위기까지 3단위사단을 다음과 같이 증설한다.(주, 육군성과 절충 결과 18년까지 지연)
>
> 만주: 10개 사단, 조선 3개 사단 --〉 전시 13개 사단
>
> 내지: 14개 사단 --〉 전시 2배 동원 28개 사단
>
> 7개 독립보병단 --〉 전시 7개 사단
>
> 계 : 27개 사단, 7개 독립여단, 전시 47개 사단[20]

19) 『戰史叢書–大本營陸軍部(1)』, 朝雲新聞社, 402쪽.

20) 『戰史叢書–大本營陸軍部(1)』, 朝雲新聞社, 402쪽.

주지하듯 식민지 조선에는 2개 사단 예하에 8개 보병연대가 주둔하고 있었다. 이를 3단위제로 바꾸면, 1개 연대만 충원하는 것으로 3개 사단 상주화를 실현하게 되는 것이다. 물론 이러한 계획은 바로 실현되지 않았다. 위 인용문에 나오듯 당시 일본 육군은 대규모 병력이 투사되는 전쟁이 1940년 경에 있을 것으로 판단하고 있었다. 3단위제 사단으로의 편제 변경은 그때, 혹은 그 이후인 1943년까지 완수하면 될 일이었다. 그러나 1937년 중일전쟁이 개시되고 예상과 달리 전선이 점차 확대되면서 3단위제 사단으로의 개편은 지체할 수 없는 현안으로 부각되었다. 결국 1939년 조선군을 포함한 일본 육군 사단의 편제 개편이 단행되었다.

제5 내지병비의 개선v

1. 1939년 4월 사단을 3단위제로 개편하고 대체로 내지사단 14개, 조선 고정원사단 3개, 計 17개로 하며, 또한 보병여단사령부 및 야전중포병 여단사령부를 폐지함.
2. 1937년도 이후 차례로 다음과 같이 편제 및 제도를 개선하고 대체로 1942년도까지 정비를 완료함.
3. 보병 73에서 78연대의 국경수비대 대부분을 폐지함.
4. 고사포연대 및 전신연대를 개편 증설하고 또한 공병 무(戊)중대를 통합하여 독립공병연대 약간을 신설함.
5. 조선, 대만 및 만주에 있는 주요 부대에 대한 동원 및 소집업무를 담임할 부대를 내지에 신설함.
6. 각 부대를 통해 편제 장비를 개선 향상 함.[21)]

조선 주둔군은 3단위제의 고정원 사단으로 3개가 상주하게 되었다. 사단 사령부는 제20사단과 제19사단은 기존과 동일하게 각각 용산과 나남, 그리고 신설된 제30사단은 평양에 사령부를 두는 것으로 했다.

21) 『戰史叢書-大本營陸軍部 (1)』, 朝雲新聞社, 405쪽.

제19·20사단의 병력과 위수지역을 조금씩 나눠 갖는 형태로 편성된 제30사단은 그 위상과 역할 역시 기존 두 개 상주사단의 것을 공유하게 되었다. 요컨대 중국 전선과 만주를 동시에 겨냥하면서 한반도 서북부의 치안 유지를 담당할 상주사단이 등장한 것이었다.

3. 상주 제30사단의 평양 설치와 현황

1) 제30사단의 평양 설치

식민지 조선에 새로운 상주사단을 설치하는 문제는 제19·20사단 상주화 완료 직후부터 이미 논의되었다. 1924년 당시 총독이었던 사이토 마코토는 "상당 군대의 증가 배치"를 다음과 같이 호소한 바 있다.

> 이제 상설 2개 사단의 병력은 천 팔백만 인구와 만 오천 방리(사방으로 1리가 되는 넓이)의 廣袤에 대조하고, 내지 상비군대의 배치에 비해서 그 권형을 잃는 것이 심할 뿐 아니라 …
> 조선에 1개 사단을 증가해서 평안북도 요점에 배치하는 것은 실로 긴급하고 적절한 시설로, 이에 의해 스스로 반도를 치안하고 국경을 경비하여 이주민을 흡수, 지방 개발을 촉진하여 나아가 전 조선의 통합에 공헌하는데 있어 큰 역할을 할 것임에 틀림이 없다.

사이토는 식민지 조선의 면적과 인구를 고려할 때 1개 사단의 증설이 긴급하다고 하면서, 이를 통해 치안 유지와 국경 경비, 나아가 조선의 통합에 공헌할 수 있다고 하였다. 아울러, 그는 평안북도에 상비사단 설치를 적극적으로 호소하며 조선 내 사단 증설이 전시뿐만 아니라 "평상시의 안녕을 보장하고 민심을 안정시켜 이를 통해 반도개발의 기반을 공고히 하기" 위해 필요하다는 점을 주장하고 있었다.[22] 제19사단은 소련에 대비한 군대였고, 제20사단은 남한을 중심으로 한 조선 내 치안 및 후방 지원을 담당해야 했다. 제30사단은 대륙에 대한 침략에 적극적으로 개입하면서 동시에 한반도 서북부의 치안을 확보하기 위해 요구되었다.

사이토의 바람대로 새로운 상주사단은 평안도의 중심지 평양에 신설되었다. 제30사단의 설치가 완료되는 것은 1943년 5월이지만, 이미 1930년대 말부터 본격적인 협의가 진행되었음이 확인된다. 이는 앞서 육군 중앙의 논의에서도 확인한 바 있다.

제30사단은 후쿠야마(福山)의 보병 제41연대, 함흥의 제74연대, 그리고 평양의 제77연대를 기간으로 하고 있었다. 제74연대는 제19사단으로부터, 제77연대는 제20사단에서 분리되어 나온 것이었고, 제41연대는 히로시마에 사령부를 둔 제5사단으로부터 떨어져 나온 것이었다. 단, 제41연대는 단 한순간도 조선에 주둔한 적은 없었다. 보병 제41연대는 중일전쟁 이후 중국전선의 곳곳을 누비며 침략을 자행했고, 태평양전쟁 개전 이후에는 동부 뉴기니의 험준한 산악에서 고전을 면치 못하고 있었다. 1943년 8월 제30사단에 합류할 때는 예하 병력을 거의 잃은 상태였다.[23] 요컨대 1943년에는 전선을 전전한 끝에 외형만 제30사단 예하로 변경되었고 결국 1944년 필리핀 레이테만 상륙 당시 본대와 합류하게 된다.[24]

---

22) 芳井研一, 「植民地治安維持体制と軍部−朝鮮軍の場合−」, 『季刊現代史』 7, 1976.

23) 보병 제41연대는 애초 제15사단 예하였다가 제17사단으로 한 차례 소속을 변경한 경험이 있었다. 그러나 우가키 군축의 결과 제17사단이 해소되자 다시금 제5사단 예하로 편제가 변경되었다.

24) 보병 제41연대는 동부 뉴기니 일대에서 교전 끝에 거의 궤멸 상태에 이르렀다. 육군 중앙은 일단 연대 병력은 복원시킨 뒤 제30사단 예하로 편입하였다.(『日本歩兵陸軍連隊』, 新人物往來社, 1991, 252~254쪽.)

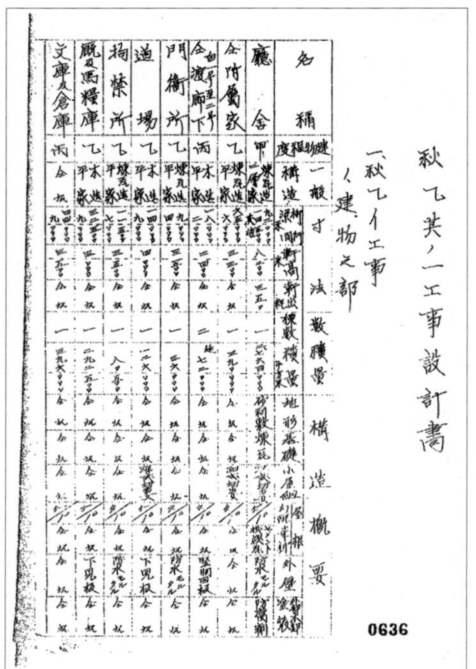
秋乙其ノ一工事設計書

一、秋乙イ工事
ノ建物之部

0636

〈그림 1〉 추을지구에 건설할 평양사단의 공사 설계서(「秋乙イ工事」, アジア歷史資料センター-C13021089200.)

이러한 제30사단의 신설에 대해서는 무엇보다 방위성 방위연구소에 소장된 육군 일반사료의 '滿洲–朝鮮' 문서군을 주목할 수 있다. 여기에는 1940년 중반부터 이른바 평양 외곽의 '추을(秋乙)'지구에 대한 병영 공사 추진 관련 문건이 다수 확인된다. 특히 「추을–1 공사설계서(秋乙其の1工事設計書)」(만주–조선–271)를 시작으로 「추을–5 공사설계서(秋乙其の5工事設計書)」(만주–조선–275)로 이어지는 문건에는 사단사령부를 비롯한 평양 내 제30사단 관련 대규모 병영 공사가 계획적으로 추진되었음을 알 수 있다.[25]

25) '만주–조선' 문서군의 구성과 주요 내용에 대해서는 황선익의 논문을 참고할 수 있다.

일본 방위성 방위연구소에 소장되어 있는 제30사단 관련 문건을 통해 알 수 있는 병영공사의 시기(始期)는 1940년 6월 경이다.[26] 이는 1930년대 후반에 이미 신설 사단의 상주화가 논의가 완료되고 실무에 착수했음을 입증하는 것이다.

당시 건설된 주요 군사시설은 사단사령부를 비롯한 직할 부대와 부속 건축물들이었다. 예컨대 사령부 청사에 직접 연결된 주요 군사시설로 사령부 청사를 비롯, 부속 건물, 위병소, 구금소, 군마 창고, 문서고, 자동차고, 유류고 등이 있었다.[27] 이 밖에도 예하 부대 본부와 병사, 통신대, 세탁소, 취사장, 의무실, 각종 공장과 창고 등 수 십에서 수 백 채의 군사시설물이 들어섰다.

한편, 예하로 편제된 보병 제74연대는 함흥에 있었고, 제77연대는 평양에 기설되어 있었다. 제41연대는 애초 편성 당시부터 남방 전선에 있었고 패전 때까지 한반도에 상륙하지 못했다. 따라서 연대 병영과 관련된 추가 건축물들은 별도로 마련하지 않았던 것으로 보인다.

2) 평양 내 제30사단 병영지 현황

평양에는 애초 제20사단 예하 제77연대가 주둔하고 있었다.[28] 제77연대의 주둔지는 평양 대동강 서편에 자리하고 있었는데, 지금은 관련 병

황선익, 「일본 防衛硏究所 소장 조선 주둔 일본군 관계 사료의 구성과 성격-'滿洲-朝鮮' 사료군을 중심으로-」, 『한국민족운동사연구』 83, 2015.

26) 황선익, 「본 防衛硏究所 소장 조선 주둔 일본군 관계 사료의 구성과 성격-'滿洲-朝鮮' 사료군을 중심으로-」, 283쪽.

27) 「1. 秋乙イ工事」, 『秋乙其の1工事設計書 昭和15年6月』, 陸軍一般史料-滿洲-朝鮮, アジア歷史資料センター CC13021089200.

28) 평양의 제77연대와 병기제조소 및 비행장 설정에 관한 지도는 다음이 상세하다. 「平壤付近一般図 平壤近傍交通略図 大正15年4月」, 陸軍一般史料-滿洲-朝鮮, アジア歷史資料センター C13021088700.

영 건물지를 찾아볼 수 없다.[29] 다만, 1940년부터 본격화된 제30사단 사령부 등의 건축물은 적지 않은 수가 남아 있는 것으로 확인된다.

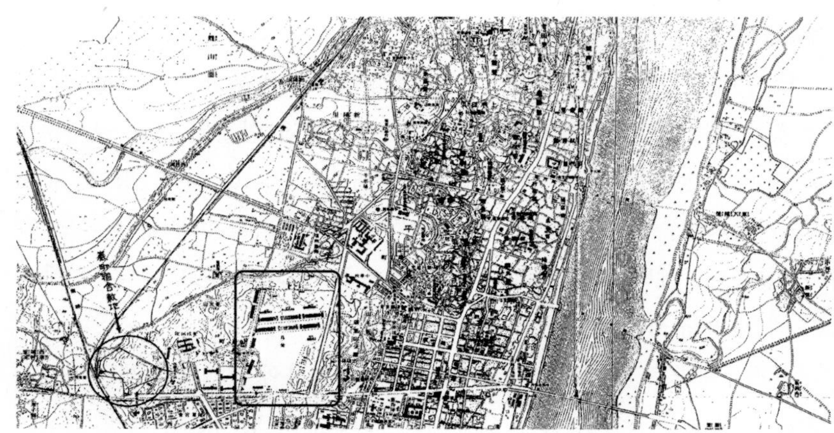

〈그림 2〉 1920년대 평양시가와 보병 77연대(하단의 네모 안이 77연대 주둔지이다.)(「平壌付近一般図 平壌近傍交通略図 大正15年4月」, アジア歴史資料センター C13021088700.)

〈그림 3〉 제30사단 위치 추정지역(https://www.google.com/earth/)

29) 국토지리정보원이 제공하는 해방 이후 평양의 항공사진과 구글지도의 비교적 최근 사진을 비교한 결과 제77연대 병영시설은 거의 남아 있지 않은 것으로 보인다. 구체적인 것은 현지 조사를 통해 가능할 것으로 판단된다.

평양 제30사단 건설에 관해서는 위에서 언급한 자료 외에도「평양소재 각 부대 지붕 수선공사 설계서(平壤所在各部隊屋根修繕工事設計書 昭和16年 朝鮮軍経理部)」아래 16건,「평양육군항공지창 증기배관 수리공사설계서(平壤陸軍航空支廠 蒸気配管修理工場設計書)」아래 48건 등을 포함하여 다수의 문건이 조사된 바 있다. 이들을 통해 건설 당시 도면을 다수 확인할 수 있다. 다만 아직까지 제30사단의 구체적인 장소에 대해서는 알려진 바가 없었다.[30)]

제30사단 주둔지역을 찾기 위해서는 〈그림 1〉과 같은 공사설계서에 기재된 '추을' 지역의 현재 위치를 파악하는 것이 관건이다. 필자는 제30사단의 주둔지역을 확인하기 위해 당시 작성된 부대 도면과 평양지역 해방 직후 항공사진 등을 검토했다.[31)] 이 과정에서 '추을'이라는 지명을 단서로 관련 지역을 살펴보던 중 도면과 유사한 건물지를 발견하고, 이를 다시 최근 항공사진과 비교했다. 그리고 이를 통해 현재까지도 제30사단의 관련 시설물이 다수 잔존해 있음을 알 수 있었다.

필자가 항공사진과 도면을 통해 확인한 '추을'의 제30사단 사령부와 관련 군사시설은 대동강 동쪽 편의 넓은 대지에 자리하고 있었다. 〈그림 3〉의 오른쪽에 동그라미로 표시된 지역이다. 이 일대는 일찍부터 일본군이 군용지로 확보하고 있었던 것으로 보이는데 평양 중심부와 다소 거리가 있었던 탓에 해방 이후에도 원형을 보존하고 있었던 것으로 여겨진다. 이 지역은 지금도 평양의 동쪽 끝 외곽에 해당한다.

〈그림 4〉는 1931년 평양부 시가와 도로·철도망을 표시한 지도이다. 왼쪽 하단에 철도 선로가 여럿 중첩된 곳이 평양역, 그리고 대각선으로

30) 제19·20사단 창설 당시 건설된 평양지역의 제77연대 위치에 대해서는 기존 자료를 통해 확인할 수 있다.

31) 도면만을 가지고 위치를 상정하기는 쉽지 않았다. '秋乙'이라는 지명도 현재는 거의 사용하지 않는 것으로 보인다. 이에 평양의 옛 지명을 통해 관련 지역을 유추하고 이를 도면과 비교하는 작업을 반복하였다.

흐르는 것이 대동강이다. 철도망을 보면 평양역에서 오른쪽 아래로 이어지다 강을 건넌 후 우측 상단으로 대동강을 따라 올라가는 노선이 보인다. 이 선로는 지도 중간쯤 가면 다시 두 갈래로 나뉘어지는데 오른쪽으로 갈라진 지선이 대동군을 향하고 있다. 그 철로 선상에 '추을' 지역이 있고 훗날 제30사단이 건설되게 된다.

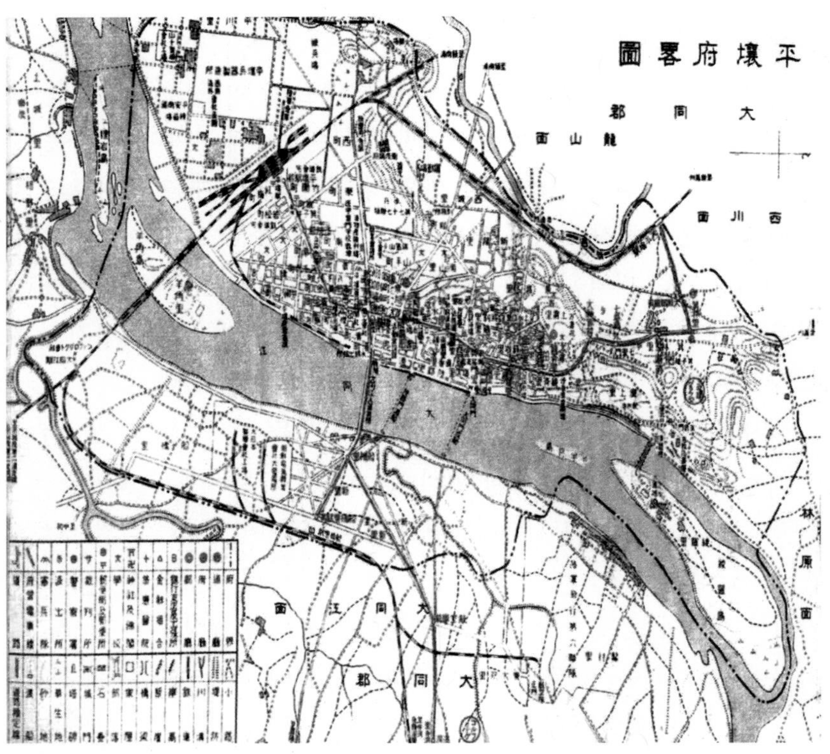

〈그림 4〉「평양부 약도」(『平壤案內』, 朝鮮總督府 鐵道局7, 1931)(『日本鐵道旅行地圖帳-歷史編成 朝鮮臺灣-』, 新潮社, 2009, 45쪽 재인용.)

원래 '추을' 지역은 한말 평안남도 평양군 추을미면(秋乙美面)에서 유래한다. 1910년 병탄 직후에는 평양부 추을미면이 되었다가 1914년 면제 개편 때 대동군 추을미면으로 정착되었다. 일제시기 내내 추을미면으로 지명이 유지되었으나 1942년 다시 평양부로 편입되는 과정에서 추을미면은 소멸되었고 이에 따라 '추을'이라는 지명 역시 행정구역에서 사라진 것으로 보인다.

한편, 당시의 도면과 '추을' 지역의 해방 이후 항공사진, 그리고 비교적 최근의 항공사진 등을 비교하면 건물지와 건축물의 형태가 조금씩 변화되었지만 적지 않은 수의 건축물이 아직도 잔존해 있을 것으로 판단된다. 추후 도면에 대한 좀 더 세밀한 분석 및 항공사진과의 비교, 그리고 각 시설물의 용도와 실태 등이 밝혀져야 한다. 단, 이를 위해서는 평양 일대에 대한 세밀한 현장 조사가 요구된다.

〈그림 5〉는 제30사단 사령부로 추정되는 건물을 나열한 것이다. 맨 왼쪽은 제30사단 건설 당시 도면이다. 오른쪽에 가로로 길게 뻗은 건물을 중심으로 아래쪽으로 포치(Porch)와 원형의 진입로, 그리고 정문으로 보이는 입구 그림이 보인다. 위쪽으로는 양측에 회랑으로 연결된 부속 건물이 확인된다.

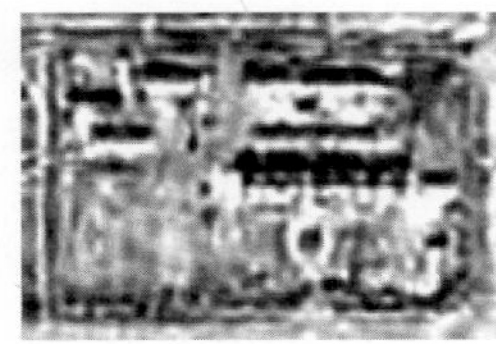

〈그림 5〉 제30사단 사령부 추정 건물의 변화
왼쪽부터 「平壌23号第1期工事設計書 秋乙イ部配置」(アジア歴史資料センター－C13070039500), 국토정보지리원 항공사진(http://map.ngii.go.kr/ms/map/NlipMap.do)

〈그림 5〉의 가운데 사진은 해방 직후 미군이 촬영한 항공사진이다. 왼쪽 도면과 비교하면 도면의 건물이 거의 그대로 남아 있음을 확인할 수 있다. 오른쪽의 가로 건물과 앞쪽 원형 진입로, 그리고 뒤편 건물도 그대로 남아 있다. 마지막으로 오른쪽 사진은 같은 지역을 비교적 현재

촬영한 것이다. 해당 구역 내 새로운 건물이 많이 생겼는데, 전체적인 필지는 도면 및 해방 직후 사진과 동일하고, 특히 본부 건물로 보이는 오른쪽 가로로 긴 건물이 그대로 잔존해 있다. 물론 미상의 시기에 건물 양측을 증축해서 지금은 'ㄷ'자형 건물로 변모했다. 그러나 건물 앞의 포치, 그리고 입구부터 이어지는 진입로는 비교적 잘 남아 있다.

현재 북한 측에서 해당 건물을 어떠한 용도로 사용하고 있는지는 알 수 없다. 다만, 아직까지 해당 건물지와 일부 건물이 원형에 가깝게 유지되고 있다고 판단된다.

〈그림 6〉 해방 직후 제30사단 사령부 일대 항공사진(국토정보지리원 항공사진; http://map.ngii.go.kr/ms/map/NlipMap.do)

본부 건물지 외에도 제30사단 병영 건축물은 아직 많이 남아 있는 것으로 보인다. 〈그림 6〉은 해방 직후 제30사단 사령부 일대의 모습이다. 왼쪽에 있는 제일 작은 정사각형의 부지가 위에서 살펴본 〈그림 5〉의 본부 건물지이다. 그 옆에 직사각형 부지는 직할부대 부지로 추정된다. 가운데 부분의 직사각형 부지를 확대하면 아래 〈그림 7〉과 같다.

〈그림 7〉은 제30사단의 직할부대가 주둔했던 것으로 추정되는 건물지 해방 직후 항공사진과 도면을 비교한 것이다. 건물의 배치와 크기 등이 일치하고 있음을 알 수 있다. 도면에 있는 건물이 파괴되어 보이지 않는

경우도 있지만 대부분은 잔존하고 있으며 필지는 그대로 남아 있다.

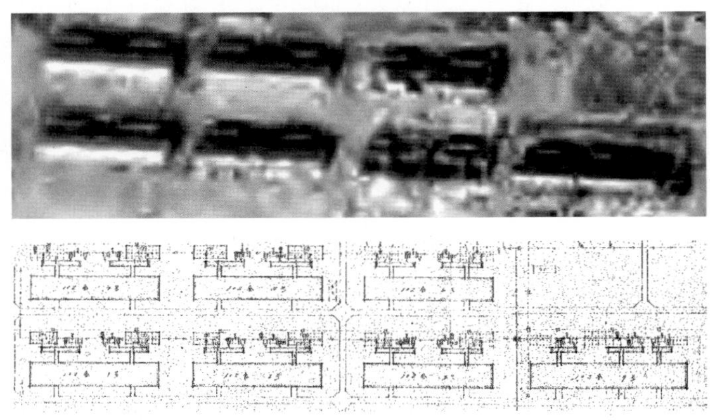

〈그림 7〉 제30사단 직할부대 추정지의 항공사진 및 도면; 위쪽부터 국토정보지리원 항공사진(http://map.ngii.go.kr/ms/map/NlipMap.do), 「平壌23号第1期工事設計書 秋乙ヨ隊配置図」(アジア歴史資料センター C13070039400)

이 지역의 현재 모습은 아래 〈그림 8〉과 같다. 해방 직후에 비해 수많은 건물이 새로 건축되어 있다. 다만, 애초부터 있었던 일본군 시설들이 다른 건축물들 사이에서 적지 않게 확인된다. 특히 연병장으로 보이는 공터 위쪽에 가로로 나란히 놓여 있는 건물은 도면, 해방 직후 항공사진에 이어 최근까지도 크게 파괴되지 않고 잔존하는 것으로 보인다.

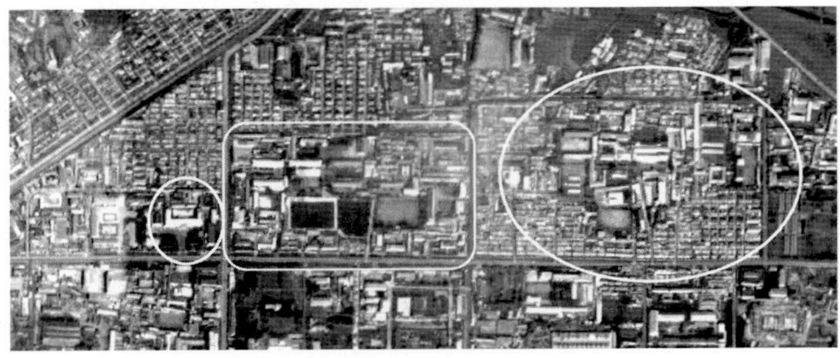

〈그림 8〉 제30사단 직할부대 추정지 현재 모습(https://www.google.com/earth/)

평양에는 이 밖에도 제30사단과 관련된 건축물로 추정되는 건축물들이 많이 남아 있다. 앞서 언급했듯 제30사단이 평양의 동쪽 끝 외곽에 위치해 있었던 탓에 크게 훼손되지 않고 잔존할 수 있었던 것으로 판단된다. 이 시설물들은 여타의 다른 상주사단과 더불어 일제 식민지배의 무단성과 침략성을 보여주는 '근대 건축물'이라고 할 수 있다. 향후 남북한이 공동으로 관련 시설물들을 조사하고 그 역사성을 밝힐 날이 오기를 고대한다.

4. 조선 내 상주 3개 사단 정립(鼎立)과 그 의미

1930년대 말 중국 관내와 만주 일대에 참전했다 복귀한 조선 주둔군 상주사단은 1941년 들어 새로운 국면을 맞이했다. 1941년 7월 "대소(對蘇) 무력적 준비를 정비"하기 위해 시행한 관동군의 대규모 군사 연습, 즉 관동군특종연습(關東軍特種演習)을 계기로 다시 동원령이 내려졌기 때문이다.[32] 관특연은 1941년 7월 '어전회의(御前會議)'에서 결정된 「정세 추이에 따른 제국 국책 요강」의 결과물이었다. 관특연을 통해 관동군은 전시에 70만 명에 달하는 대규모 군사력을 보유할 수 있게 되었다. 그리고 이에 동반하여 조선 내 상주사단 역시 동원부대로 재편되었다.[33]

당시 제30사단은 아직 관련 군사사설이 건축되고 있던 중이었다. 사단 사령부의 신설이 많은 비용과 시간을 필요로 하는 일이기는 하나 기존 연대를 재편하는 수준인 것을 감안하면 제30사단의 창설은 매우 더딘 측면이 있다. 물론 이것은 당시 전황 악화에 기인한다. 그나마 제30

32) 藤原彰,『日本軍事史』上, 317~318쪽.

33) 宮田節子 編·解説,『朝鮮軍概要史』, 31쪽.

사단 창설 이후 정작 평양사단의 군사력이 향한 곳은 만주가 아닌 남방이었다.

관특연이 있었던 1941년 말 일본군은 인도차이나 반도와 미국 진주만에 대한 기습 공격으로 태평양전쟁을 도발하였다. 주지하듯 일본은 전쟁 초기 하와이 진주만 공습을 비롯하여 미국과 영국·프랑스·네덜란드 등을 상대로 한 전투에서 승리를 구가하였다. 필리핀과 인도차이나 반도는 물론 동남아시아 전역과 중서태평양 일대까지 석권하면서 점령지역도 비약적으로 증가했다. 그러나 이러한 초전의 승리는 그리 오래 가지 못했다. 1942년 6월 미드웨이 해전과 1943년 2월에 끝난 과달카날 공방전의 패배로 전세는 급격히 기울기 시작했다. 결국 미국의 역공에 맞선 '절대국방권(絕對國防圈)' 방어가 급무로 떠오르게 되었다. 제30사단을 비롯한 조선 주둔군 상주사단의 '남방전용'은 악화된 전황의 결과였다.

가장 먼저 제20사단이 1943년 1월 동원되어 부산을 거쳐 뉴기니로 이동했다. 1943년 5월[34] 평양에서 편성된 제30사단은 1944년 5월 필리핀으로, 1944년 2월 경성에서 편성된 제49사단은 같은 해 6월 미얀마로 떠났다.[35] 나남의 제19사단은 1944년 11월 동원되어 다음 달 역시 필리핀 전선에 투입되었다.[36]

제30사단은 창설 이듬 해 필리핀 전선에 배치되었기 때문에 한반도에서의 역할은 제한적이었다. 이로 인해 전쟁 말기에 한반도에서 만들어졌던 다른 급조 사단과 유사한 형태로 오인되기도 한다. 그러나 앞서 언급했듯 제30사단의 상주화는 1920년 중반부터 이어져 온 논의였고,

34) 『朝鮮軍概要史』에는 30사단의 편성일시가 1943년 8월로 기재되어 있다.

35) 제49사단은 상주사단이 아니다.

36) 제19사단은 이동 중 미군의 공격을 받아 주력 부대가 대만과 필리핀 루손으로 나뉘어 졌다.

실제 1930년대 후반에는 실행이 구체화되었다. 비록 전황으로 인해 상주사단으로서의 역할이 적었다고는 하나 애초의 설치 목적이 훼손되었다고 볼 수는 없다. 당시 신문에는 단편적이나마 제30사단의 상주사단으로서의 역할이 엿보인다.

> 13일 평의지구(平義地區)에 내습한 적기 수기(數機)는 우리 철통과 같은 방공전의 눈부신 활약으로 꼼짝 못하고 달아나 버렸거니와 이날 오후 두시 반 평양사단(平壤師團) 참모장은 다음과 같은 담화를 발표하여 일반 도민의 주의를 환기하였다.
> "오늘 적기 수기가 얄밉게도 평의지구에 침입을 하였으나 이는 신경전을 목적으로 하는 것으로서 금후 더욱 빈번히 날라 올 줄 알며 따라서 우리는 본격적인 폭격까지도 각오하지 않아서는 안 될 것이다.
> 군으로서는 어디까지나 철석과 같이 방공태세를 굳게 하고 있으니 도민들은 이를 신뢰하여 총후의 방공을 더욱 강화하는 것은 물론 폭탄이 떨어졌다고 한다든가 선전 '삐라'를 뿌렸다고 하는 것 같은 '데마'(근거 없는 소문–필자)를 크게 삼가지 않으면 아니 된다."[37]

제30사단 참모장이 신문에 게재한 위 글을 통해 위수사단의 역할을 단적으로 파악할 수 있다. 미군의 공습 위협에 대비한 군방공의 역할은 물론, 이로 인해 자칫 혼란이 일어날 소지를 미연에 방지하여 치안을 확보하고, 추후 군사활동 전개를 위한 정신 훈련의 일익을 담당하고 있는 것이다. 물론 이 역시 상주사단이 가진 '소임'의 전부는 아니다.

---

37) 「神經戰 目的한 敵機 蠢動, 本格的 空襲도 覺悟, 平壤師團 參謀長談」, 『매일신보』 1944.12.14.

〈표 1〉 제30사단 예하 부대 현황

부대명	주둔지	지휘관
제30사단 사령부	평양	小林淺三郎 中將
歩兵 第41連隊	후쿠야마	炭谷鷹義 大佐
歩兵 第74連隊	함흥	根岸幹 大佐
歩兵 第77連隊	평양	新郷栄次 大佐
捜索第30連隊		名波敏郎 大佐
野砲兵第30連隊		大塚舁 大佐
工兵第30連隊		大内維武 大佐
輜重兵第30連		吉村繁次郎 中佐
第30師団通信隊		村上一男 少佐
第30師団兵器勤務隊		前田光吉 大尉
第30師団衛生隊		
第30師団第1野戦病院		大重弥吉 大尉
第30師団第2野戦病院		
第30師団第4野戦病院		
第30師団病馬廠		梶浦正市 獣医大尉
第30師団防疫給水部		須賀木一 軍医少佐

앞서 언급했듯 제30사단은 기존 제19사단의 제74연대와 제20사단 예하의 제77연대, 그리고 제5사단의 제41연대를 묶어 만든 사단이었다. 〈표 1〉은 제30사단 사령부와 예하부대 현황을 나타낸 것이다.[38)]

제30사단은 신설 연대 없이 창설되었던 만큼 그 편성과 운용 역시 여타의 상주사단보다는 수월했다고 볼 수 있다. 물론 사단 신설은 사령부는 물론 사령부 직할 조직과 관련 시설물을 새롭게 건설해야 한다. 특히 상주사단은 그에 걸맞은 체제와 조직을 확충해야 한다는 점에서 다른 전시 동원사단과는 차이가 있었다.

제30사단의 역할과 관련하여 주목할 만한 대목이 있다. 원래 제5사단에 편제되어 있었던 보병 제41연대의 경우 제30사단 예하로 편제된

38) 秦郁彦 編, 『日本陸海軍総合事典』, 376·387·389쪽.

이후 단 한번도 한반도에 상륙한 적이 없었다. 한반도 북서부를 주요한 위수지역으로 하고 있는 제30사단 예하 연대가 실제는 위수지역 내로 들어오지 않았던 것이다. 전황 악화에 의해 한반도 내 다른 연대들이 남방으로 전용되고 있는 판국에 애초 남방에 있던 연대를 역행할 이유가 없었기 때문일 것이다.

제41연대가 한반도에 들어온 적이 없다면, 그만큼 제30사단의 상주사단으로서의 의미가 감소되는 것은 아닐까. 전황이 양호하게 돌아섰다면 제41연대 역시 한반도에 주둔했을 것이고 제30사단의 위상은 달라졌을 것이다. 그러나 전황과 관계없이 제30사단이 상주사단으로서 갖는 위상은 적지 않다. 요컨대 제41연대가 제30사단 예하인 만큼 이 연대의 후방 지원을 제30사단 사령부와 그 직할부대, 그리고 해당 지역이 책임지게 되기 때문이다.

무엇보다 일본군 연대, 그리고 사단은 동일한 위수지역과 징집지역을 갖는다는 점에서 특징적이다. 따라서 제41연대가 비록 한반도에 상륙한 적이 없지만, 이 연대의 보충과 지원에 식민지 조선의 평안도와 함경남도가 동원되는 구조에 놓이게 되었다. 평양의 제30사단 사령부를 중심으로 제74, 제77, 그리고 제41연대는 위수지역이었던 평안도 및 함경남도와 동일한 운명 공동체로 묶이게 되었다고 할 수 있다.

즉 1938년 이래 육군특별지원병제도 시행에 의해 제74연대와 제77연대에는 적지 않은 수의 조선인들이 군인으로 강제동원 되어 있었다. 제30사단 성립 이후에는 1943년 결정된 이른바 학도지원병제도, 1944년 이후 실시된 징병제도에 의해 강제 징집된 조선인 청년들이 예하 부대에 배속되었다. 특히 1944년 1월 20일 '평양사단'에 입대한 학병들은 훈련 도중 항일독립운동을 위한 투쟁을 모의하기도 했다. 이른바 '평양학병사건'이다.[39]

39) 평양학병사건에 대해서는 표영수의 선행 연구가 있다. 또한 학병들의 항일독립운동에

〈표 2〉 제30사단 내 조선인 동원 실태

연번	부대명	통칭호	인원
1	제30사단 사령부	豹 12021	10명
2	보병 제41연대	豹 12023	49명
3	보병 제74연대	豹 12024	340명
4	보병 제77연대	豹 12025	455명
5	수색[40] 제30연대	豹 12027	18명
6	야포병 제30연대	豹 12029	155명
7	공병 제30연대	豹 12030	25명
8	치중병 제30연대	豹 12032	243명
9	제30사단 병기근무대	豹 12033	5명
10	제30사단 위생대	豹 12034	157명
11	제30사단 야전병원	豹 12035	8명
12	제30사단 병마창	豹 12039	2명
13	제30사단 방역급수대	豹 12040	24명
합계			1,491명

일본 육군이 전쟁 말기에 작성한 부대 명부인 『유수명부(留守名簿)』에는 1945년 당시 제30사단에 소속되었던 조선인 강제동원 피해자 약 1,500명이 수록되어 있다.[41] 이중 보병연대에 배속된 인원이 전체의 절반 이상을 차지한다. 야포병 연대와 치중병 연대에도 적지 않은 수의 조선인들이 눈에 띈다.

주목할 점은 보병 제41연대에 배속된 조선인들이다. 보병 제41연대에

대해서는 조건의 연구가 있다. 표영수, 「일제말기 병력동원정책의 전개와 평양학병사건」, 『韓日民族問題研究』 3, 2002; 조건, 「일제 말기 한인 학병들의 중국지역 일본군 부대 탈출과 항일 투쟁」, 『한국독립운동사연구』 56, 2016.

40) 수색연대(搜索連隊)는 기존의 기병연대를 변경한 것이다. 전투시 척후(斥候) 활동을 주요 임무로 하는 기동정찰부대였다.

41) 부대별 인원 및 전체 합계는 명부에 수록된 피해자들의 정보를 모두 데이터화 한 이후에 가능하다. 현재 『유수명부』는 국가기록원에 소장되어 있다.

배속된 인원은 49명으로 비교적 적은 규모인데 이는 41연대가 한반도에 주둔한 적이 없었기 때문이다. 다만 그 규모와 관계없이 제41연대에 조선인들이 배치되어 있다는 것 자체가 중요하다. 한반도에 주둔하지 않았던 연대에 조선인 청년들이 배속되어 있었던 것인데 이는 제41연대의 동원담당 부대가 평양주둔 제30사단이었음을 확인해 주는 증거가 될 수 있다. 즉 제41연대가 한 번도 한반도에 머물지 않았지만 평양사단 예하 부대였기 때문에 해당 지역의 청년들이 동원되어 머나먼 전선까지 배치되었던 것이다. 그 구체적인 추이에 대해서는『유수명부』의 내용을 좀 더 구체적으로 살펴보아야 한다.

5. 맺음말

아시아태평양전쟁기 한반도에는 새로운 일본군 상주사단이 편성되면서 식민지 지배체제와 대외 침략에 새로운 변화의 조짐이 보였다. 제30사단은 기존에 설치되어 있던 제19·20사단과 함께 식민지 조선에 무력적 정립(鼎立)을 이루었다. 무엇보다 3개 상주사단 체제로 인해 조선 내 위수지역이 크게 바뀌게 된다. 즉 신설사단 편성 이후 제19사단은 함경북도, 제30사단은 평안도·황해도·함경남도 그리고 제20사단은 그 외 지역이 위수지역으로 설정되었던 것이다.[42] 아울러 이들 사단들이 전선으로 이동하자, 각 위수지역에는 유수사단이 편성되어 해당 지역의 치안은 물론 파견 부대의 동원 및 보급을 담당하게 되었다.

과연 제30사단은 전쟁 말기 전황 악화에 따른 급조의 결과일까. 아니면 비교적 안정된 상태에서 추진된 전비 증강과 지배정책의 일환이었

42) 전쟁 말기 조선군 현황에 대해서는 신주백의「1945년 한반도에서 일본군의 '본토결전' 준비」(『일제 말기 제주도의 일본군 연구』, 보고사, 2008)를 참고할 수 있다.

을까. 후자라면 제국주의 일본의 한반도 지배정책의 변화상을 확인하고 그 의미를 도출해 낼 수 있는 중요한 사안이 될 것이다. 물론 상주 제30사단의 설치와 주둔이 당시 전황과 연관되어 있었던 것을 부인할 수 없다.

다만, 제30사단의 설치 논의와 시점, 그리고 사령부 등 군사시설물의 건축과 그 역할을 종합적으로 고려할 때 그 시사점은 적지 않다. 요컨대 제30사단의 평양 증설은 제국주의 일본의 식민지 조선지배와 대륙 침략정책의 시각에서 이해되어야 한다. 나아가 평양의 제30사단은 식민지배와 침략전쟁, 강제동원, 그리고 독립운동이 점철되어 있는 공간이었다. 상주 제30사단이 갖는 본연의 의미와 식민지 조선 지배에서 차지하는 진정한 위상에 대해 추후 더 많은 연구가 필요한 이유이다. 이에 따라 제30사단의 설치와 주둔 실태를 통해 얻을 수 있는 의미는 아래의 것들이 있다.

첫째, 한반도를 삼분해서 군사 지배하려는 일제의 의도를 엿볼 수 있다. 제30사단의 창설 목적이 한반도 지배에만 있었다고 할 수는 없으나 조선 주둔 일본군의 상주화가 완료되는 1921년 이래 20년에 넘게 유지되던 상주 2개 사단 체제가 변모했다는 점에서 그 의미는 자못 크다.

둘째, 식민지 조선의 군사적 위상과 역할 변화를 파악할 수 있다. 제30사단이 평양을 중심으로 주둔하게 된 것은 다분히 중일전쟁에 대비한 것으로 판단된다. 제20사단이 창설 이래 조선 내 치안을 중점에 두었다면, 제19사단은 소련과 전쟁에 대비한 군대라는 측면이 강했다. 이와 더불어 중일전쟁 직후 중국에 대한 전쟁을 수행할 수 있는 부대가 필요했던 것이다.

셋째, 제30사단에 대한 연구는 조선인 군사 동원과 피해를 조명하는 데도 도움을 준다. 제30사단은 조선에 주둔했던 기존의 보병연대를 기간으로 하고 있었다. 따라서 이들 보병연대에 애초 동원되어 있었던 조선인 청년들이 그대로 제30사단에 배치되게 된다. 또한 1944년 1월 입영한 학도지원병 역시 적지 않은 수가 평양사단에 배치되었다. 즉, 조선인 군사동원을 규명하는데 제30사단의 주둔과 편제, 활동 등을 파악하는 일이 요구되는 것이다.

넷째, 현재 북한 평양시 일대에는 제30사단의 주둔을 위해 건설되었던 군사유적이 다수 남아 있는 것으로 확인된다. 국내에 남아 있는 당시 도면과 항공사진 등을 통해 그 실체가 파악되고 있는데 향후 북한과의 교류를 통해 현장을 실사하고 그 역사적 의미를 부각하여 일제의 한반도 침략과 지배를 매개로 한 남북 공동 연구가 가능할 것으로 보인다.

이 글에서는 평양사단이 창설되는 과정과 실태, 그리고 그 의미에 대해서만 고찰한 탓에 제30사단의 구체적인 활동이나 그 안에 동원되었던 조선인들의 피해 실태를 면면히 살피지 못했다. 추후 제30사단에서 복무했던 인물들의 증언과 회고를 비롯하여 여러 명부를 통해 평양사단의 실체를 더욱 분명히 규명하도록 하겠다.

제2장
일제 말기 조선 주둔 일본군의 대전 주둔과 군사령부 이전 계획

1. 머리말

일제강점기 대전은 조선 주둔 일본군[1]의 주요 주둔지였던 경성과, 연대 본부가 자리했던 대구를 제외하면 남한 지역에서 가장 큰 규모의 부대가 위치한 곳이었다.[2] 한국병탄 이전에는 의병 탄압을 담당했던 한국주차군사령부 예하 연대 본부가, 1920년대 이후부터는 조선군사령부 예하 제20사단 보병 제80연대 제3대대가 지금의 서대전역 사거리 인근에 주둔하였다.[3]

1) 개항 이후부터 해방 때까지 한반도에 주둔했던 일본군은 공사관수비대, 한국주차대, 한국주차군, 조선주차군, 조선군, 그리고 제17방면군 등 여러 이름으로 불렸다. 이 글에서는 특정 시기의 부대명을 가리키는 때가 아닌 경우 조선 주둔 일본군, 또는 조선 주둔군으로 통칭하도록 하겠다.

2) 경성, 특히 용산은 일제가 한반도를 처음 침략할 당시부터 일본군의 수뇌부가 주둔하던 지역이었다. 대표적으로 한국주차군사령부와 조선군사령부를 비롯하여 제20사단 사령부가 용산에 주둔하였다. 대구에는 제20사단 예하 보병 제80연대 본부가 주둔하고 있었다.

3) 일본군 사단은 예하에 4개 보병 연대를 기간으로 구성되었다. (4단위 사단 기준) 1개 보

일제강점기 대전은 한반도 서남부의 치안유지를 담당하는 최상급 부대 주둔지였다는 점에서 그 위상이 자못 높다. 특히 패전 직전 식민 당국은 이른바 본토결전(本土決戰)을 위해 총독부와 군사령부를 대전으로 이전하려는 계획을 세운 바 있다.[4] 아울러 패전 이후 실제 군사령부가 대전으로 옮겨져 남한 재류 일본인과 일본군의 귀환 및 패전 사무를 담당하기도 했다. 이러한 측면에서 일제강점기 대전은 일본군의 한반도 식민 지배와 해방 전후 활동을 살펴보는 데 있어 매우 중요한 지역이다.[5]

그러나 지금까지 일제강점기 대전 지역의 군사적 중요성에 대해 주목한 선행 연구는 없었다. 조선 주둔 일본군 관련 연구 속에서 주요 주둔지 중 하나로 언급되거나 종전 이후 연락 사무를 담당한 지역으로 등

병 연대에는 3개 대대가 편제되었고, 대대는 4개 중대에 기관총 중대 1개, 보병포소대 1개로 구성되는 것이 일반적이었다. 단, 평시편제에는 3개 중대를 기본으로 하였다. 평시편제 병력은 각 중대별 100명씩 총 300명이었고, 전시에는 4개 중대에 각 중대별 인원이 250명으로 늘어나 총 1,000명으로 증원되었다. 한편, 4개 보병 연대를 기간으로 했던 사단 구성은 1939년경부터 기동성을 중시한다는 명목 아래 3개 연대를 기본 구성으로 하는 3단위 사단으로 변경되었다(大濱徹也·小澤郁郎 編, 『改訂版 帝國陸海軍事典』, 同成社, 1995, 83~85쪽).

1937년 현재 대전면 직업현황에는 군인이 418명으로 조사되어 있다(대전광역시사편찬위원회, 『大田市史資料集Ⅵ 일제강점기편 1』, 2011, 58쪽 재인용). 대대 평시편제 기본 병력 300명에 기관총중대와 보병포소대 인원 약간 명이 포함되어 있었던 것이다. 이렇듯 대전에 주둔했던 일본군은 병력 규모로 볼 때는 큰 비중이 없는 것으로 보인다. 그러나 1945년 전쟁 말기까지 경성 이남 지역에 대구를 제외하고 대대급 이상 부대가 주둔한 곳은 대전이 유일했다는 점을 주목하지 않으면 안 된다.

4) 특정 지역의 군사 지리적 중요성은 시대와 전황에 따라 변화할 수 있다. 대전의 군사 지리적 중요성 역시 시기에 따라 그리고 전황의 추이에 따라 변화하였다. 단, 대전 지역의 경우 군사적 중요도가 지속적으로 부각되었으며 전시기를 지나 전후에 오히려 그 비중이 증가했다는 특징을 가진다. 이것은 대전이 가진 한반도 내 특별한 지리적 위상을 방증하는 것이다.

5) 대전에는 일본군 주둔 시설 외에도 충청남도 도청과 대전형무소, 도립 대전의원 등의 관공서 및 의료 시설과, 공립 대전중학교, 공립 대전고등여학교 등의 교육 시설, 그리고 대전신사 등이 자리하고 있었다. 식민도시로서 대전의 형성과 변화에 대해서는 송규진과 고윤수의 연구가 있다. 송규진, 「일제강점기 초기 '식민도시' 대전의 형성과정에 관한 연구」, 『아세아연구』 108, 2002; 「일제강점기 충남도청 유치 이후 대전 발전의 한계」, 『韓國史學報』 74, 2019; 고윤수, 「在朝日本人 쓰지 긴노스케(辻謹之助)를 통해서 본 일제하 대전의 일본인사회와 식민도시 대전」, 『서강인문논총』 51, 2018; 「일제하 大田의 한국인 有志들의 등장과 변화-1920~1935년 대전의 주요 한국인 '公職者'들과 지역사회-」, 『역사와 담론』 91, 2019.

장하는 것이 전부였다.[6] 물론 여기에는 1920~30년대 대전 지역이 경성을 비롯한 여타 주요 식민지 도시보다 정치·경제·군사적인 면에서 주의를 끌지 못했던 탓도 있다. 그럼에도 일제강점기 대전의 군사적 역할에 관한 연구가 부재한 가장 큰 이유는 해당 시기 일본군의 주둔 실태와 군사 지배에 대한 학계의 관심이 여전히 부족하기 때문이다.

따라서 이 글에서는 일제시기 대전지역의 군사적 위상과 그 의미에 관해 새롭게 규명하고자 한다. 특히 일제 말기 대전 지역 일본군의 주둔 실태와 활동을 면밀히 살펴보겠다. 또한 군사령부의 대전 설치 계획과 그 의미에 대해서도 고찰해 보고자 한다.

2. 일본군의 대전 배치 과정과 주둔 시설

1) 일본군의 대전 배치 과정

일본군의 대전 주둔은 한국병탄 이전 '한국주차군(韓國駐箚軍) 시기'

6) 조선 주둔 일본군에 관한 국내 연구로는 대표적으로 임종국·신주백·서민교의 논저가 있다. 임종국, 『일본군의 조선침략사 Ⅰ·Ⅱ』, 일월서각, 1988·1989; 신주백, 「1910년대 일제의 조선통치와 조선 주둔 일본군」, 『한국사연구』 109, 2000; 서민교, 「만주사변기 조선 주둔 일본군의 역할과 활동」, 『한국민족운동사연구』 32, 2002; 「근대 일본의 조선 주둔군에 대한 고찰-그 시원에서 1910년 한국병합까지-」, 한일관계사연구논집 편찬위 편, 『일본의 한국침략과 주권침탈』, 경인문화사, 2005; 신주백, 「한반도에서 일본군 역사(1904~1945)」, 송연옥·김영 편저, 박해순 옮김, 『군대와 성폭력』, 선인, 2012. 최근에는 김상규·조건·이민성에 의해서도 연구가 지속되고 있다. 김상규, 「전시체제기(1937~1945) 조선 주둔 일본군의 陸軍兵事部 설치와 역할」, 『한국근현대사연구』 67, 2013; 조건, 「전시 총동원체제기 조선 주둔 일본군의 조선인 통제와 동원」, 동국대 박사학위논문, 2015; 이민성, 「1910년대 중반 조선 주둔 일본군 군영 배치계획과 군영 유치 운동의 양상」, 『한국근현대사연구』 83, 2017.
이 외에 일본에서 생산된 조선군 관련 연구로는 芳井研一, 「植民地治安維持體制と軍部: 朝鮮軍の場合」, 『季刊現代史』 7, 1976; 朴廷鎬, 「近代日本における治安維持政策と國家防衛政策の挾間-朝鮮軍を中心に-」, 『本郷法政紀要』 第14号, 2005; 그리고 최근 庵逧由香, 「朝鮮に常設された第19師團と第20師團」, 坂本悠一 編, 『地域のなかの軍隊』 7, 吉川弘文館, 2015 등이 있다.

와 병탄 이후 상주사단(常駐師團) 설치에 따른 '조선군 시기'로 구분할 수 있다. 한국주차군은 1904년 3월 도쿄에서 편성되어 다음 달 3일 경성에 한국주차군사령부가 설치되면서 주둔하기 시작한 부대였다.[7] '주차(駐箚)'란 일본 본토의 특정 지역에 상주하는 부대가 일정한 기한을 두고 교대로 주둔하는 것을 의미한다. 요컨대 한국주차군사령부는 한반도 내 일본군의 상주화 이전 본토 사단이 1년 내지 2년씩 교대로 주둔하는 부대를 통솔하는 수뇌부였다.

한편 주지하듯 대전은 남한 지역의 중심에 위치해 있다. 이러한 지정학적 특징은 일제가 한반도와 대륙을 침략하는 데 있어 경제적, 군사적 교두보로 대전의 중요성을 배가시켰다. 일본 본토에서 가장 가깝고 오래 전부터 개항장으로 교류가 왕성했던 부산에서 경성, 그리고 의주를 지나 만주로 가는 길목에 대전이 위치해 있었던 것이다. 즉 애초 대전이 경부선 철도 연선 도시로서 1904년경부터 일본인에 의해 개발된 것은 당연한 귀결이었다.[8] 아울러 한국주차군사령부 설치와 함께 대전 지역의 군사 지리적 중요성이 주목받게 되었다.

이에 따라 대전은 한국주차군사령부 예하 일본군 수비대의 주둔지로 부각되었다. 예컨대 시가지 조성이 본격화 되는 시기인 1907년과 1908년에 대전은 개성·평양·대구 등과 함께 남부수비관구 예하 주요 부대가 지속적으로 주둔했으며, 특히 보병 제47연대 본부가 자리하고 있었다.[9]

7) 한국주차군사령부가 1904년 4월 처음 설치된 곳은 大觀亭이었다. 같은 해 8월 大和町으로 이전했으며, 1908년 10월 1일 용산의 신축 청사 건립과 함께 자리를 옮겼다(임종국, 『일본군의 조선침략사 Ⅰ』, 115~119쪽). 대관정은 지금의 한국은행 본관 뒤편 주차장 자리이다. 현재 호텔 건축 공사가 한창이다. 대화정은 현 남산 한옥 마을이며, 용산 신축 청사는 미8군사령부가 있는 용산 미군기지 내에 있었다. 주차군사령부가 용산으로 이전한 이후 대화정에는 한국주차헌병대사령부가 주둔하였다.

8) 일본인들의 대전 일대 거주 및 시가지 조성에 대해서는 『忠淸南道發展史』(湖南日報社, 1934)의 45~50쪽을 참고할 수 있다.

9) 金正明 編, 『朝鮮駐箚軍歷史』, 巖南堂書店, 1967, 106~109쪽에 수록된 「明治40年 12月 守備隊配置表」 및 「明治41年 5月 守備隊配置表」 참조.

1909년 이후에는 주차 사단 외에 의병 토벌을 위해 추가로 파견되었던 '임시한국파견대(臨時韓國派遣隊)' 소속 제1연대 본부가 대전에 주둔하기도 했다.[10)]

이후 일본군의 대전 주둔은 조선 내 상주사단 설치 결정에 따라 변화를 겪는다. 조선 내 2개 사단 상주가 결정된 것은 1915년이었다. 본격적인 사단 상설화는 1916년부터 1921년까지 만 5개년이 걸렸으며, 상주화가 진행 중이던 1918년 5월 조선주차군과 조선주차군사령부는 공식 명칭을 조선군과 조선군사령부로 변경하게 되었다.[11)] 그리고 대전에는 상주 제20사단 보병 제80연대 예하 제3대대가 상시 주둔하는 것으로 결정되었다.

주목할 점은 대전에 대대 본부가 설치되는 과정에서 적지 않은 분란이 일었다는 사실이다. 대전 거류 일본인들은 애초 여단 급 부대가 대전에 상주하기를 기대하고 있었다. 이에 조선 내 사단 상주화가 결정되자 대전을 비롯한 조선 재류 일본인들은 각기 자신이 거주하는 지역에 더 큰 규모의 군부대가 상주해야 한다는 청원 운동을 전개하였다. 군부대의 상시 주둔은 해당 지역의 안정은 물론 경제적 혜택을 가져온다는 점에서 사활이 걸린 문제로 여겨졌다.

경성 이남 지역에서 더 큰 부대를 유치하고자 하는 일본인들의 청원 운동은 대전과 대구, 광주, 전주 일대에서 전개되었다. 특히 대전과 대구가 여단 급 부대 유치를 둘러싸고 치열한 경쟁을 벌였다. 두 곳의 지역민들은 총독부는 물론 내각 육군성에까지 청원서를 제출하고 직접 도쿄로 찾아가 유치 활동을 펼쳤다. 뿐만 아니라 군대가 주둔할 막대한 부지를 자신들의 자금으로 사들여 공여하겠다는 안을 제출하기도 하였

10) 임종국, 『일본군의 조선침략사 Ⅰ』, 123~126쪽. 임시파견대사령부는 대구에 설치되었다.

11) 사단 상주화 배경 및 과정의 대략에 대해서는 조건의 「전시 총동원체제기 조선 주둔 일본군의 조선인 통제와 동원」, 28~31쪽 참조.

다.[12] 일본군 중앙의 입장에서는 부지 매입에 예산을 절감할 수 있는 호기였지만 한편으로 지역민들의 지나친 경쟁이 갈등으로 번지지 않을까 우려하지 않을 수 없었다.[13] 결국 두 곳 모두 여단 상주지로 결정되지는 않았지만 청원 운동 과정에서 드러난 대구와 대전 지역민들의 열의는 자못 대단한 것이었다.[14]

〈그림 1〉 보병 제80연대 제3대대 전경(출처: 서울역사박물관 소장자료)

1915년 8월 육군성은 대구에 연대 본부를, 대전에는 대구 연대 예하 1개 대대를 상주시키기로 결정하였다.[15] 여단급 부대를 유치하지는 못

12) 이민성, 「1910년대 중반 조선 주둔 일본군 군영 배치계획과 군영 유치운동의 양상」, 148~157쪽.

13) 「南鮮地方兵營設置ニ關スル件」, 壹第662號 其8 1915.8.26, 韓國駐箚軍參謀長→陸軍次官 大島健一, 『陸軍省大日記 乙輯 大正13年』, アジア歴史資料センター C03011921500.

14) 청원운동에는 일본인뿐만 아니라 다수의 조선인 유지들도 참여한 것으로 확인된다. 이민성, 「1910년대 중반 조선 주둔 일본군 군영 배치계획과 군영 유치운동의 양상」, 165~167쪽.

15) 「兵營設置ニ關スル件」, 壹第662號 1915.8.27, 陸軍次官→朝鮮駐箚憲兵隊司令官, 『陸軍省大日記 乙輯 大正13年』, アジア歴史資料センター C03011921500.

했지만 대구 거류민들의 청원운동이 성공을 거둔 셈이었다. 반면 대전 거류민들 입장에서는 여단급 부대는 물론이고 기존에 주둔하고 있던 연대급 부대의 상주화도 실패한 꼴이 되었다. 부대 주둔 결정 이후 대전 지역에서는 이에 반대하는 항의 시위가 대규모로 일어났지만 결정은 번복되지 않았다. 부대 유치 경쟁에 뛰어들었던 다른 지역, 즉 광주나 전주, 정읍과 달리 1개 대대가 상주하게된 것에 만족할 수밖에 없었다.

2) 일본군 상주 대대의 위치 및 주둔 시설

조선 주둔 일본군의 상주화는 1921년 4월에 완료되었다. 상주가 완결된 후 부대 배치는 함경북도 나남에 제19사단과 경성 용산에 제20사단 사령부를 두고, 용산에 이들을 통할할 군사령부를 설치하는 것이었다.

제19사단에는 제37여단 예하의 제73·74연대와 제38여단 예하의 제75·76연대, 제20사단에는 제39여단 예하의 제77·78연대와 제40여단 예하의 제79·80연대가 각각 편제되었다. 각 연대의 주둔 중심지는 〈표 1〉과 같다. 이 중 대구 제80연대 본부에는 예하 제1대대와 제2대대가 함께 주둔하고 있었고 제3대대가 대전에 주둔하게 되었던 것이다.

〈표 1〉 조선 상주사단 예하 연대 본부 주둔지[16)]

연대	본부 주둔지	부대 창설일	연대	본부 주둔지	부대 창설일
제73연대	나남	1916.4.18.	제77연대	경성 용산	1916.4.18.
제74연대	함흥	1916.4.18.	제78연대	경성 용산	1916.4.18.
제75연대	회령	1920.10.15.	제79연대	경성 용산	1916.4.18.
제76연대	나남	1920.10.15.	제80연대	대구	1916.4.18.

1915년 8월에 대전 상주가 결정된 보병 제80연대 제3대대의 주둔지

16) 庵逧由香, 「朝鮮に常設された第19師團と第20師團」, 190쪽.

는 지금의 서대전역 사거리 인근이었다. 일본인 거류지가 있었던 대전역 일대에서 다소 떨어진 외곽이면서 철도가 닿는 곳에 위치한 것이 특징이었다.

〈그림 2〉 1928년 발행 대전지도

〈그림 2〉는 1928년 제작된 대전지도이다.[17] 지도 우측은 대전역과 인근의 일본인 거류지를 나타내고 있다. 대전역 좌측에 직선으로 나있는 가로망과 시가가 인상적이다. 대전이 근대에 새롭게 개발된 도시임을 지도를 통해서도 확인할 수 있다.

〈그림 2〉의 좌측 하단을 보면 위에서 아래로 길게 뻗은 철도 우측에 굵은 실선으로 표시된 네 동의 건축물을 확인할 수 있다. 이곳이 제3대대의 주둔지였다. 실선 한 개는 1개 중대의 병사(兵舍)였다. 즉 총 4개

17) 대전광역시사편찬위원회, 『大田市史資料集 Ⅵ 일제강점기편1』.

중대가 주둔할 수 있는 병사를 바탕으로 부대 병영이 건축되어 있었던 것이다. 부대 주둔지 위쪽에서 지도 우측에 있는 대전역을 향해 대각선으로 놓여 있는 길은 지금도 대전시내 주요 간선도로로 사용되고 있다. 지도 가운데 위치한 대전중학교와 대전의 후지산[大田富士]으로 불렸던 테미산(현 테미공원)이 눈에 띈다. 아울러 위쪽에 'Y'자 모양의 건축물은 대전형무소였다.

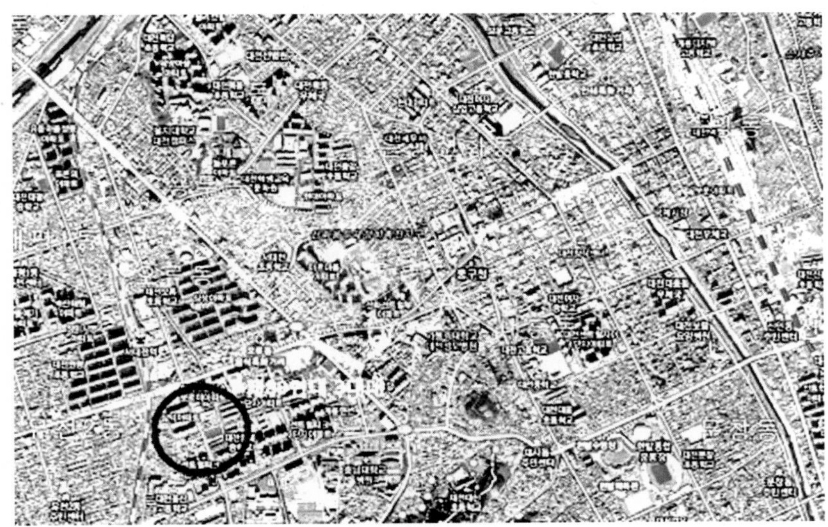

〈그림 3〉 현재의 대전역과 서대전역 인근 사진

〈그림 3〉은 현재 대전시가 중 대전역과 서대전역 일대를 표시한 지도이다.[18] 왼쪽 하단의 굵은 원형 부분은 〈그림 2〉의 제3대대 병영지를 표시한 것이다. 〈그림 3〉에서 보는 바와 같이 일본군 병영 건축물은 현재는 흔적도 없이 사라졌다. 정확히 언제 건축물들이 사라졌는지는 분

18) Daum 지도 검색(http://map.daum.net/)

명하지 않다. 1951년에 미군이 제작한 지도에는 일본군 부대가 있었던 자리에 '병영(兵營)'이라는 글자가 선명히 남아 있었다. 다만 건축물의 개소가 상당수 늘어난 것이 확인된다.[19] 적어도 한국전쟁 당시까지는 일본군이 사용하던 건축물 일부가 남아 군부대로 사용됐음을 알 수 있는 것이다.

앞서도 살펴보았듯이 대전에는 원래 임시파견 보병연대가 주둔하고 있었다. 그러나 이 부대가 사용한 병사는 임시 병사였기 때문에 상주 대대 주둔을 위해서는 별도의 '영구' 건축물이 필요하였다.[20]

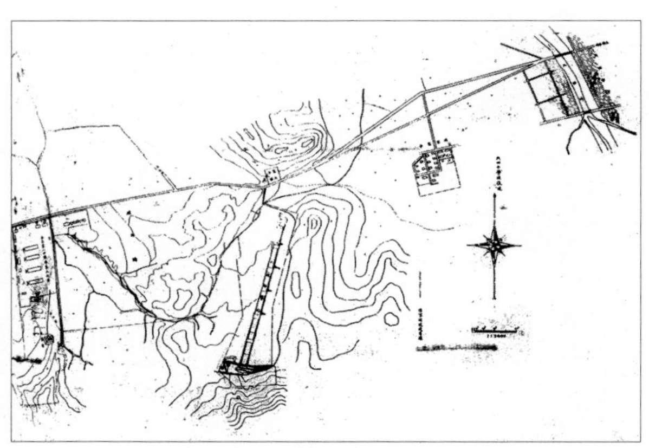

〈그림 4〉 대전 주둔 제3대대 부대배치도

제3대대 부대 건축물은 상주 결정이 내려지고도 한참이 지난 1917년 4월 기공했고, 주요 건축물은 1919년 11월이 되서야 준공되었다. 부속

19) 1951년 당시 미군지도에 나타난 '兵營'은 대전 시립 박물관이 2013년에 제작한 『근대도시 대전 그 100년의 역사』, 84쪽에 수록된 「대전시가피폭도」(사본 1975/원본 1951, 충남역사박물관 소장)에서 확인하였다.

20) 『朝鮮師團營舍建築史』에 따르면, 대대 상주를 위해 필요한 중대 병사는 모두 4개 동이었는데 이 중 2개 동은 기존에 사용하고 있던 것을 증·개축했고, 나머지 2개 동은 신축했다고 한다. 주목할 점은 기존 2개 동의 증·개축 사실을 통해 상주화 이전 임시파견 보병연대의 주둔지 역시 서대전역 근처였음을 확인할 수 있다는 것이다.

건물은 1922년 3월에 완공할 수 있었다. 공사비는 총 41만 3,073원이 소요된 것으로 확인된다.[21]

제3대대의 주요 건축물로는 대대본부와 부속가, 중대 병사 4개동과 부속 건물, 세탁소, 위병소, 의무실 및 휴양실, 장교집회소와 하사집회소, 주보(酒保), 피복 및 병기고 등이 있었다. 이중 중대 병사 2개 동은 신축이 아니라 기존에 있었던 것을 증·개축한 것이었다.[22]

〈그림 4〉는 조선군 경리부가 상주사단 병사 건축을 완료한 뒤 제작한 『조선사단영사건축사』에 수록되어 있는 지도이다.[23] 제3대대 건축 당시 부대배치를 보여준다. 〈그림 4〉의 왼쪽 끝에 본대에 건축한 4개 동의 중대 병사가 보인다. 그 옆으로 연병장과 사격장, 그리고 중앙 왼편에 육군숙사(陸軍宿舍)가 표시되어 있다. 오른쪽 맨 위에 그려진 것은 대전천(大田川)이다.

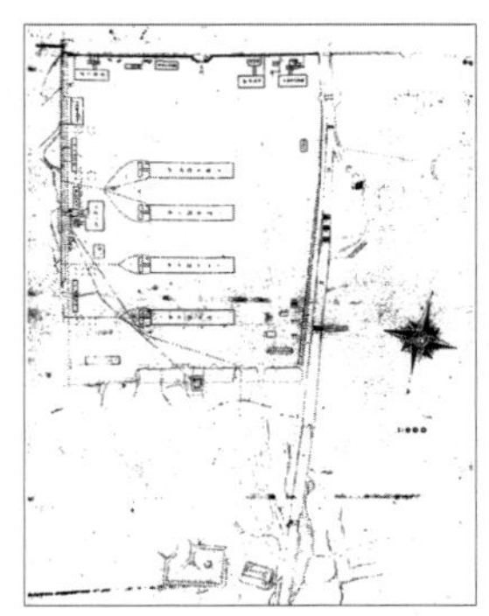

〈그림 5〉 대전 주둔 3대대 배치도 및 중대 병사 정면도

〈그림 5〉는 대대 병사 배치 지도 및 중대 병사 정면도이다.[24] 역시 4개

21) 朝鮮軍經理部, 『朝鮮師團營舍建築史』, 1923.3, 195쪽.

22) 朝鮮軍經理部, 『朝鮮師團營舍建築史』, 195~198쪽.

23) 朝鮮軍經理部, 『朝鮮師團營舍建築史』, 「太田各部隊配置圖」.

24) 朝鮮軍經理部, 『朝鮮師團營舍建築史』, 「太田步兵大隊(第80聯隊 1個大隊) 配置圖」·「太

동의 중대 병사가 있고 주변에 부속 건축물들이 빼곡히 들어차 있는 것을 확인할 수 있다. 지도 맨 하단에 있는 것은 화약고이다. 중대 병사의 정면도는 실제 건축된 구조물의 형상을 보여준다. 중대 병사에는 중대사무실과 병실 등이 병렬 구조로 늘어서 있었다.

3. 대전 주둔 부대의 군사 활동과 조선 주둔군 사령부의 이전 계획

1) 대전 주둔 부대의 군사 활동

조선 주둔군의 상주화는 조선 내 치안 유지보다는 대륙 침략을 위한 병비 증강에 목적이 있었다고 해도 과언이 아니다. 그러나 상주화 과정에서 일어난 3·1독립운동으로 인해 일본군의 침략 행위는 잠시 보류될 수밖에 없었다. 심지어 3·1운동 직후 총독으로 부임한 사이토 마코토(齋藤實)와 1924년 조선군사령관으로 부임한 스즈키 소로쿠(鈴木莊六)는 조선 내 1개 사단이 추가로 증설되어야 한다고 본국에 요청하기도 하였다.[25] 식민 당국자 입장에서 상주화 본래의 목적이 무색할 만큼 조선 내 치안을 안심할 수 없는 지경이었기 때문이다.

대전 주둔 제3대대의 주요 임무 역시 대전 및 조선 서남지역의 치안을 유지한다는 명목 아래 3·1독립운동에 대한 탄압으로 시작하였다. 그리고 이를 위해 대대급 이상으로 집중해 있던 부대를 각 지역별로 분산 배치시키게 되었다. 즉 제3대대 병력 중 1개 중대만을 대전에 잔치시키고 나머지 중대를 3월 하순부터 각지로 파견했던 것이다.[26] 주목할

田步兵大隊1個中隊兵舍正面圖」.

25) 朴廷鎬, 「近代日本における治安維持政策と國家防衛政策の挾間–朝鮮軍を中心に–」.

26) 이양희, 「일본군의 3·1운동 탄압과 조선통치방안–朝鮮騷擾事件關係書類를 중심으

점은 조선 주둔군의 분산 배치가 독립운동 탄압과 치안 유지를 위한 일시적인 방편이었다는 사실이다. 위에서 언급했듯 조선 내 사단 상주화는 제국 일본의 국가 영역을 방위하는 일, 곧 제국 외부에 대응하기 위한 목적으로 추진되었기 때문이다.[27)]

따라서 3·1독립운동을 철저히 탄압한 이후 조선 주둔군의 군사력은 호시탐탐 압록강과 두만강 이북의 중국 동북지역을 향하고 있었다. 1920년 간도의 항일 독립 운동을 탄압하기 위해 자행한 경신년 간도참변(1920)과 러시아 혁명을 저지하기 위해 구미 열강과 함께 시베리아를 침략했던 혁명 간섭 전쟁(1918~1922), 그리고 1920년대 중후반 중국 내 정세에 직접 개입하면서 일으킨 군사 행동들은 모두 이러한 측면에서 감행된 것들이다. 결국 1931년 조선 주둔군이 관동군과 동반 자행한 만주 침략은 사단 상주화가 가진 애초의 목적이 달성된 것이었다고 할 수 있다.

조선 주둔군 제19사단과 제20사단은 각각 위수 지역과 함께 부여된 임무 범위도 차이를 보인다. 제19사단은 함경북도 나남에 사령부를 두고 주로 소련과의 전쟁을 대비하는 부대로서 만주 지역에 대한 군사적 개입에 좀 더 적극적이었다. 이에 비해 제20사단은 중국 관내 지역에 대한 군사 개입에 초점을 맞추는 동시에 조선 내 치안 유지 활동도 담당하고 있었다. 특히 제80연대의 경우 1931년 만주침략이나 1937년 중일전쟁 당시에도 일부를 제외하고는 참전하지 않았다.[28)]

보병 제80연대가 본격적으로 침략 전쟁에 개입한 것은 1943년부터였다. 제80연대의 전선 이동은 아시아태평양전쟁 개전 이후 전황 악화

로-」, 『한국근현대사연구』 65, 2013, 111쪽.

27) 朴廷鎬, 「近代日本における治安維持政策と國家防衛政策の挾間-朝鮮軍を中心に-」.

28) 예를 들어, 朝鮮軍司令部가 편한 『朝鮮軍歷史』 第5卷(1936년 4월)에는 1931년 만주침략 당시 조선 주둔군 제20사단 예하부대의 중국 내 참전 상황이 상세히 기술되어 있다. 단, 여기에도 제80연대 소속 부대원의 참전은 극히 제한적으로 나타나고 있다.

에 따라 조선군과 관동군 주력을 동남아시아와 뉴기니 일대로 동원한 이른바 '남방전용'[29]에 따른 조치였다.

〈그림 6〉 대전 주둔 제80연대 제3대대 군기제(『忠淸南道發展史』, 1932, 70쪽)

1943년 1월 5일 대구에 주둔하던 제1대대와 제2대대 일부가 대구를 출발, 7일에 부산항을 떠났으며, 제2대대 잔여 병력과 대전 주둔 제3대대는 1월 7일 대전을 출발하여 1월 10일 부산을 출항하였다. 제80연대가 이동한 전선은 동부 뉴기니 일대였고, 당시 연대장은 대좌 미야케 사다히코(三宅貞彦)였다.[30]

'남방'에 파견된 보병 제80연대 총원은 5,258명이었고, 종전 이후 생환자는 99명에 불과했다고 한다. 그만큼 동부 뉴기니 일대 전선 상황이 열악했음을 말해 준다. 동부 뉴기니 일대에서 일본군은 미군 등 연합군

29) '남방전용'은 1943년 초 미군의 역공이 본격화된 이래 태평양 일대의 전선을 방어하기 위해 중국과 만주, 그리고 조선에 주둔 중이던 부대를 '남방'으로 이동시켰던 일련의 과정을 지칭한다(조건, 「일제 말기 關東軍의 韓人 동원과 피해 실태」, 『韓日民族問題研究』 29, 2015, 72쪽).

30) 미야케는 오카야마 출신으로 1940년 4월 제80연대장으로 부임했으며 1944년 5월까지 복무한 것으로 확인된다. 마지막 연대장은 이데 도쿠타로(井出篤太郎)였다. 外山操 編·上法快男 監修, 『陸海軍將官人事總覽(陸軍編)』, 芙蓉書房, 1985.

보다는 험난한 지형과 악천후를 상대로 싸워야만 했다. 이로 인해 당시 전선에서 사망한 군인 중 대부분은 교전에 의한 것이 아니라 굶어 죽었다는 주장이 제기되었다.[31] 『보병 제80연대사』에 따르면 제80연대의 최종 사망자는 5,159명이었고 99명만이 생환했다고 기록되어 있다. 아울러 생환자 99명 중에는 17명의 조선인이 포함되어 있었다고 한다.[32]

한편 제80연대 예하 부대원들의 남방 전선 상황을 알 수 있는 자료로는 『남방 남방군 제8방면군 제20사단 유수명부(南方 南方軍 第8方面軍 第20師團 留守名簿)』가 있다. 『유수명부』는 1945년 1월 기준의 일본군 현지 전선 부대 현황을 파악해서 기록한 것이었다. 『제20사단 유수명부』에는 제80연대 예하에 소속된 조선인으로 총 359명이 확인되는데 이 중 304명이 사망했다고 기재되어 있다.[33]

제80연대가 동부 뉴기니 전선으로 이동하면서 상주 제3대대의 대전 주둔은 일단락 된 것으로 파악할 수 있다. 일본군은 부대가 전선으로 이동할 경우 원 주둔지에 유수부대를 잔류시킨다. 제3대대 병영에도 소수의 유수부대가 남아 있었을 것이다. 그러나 대부분의 병력은 남방으로 이동했고 다시는 돌아오지 못했다.

사단 상주화에 따라 1910년대 중반부터 조선에 주둔하기 시작했던 제19사단과 제20사단은 아시아태평양전쟁의 전황 악화에 따라 남방 전선으로 부대 주력이 이동하였다. 앞서 살펴보았듯 제20사단이 1943년 1월 동부 뉴기니로 옮겨 갔고, 제19사단은 1944년 11월 필리핀 전선에 투입되었다.[34] 그러나 조선군과 관동군의 대규모 남방전용에도 불구하

31) 이에 대해서는 藤原彰의 『餓死した英靈たち』(青木書店, 2001)에 잘 서술되어 있다.

32) 『步兵第80聯隊史:東部ニユギニア戰線』, 日本 防衛省 防衛研究所 所藏.

33) 이 중 제3대대 소속 인원이 몇 명인지는 정확히 파악되지 않는다. 제19·20사단에 동원된 조선인들의 피해 실태에 대해서는 조건, 「전시 총동원체제기 조선 주둔 일본군의 조선인 통제와 동원」, 155~175쪽을 참고할 수 있다.

34) 제19·20사단 외 1943년 5월 평양을 사령부로 한 제30사단이 상주사단으로 새롭게 편

고 전황은 극복되지 않았다. 결국 일제는 연합군과의 최후 결전을 위한 작전 계획을 수립하게 되었다.

1944년 말 레이테 해전에서 패배하고, 1945년 초에는 필리핀 방어전마저 실패로 돌아가자 오키나와를 포함한 일본 본토가 미군의 직접 공격 아래 놓이게 되었다. 이에 대본영[35]은 1945년 1월 20일 「제국육해군작전계획대강(帝國陸海軍作戰計劃大綱)」에 따른 이른바 본토결전을 계획하였다.[36] 본토결전은 조선을 포함한 일본 본토를 최후 결전 지역으로 상정하고 그에 대응한 부대 동원과 배치, 그리고 관련 군사 시설물을 건축하는 일이었다. 즉 본토결전은 미군의 직접 상륙에 대비하여 일본 본토와 한반도를 몇 개의 구역으로 나누고 각 구역별로 병비를 확충하는 작전 계획이었다.

2) 본토결전 준비와 군사령부의 대전 설치 계획

대본영은 한반도에 주둔하는 조선 주둔군을 제17방면군과 조선군관구로 재편하였다. 제17방면군은 야전부대로 조선의 방위를 담당했으며 조선군관구군은 보충·교육·경리·위생·위수업무를 맡게 되었다.[37] 조선군관구사령관은 작전에 관해 제17방면군의 지휘를 받도록 규정되어 있었는데, 실제로는 제17방면군사령관과 조선군관구사령관이 겸직하면

성되었다. 그러나 제30사단은 편성된 지 얼마 지나지 않은 1944년 5월 필리핀으로 이동했다.

35) 대본영은 일제가 전쟁 수행을 위한 최고통수기관으로 설치하는 전시 기구이다. 이에 관해서는 조건 외 공저, 『일제 강제동원 Q&A 2』, 선인, 2017, 114~117쪽을 참고할 수 있다.

36) 「제국육해군작전계획대강」에 대해서는 신주백, 「1945년 한반도에서 일본군의 '본토결전' 준비」, 조성윤 외 공저, 『일제 말기 제주도의 일본군 연구』, 보고사, 2008에 상세히 기술되어 있다.

37) 임종국, 『일본군의 조선침략사 Ⅱ』, 117~118쪽.

서 권한 문제는 발생하지 않았다. 제17방면군 등의 편성에 따라 상주군이었던 조선군과 조선군사령부는 폐지되었다.

제17방면군의 편성과 더불어 조선 내 대규모 병비 증강이 뒤따랐다. 1945년 3월 나남에 제79사단, 제주도에 제96사단이 신설되었고, 4월에는 제주도에 제58군사령부가 설치되었다. 비슷한 시기 전북 고창에 제150사단, 이리에는 제160사단이 만들어졌다. 5월에는 제주도에 독립혼성 제127여단이 설치되는 한편, 만주 동녕에서 제120사단이 대구로, 역시 만주에서 제111사단과 제122사단이 제주도로 이동하였다. 이에 따라 1945년 8월 해방 당시 조선 내에는 약 25만 내외의 일본군이 주둔하게 되었다.[38)]

조선 주둔군의 개편에 따라 대전에도 대전지구사령부가 편성되었다. 대전지구사령부는 1945년 4월 편성 명령이 하달되었으며 같은 달 28일 편성을 완료하였다. 이후 패전 때까지 충청남도 대전부에 주둔하면서 충남 전역의 경비 및 도내 정보 수집, 경찰과 민간단체의 지도, 도내 각 부대에 대한 물자 배분·보급 등의 임무에 종사하였다.[39)]

제17방면군 및 조선군관구의 편성과 더불어 미군 상륙에 대비한 방어기지가 한반도에 구축되었다. 주로 상륙이 예상되었던 한반도 남서해안에 엄체호나 포대를 구축하고 물자 수송용 또는 자살공격용 해안 동굴을 굴착하였다. 뿐만 아니라 미군의 공습을 피하면서 한반도 내 본토

---

38) 해방 당시 조선 주둔군의 병력 규모에 대해서는 여러 설이 있다. 패전 당시 제17방면군 사령관이었던 고즈키 요시오(上月良夫)는 일왕에게 제17방면군 규모를 23만 명이라고 보고한 바 있다. 모리타 요시오(森田芳夫)는 종전 당시 한반도 주둔 일본군 병력을 총 34만 7천 명으로 언급하였다. 미야타 세츠코(宮田節子)가 해설을 쓰고 엮은『朝鮮軍概要史』에는 해방 당시 한반도 주둔 일본군의 규모가 27만여 명으로 기재되어 있다(조건,「해방 직후 일본군의 한반도 점령 지속과 귀환」,『한국학논총』 47, 2017, 335~339쪽).

39)『陸軍一般史料-中央-部隊歷史』,「南鮮方面部隊」, アジア歷史資料センター C12122499400.
대전지구사령부는 9월 17일 공식 해산된 것으로 기재되어 있다. 10월 20일에는 귀국을 위해 부산항을 출항했으며 같은 달 22일 사세보에 상륙한 뒤 복원 완결되었다.

결전을 총 지휘할 수 있는 지하시설도 구축하게 되었다.

일본군이 한반도 내 결전을 위한 지하 총 사령부의 적지로 판단한 것이 바로 대전이었다. 제17방면군은 미군이 한반도에 상륙하는 즉시 대전으로 사령부를 옮기고, 역시 신경(新京, 지금의 장춘)에서 통화(通化)로 사령부를 이전하게 되는 관동군과 협력하여 전투를 수행한다는 계획을 가지고 있었다.[40] 모리타 요시오(森田芳夫)는 한반도 내 일본군의 이러한 계획에 관하여 다음과 같이 술회하고 있다.[41]

> 남조선이 전장이 될 때에 군사령부는 대전으로 전진하는데 그때 쓰고자 대전공원 중에 대규모 방공호를 파고 종전 시는 회칠만 되어 있었다(제17방면군 참모장 井原潤次郎 談). 당시 제17방면군 참모 겸 조선총독부 어용괘, 육군 중좌 武富重文 씨의 담에 의하면, 군은 장기 항전을 기도하여 경상남도의 거창, 경상북도의 상주, 충청남도 대전을 잇는 산간 지구에 작전에 필요한 자재와 제작기계 공장 건설을 계획, 겸이포의 일본제철소 및 인천조병창의 일부를 이곳에 이주할 준비를 개시했다.[42]

위에 따르면, 미군이 상륙하는 즉시 군사령부를 대전으로 옮기고 결전태세로 전환하는 한편, 공습을 막기 위해 '대전공원'에 지하시설을 구축했다고 한다. 아울러 종전 시는 회칠까지만 되어 있었다는 것이다. 또한 장기 항전을 위해 거창과 상주, 대전을 잇는 산간 지구에 대규모 군수공장을 건설할 계획도 가지고 있었다.

---

40) 森田芳夫 著, 『朝鮮終戰の記錄-米ソ兩軍の進駐と日本人の引揚-』, 巖南堂書店, 1964, 21~22쪽.

41) 모리타 요시오는 일제 말기 총독부 관료를 역임했던 대표적인 지한파 인물이었다. 일찍이 경성제대 법문학부에서 조선사를 전공했으며, 녹기연맹에 가담 기관지 『綠旗』를 발행하기도 했다. 해방 후 조선인양동포세화회 등에 관여하는 한편, 일본 외무성과 법무성 등에서도 근무했다. 말년에는 성신여자사범대학 일본어과 교수로 재직한 경력도 있다(황선익, 「해방 전후 재한일본인의 패전 경험과 한국 인식-모리타 요시오를 중심으로-」, 『한국학논총』 34, 2010).

42) 森田芳夫 著, 『朝鮮終戰の記錄-米ソ兩軍の進駐と日本人の引揚-』, 18~19쪽.

모리타는 대전공원의 방공호에 관해서는 제17방면군 참모장이었던 이하라 준지로에게, 그리고 대규모 군수공장 건설 계획에 대해서는 총독부 무관이었던 다케토미에게 들었다고 기술하였다. 자신이 직접 추진하거나 목격하지는 않았지만 이와 관련있는 군 관계자에게 전해 들었다는 것이다.

모리타가 전해들었다는 대전의 지하사령부 구축에 관해서는 조선군잔무정리부(朝鮮軍殘務整理部)가 작성한 「조선 내 전쟁준비(朝鮮に於ける戰爭準備)」에도 유사한 내용이 있다.

> 제4절 남선지구에 대한 작전준비
>
> ……
>
> 군은 장차 방면군 전투사령부를 대전에 설치하기로 결정하고 예정된 시설을 준비함과 동시에 전신연대를 대전에 전개시켜 간선통신망의 구축, 제1선 병단과의 연락 임무 등을 부여하고, 부산에 있는 독립자동차중대의 주력과 새로 전입된 치중병중대 등을 곧바로 제주도에 증파하였다. 한편 군수품의 집적을 위해 정찰을 실시하고 그 複廓的 중심지대를 남선의 대전과 대구 사이 지구로 선정하였다. 그리하여 군비는 대거 팽창하였으나 군의 병기 생산과 정비가 이를 따르지 못하자, 방면군은 중앙의 보급에 의존하지 않고 자활적으로 병기 정비에 착수하여 인천조병창을 급히 정비하였다.[43]

위 문건에도 역시 방면군 전투사령부를 대전에 설치키로 결정했다는 문구가 있다. 나아가 예정된 시설을 준비함과 동시에 전신연대를 주둔시켜 간선통신망을 구축했다고 기술하였다. 대전으로 사령부를 이전할 확실한 계획이 있었던 것이다. 또한 앞서 모리타의 술회에서도 등장했던 군수시설을 대전과 대구 사이에 건설토록 선정했다는 내용도 쓰여 있다.

일본군이 군사령부를 대전으로 이전하고자 한 이유는 첫째, 미군 상

43) 朝鮮軍殘務整理部, 「朝鮮に於ける戰爭準備」, (朝鮮軍殘務整理部, 1946.2./1952.2.)「朝鮮に於ける戰爭準備」는 미야타 세츠코가 해설하고 펴낸 『朝鮮軍概要史』에도 수록되어 있다.

륙에 대비하여 남한의 중심 지역에 사령부를 둠으로써 작전 통수를 원활히 하고자 함이었을 것이다. 남서해안, 또는 제주도 연안에 상륙할 미군을 상대로 하여 방어가 불리하고 인구가 밀집해 있는 경성을 떠나 전선과의 소통이 원활한 지역으로 대전을 손꼽았을 것으로 판단된다.

둘째, 대전은 경성과 부산의 중간지대로 병참선 확보에 유리하고 기존 행정기관과의 연결망 유지에도 편리할 것으로 생각했을 것이다.

셋째, 장기 결전 태세를 갖추기 위해 군수품을 자체적으로 안전하게 생산할 수 있는 지역과 인접해 있어야 하는데 이를 만족할 수 있는 곳으로 대전이 적합하게 여겨졌을 것이다. 군수품 창고와 군수시설이 구축될 장소는 위의 인용문에서도 나와 있듯 대전과 대구의 중간 지구였는데 영동군 일대의 산악지구가 이에 해당된다.

실제 대전과 대구 사이의 영동군 일대에는 해발 1,000미터가 넘는 험준한 산악이 펼쳐져 있어 대규모 지하시설을 구축하여 은닉하는 데 적합하다. 영동군 일대에는 아직도 일본군이 건설한 지하시설물들이 다수 확인되고 있다. 문화재청이 2013년부터 실시한 태평양전쟁유적 일제조사에 따르면 충북 영동지역에는 일본군이 건설한 것으로 추정되는 지하 동굴만 100개소가 넘는 것으로 확인되었다.[44]

4. 패전 전후 대전 내 군사령부 구축 시도와 그 의미

조선 주둔 일본군의 군사령부 대전 이전계획은 실행되지 못했다. 사령부가 이전하기 직전에 패전을 맞이했기 때문이었다. 그러나 이전을 위한 지하시설은 완성을 앞두고 있었다. 패전 이후지만 귀환을 담당할

44) 문화재청, 『태평양전쟁유적 일제조사 종합분석 연구보고서-태평양전쟁시기 구축된 일본군 군사시설-』, 2016.

사령부가 대전에 설치된 것도 사실이다.

그렇다면 과연 대전에 설치하기로 했던 군사령부는 어디쯤일까. 그리고 그 유적은 아직도 남아 있을까. 그 위치를 비정하기 위한 유일한 단서는 모리타가 이하라에게 들었다는 '대전공원'이다. 그러나 필자가 확인한 일제강점기 대전 지도에는 '대전공원'이라는 명칭을 찾을 수 없었다. 대전 지역이면서 군사령부가 주둔할 만큼 대규모 지하시설을 구축할 수 있는 장소는 과연 어디일까.

우선 일제시기 대전역 인근에서 일본인들에게 널리 알려졌던 '대전후지'와 '소제공원' 일대를 대상지로 생각할 수 있다. '대전후지'는 지금의 테미공원이다.

테미공원은 일제시기 '대전의 후지산'이라고 불릴만큼 재류 일본인들에게 상징적인 장소였다. 더구나 멀지 않은 곳에 대전역과 제3대대 주둔지 및 육군숙사가 위치해 있기 때문에 관련 군사시설이 들어서기 좋은 입지라고 할 수 있다. 테미공원 인근에는 대전신사, 대전중학교 등 일본인 거주지와 관련 시설물들도 자리하고 있었다.

다만 테미공원은 해발 108m의 수도산에 조성되어 있는데[45] 대규모 지하 군사시설이 들어서기에는 적합하지 않다. 군사령부 정도의 지하시설을 구축하려면 일단 산세가 크고 암반으로 지형이 형성되어 있어야 하는데 수도산은 낮은 구릉에 불과하기 때문이다. 또한 사면이 덩그러니 노출되어 있어 외부 공격을 방어하는 데 부적합하다.

소제공원은 대전역의 우측 위쪽에 자리해 있었다. 주변에 지하시설이 자리할만한 입지조건은 아니지만 일제시대에는 대전의 명소로 불리었다. 인근의 성동산이나 북쪽의 계족산 일대에 관련 시설물이 자리했을 가능성은 있다. 그러나 테미공원과 소제공원 주변에서는 관련 유적

45) 수도산이라는 명칭은 1955년 음용수 보안시설(상수도 배수지)이 들어선 이후 생겨난 것으로 짐작된다.

이 전혀 발견되지 않는다. 군사령부 지하시설로 추정하기 어려운 결정적인 이유가 된다.

다음으로 보문산 공원과 대전 아쿠아리움 일대를 추정할 수 있다. 보문산 공원은 대전 남쪽에 자리한 보문산 북쪽에 위치해 있다. 테미공원과도 인접해 있으며, 따라서 대전역, 일본인 거류지와도 멀지 않은 곳이다. 특히 이곳에는 대규모 지하시설이 지금도 남아 있어 주목을 요한다.

보문산 공원 내 지하시설은 1974년 대한민국 정부가 천연동굴을 충무시설로 사용하고자 건설한 것으로 알려져 있다. 내부 길이가 220m에 달하며 U자형으로 면적은 약 6,000㎡이다. 군 관계자에 따르면 을지연습 육군전술지휘소로 사용하기 위해 육군 제32사단을 동원해 건설했다고 한다.[46] 그러나 확실한 자료는 아직 발견되지 않았다.

오히려 일본군에 의해 건설되었던 지하시설을 한국전쟁 이후 우리 군이 접수하여 훈련에 사용한 것으로 추정된다. 그 이유는 다음과 같다.

첫째, 이 일대는 일본군 사령부가 이전하기 적합한 입지 조건을 가지고 있다. 앞서 기술했듯 철도역 인근이면서도 보문산의 북쪽 계곡에 둘러싸여 외부로부터의 공격을 방어할 수 있는 장소이다. 주변에 이전부터 건설된 군사시설이 자리하고 있는 점도 주목된다.

둘째, 군사령부가 주둔할 수 있는 충분한 크기의 지하시설이다. 군사령부의 여러 부처, 또는 유사시 총독부의 주요 부서가 자리하면서 전투를 치를 수 있을 만큼 큰 규모를 가지고 있다. 〈그림 7〉은 대전 아쿠아리움 평면도로 지하시설의 대체적인 형태를 알 수 있다. 왼편이 입구이고 오른쪽은 산허리를 파고 들어가 암반 아래 구축되어 있다. 이를 보

---

46) 필자는 관련 시설의 구축 실태를 확인하기 위해 국방부 군사편찬연구소, 육군 기록정보관리단 등에 문의한 바 있다. 우리 군이 직접 건설한 것인지 아니면 기존의 시설물을 개축한 것인지 여부를 확인하기 위해서이다. 그러나 아직까지 이렇다 할 자료를 발견하지 못했다. 다만, 양영조 전 군사편찬연구소 전사부장으로부터 32사단 병력이 해당 시설물을 관리했었다는 정보를 얻을 수 있었다.

면 지하시설은 크게 장방형으로 구축되어 있으며 곳곳마다 커다란 방 형태로 확장되어 있는 것이 확인된다. 입구 쪽의 큰 방의 경우 길이가 20m, 너비가 6~7m 정도이고 높이도 약 5m에 달한다.

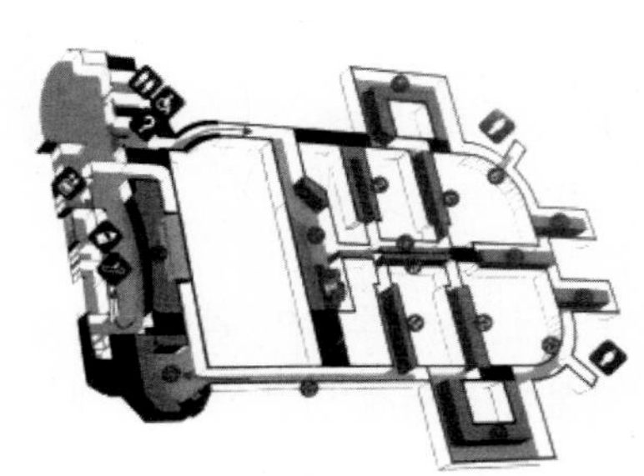

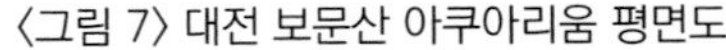
〈그림 7〉 대전 보문산 아쿠아리움 평면도

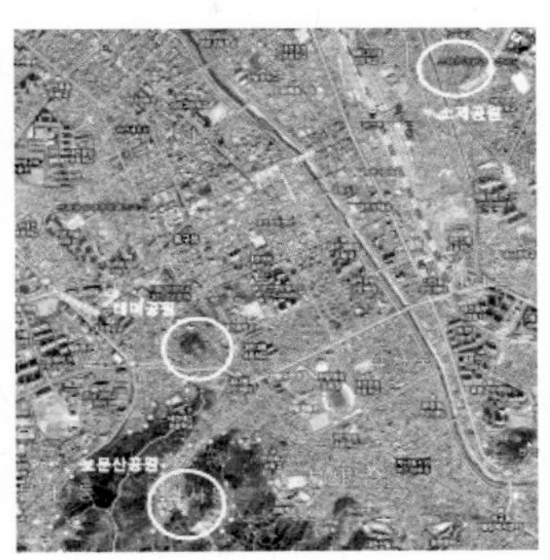

〈그림 8〉 지하시설 위치 추정 장소 사진

셋째, 축조 방식이 다른 일본군의 지하시설과 유사하다. 현재 지하시설은 대전 아쿠아리움으로 사용되고 있는데, 필자가 방문해서 살펴본 결과 콘크리트조를 쌓아올린 방식이 일본군이 다른 곳에 구축했던 지하 시설물의 그것과 유사하였다. 다만 아쿠아리움 측에서 벽에 두꺼운 마감재를 덧칠해 놓은 탓에 정확한 판정은 어렵다.

넷째, 우리 군의 시설로는 다소 부적합한 위치로 보인다. 즉 군이 북한을 대상으로 하는 군사연습의 지휘소로 사용하기에 알맞은 장소라고 생각되지 않는다. 〈그림 8〉에 보는 바와 같이 지하시설이 위치한 계곡은 북쪽을 향해 열려있는 형태이다. 군이 북쪽으로 열린 지형에 중요 군사시설을 신설할 까닭은 없어 보인다.

〈그림 9〉는 각각 1968년과 1985년에 촬영된 것으로 원형으로 표시된 곳이 현재 대전 아쿠아리움이 자리한 지역이다.[47] 일단, 두 사진 모

47) 항공사진은 국토지리정보원 홈페이지에서 확인했다(http://map.ngii.go.kr/ms/map/NlipMap.do).

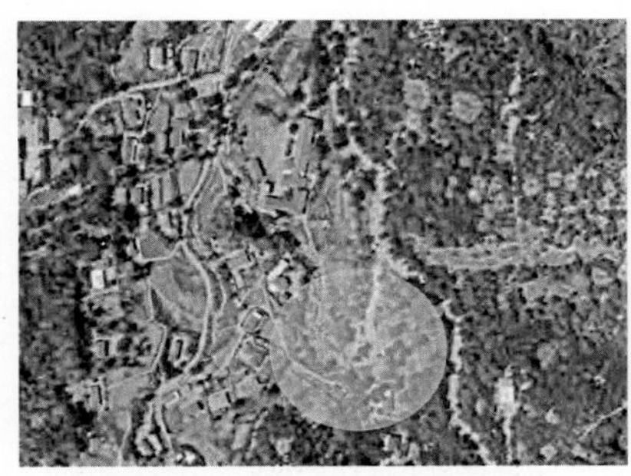
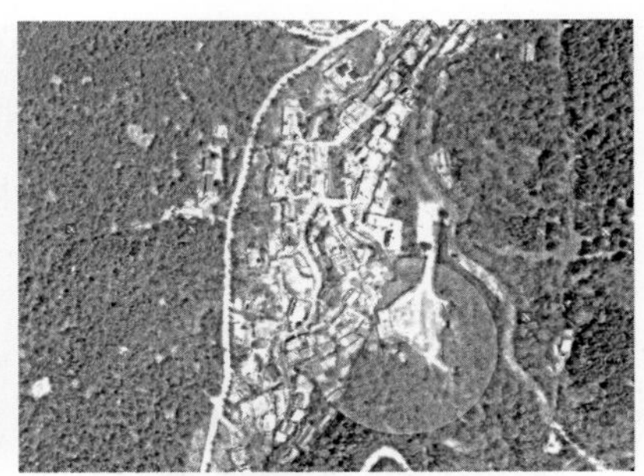

〈그림 9〉 아쿠아리움 자리의 1968년(좌측), 1985(우측) 항공사진

두 북쪽으로부터 길게 진입로가 만들어져 있는 모습이 확인되는데, 주변의 도로망과 비교했을 때 모종의 시설이 들어서 있음을 짐작케 한다. 1968년 당시 사진에는 도로가 두드러진 반면 시설물 자체는 제대로 보이지 않는다. 그러나 1985년 사진을 보면 화살표가 가리키는 곳에 지하시설 입구로 추정되는 흔적이 눈에 띈다. 물론 이들 사진만으로 이 시설이 조선 주둔군의 지하시설이었다는 확증은 할 수 없다. 일제 말기, 또는 해방 직후 사진이나 지도 등에 해당 시설이 확인되어야 한다. 해방 전후 지하시설이 그려진 지도를 발견하거나 관련 자료를 확인하기 전까지 대전에 계획했던 군사령부 위치를 판별하는 일은 미궁에 빠질 공산이 크다.[48)]

전쟁 말기 일본은 이른바 본토결전의 일환으로 한반도 전역을 방어기지화 했다. 특히 대전은 소련과 미군의 한반도 '공격'에 맞서 항전할 최후의 보루로서 선택된 장소였다. 즉 조선 주둔군은 대전에 대규모 지하시설을 건설하고 이를 근거지로 연합군에 맞서 전쟁을 지속할 계획이었던 것이다.[49)]

48) KBS에서 PD를 역임했던 이완희는 『한반도는 일제의 군사요새였다』(나남, 2014)에서 아쿠아리움으로 사용되는 보문산 지하시설을 일본군 사령부로 서술하였다. 그러나 명확한 증거자료는 제시되어 있지 않다.

49) 일본 본토에도 일왕이 거주할 시설을 비롯하여 대본영 자체를 지하로 옮기려는 시도

군의 핵심 시설이 들어설 계획이었던 만큼 전쟁이 장기화되어 미군의 공습이나 한반도 상륙이 본격적으로 감행되었다면 대전의 인적·물적 자원 피해는 물론, 자연 환경 파괴 정도는 상상할 수 없을 만큼 끔찍했을 것이다. 다행히 1945년 8월 15일 일본이 연합국에 무조건 항복하면서 전쟁은 끝이 났다. 군사령부 대전 이전 계획도 그대로 중단되었다.

그런데 중단되었던 사령부 이전은 공교롭게도 해방 이후에 현실화되었다. 대전에 군사령부가 설치된 것은 1945년 9월 9일이었다. 같은 날 미군과 항복조인식을 체결한 고즈키 요시오 사령관 예하 제17방면군 사령부가 경성을 떠나 대전에 자리하게 되었던 것이다.[50] 제17방면군 사령부는 9월 12일 0시부터 전투서열에서 해제되면서 사라졌다.[51] 대신 위수관구사령부 체제로 변경되어 대전에 계속 주둔하게 되었는데 이곳에서 일본군의 마지막 업무, 즉 무장해제와 귀환을 순조롭게 진행하는 임무가 주어졌다.[52]

대전위수관구사령부가 설치된 지역은 명확하지 않다. 제3대대 병영을 그대로 사용하지는 않았을 것으로 판단된다. 미군 측 자료에 의하면 위수관구사령부는 "대전 시내에 있던 어떤 낡고 더럽기는 했지만 규모는 큰 건물에 자리를 잡았다"고 한다.[53] 〈그림 10〉은 대전 지역 위수지

가 있었다. 나가노현 마쓰시로에 건설되었던 마쓰시로 대본영 공사이다. 마쓰시로 대본영 공사는 죠산·마이즈루산·미나카미산 일대의 지하에서 시행되었는데 굴착면적은 죠산이 19,369㎡, 마이즈루산이 8,706㎡, 미나카미산은 9,967㎡에 달한다. 총 연장길이는 9,510m에 이른다고 한다. 굴착 공사에 조선인들이 강제동원되어 피해를 입은 것으로도 유명하다. 대일항쟁기 강제동원피해조사 및 국외강제동원희생자등 지원위원회 편, 『일본지역 지하호에 관한 진상조사–마쓰시로 대본영 지하호를 중심으로–』, 2011.

50) 宮田節子 監修, 宮本正明 解說, 『未公開資料 朝鮮總督府關係者 錄音記錄 5–朝鮮軍·解放前後の 朝鮮』, 東洋文化研究所 第6號 拔刷, 2004, 357쪽.

51) 임종국, 『일본군의 조선침략사 Ⅱ』, 158쪽.

52) 물론 대전의 위수관구사령부가 무장해제 및 귀환을 담당한 지역은 38선 이남이었다.

53) 『주한미군사 1(History of the United States Army Forces in Korea: Part 1)』, 국사편찬위원회, 2014, 390쪽.

구를 표시한 지도이다.[54] 대전위수관구는 대전역 인근을 비롯하여 갑천과 유등천, 대전천 일대를 포함하고 있었는데, 대전위수관구사령부는 이 지역을 관할하면서 치안유지와 귀환 업무를 수행했던 것이다.

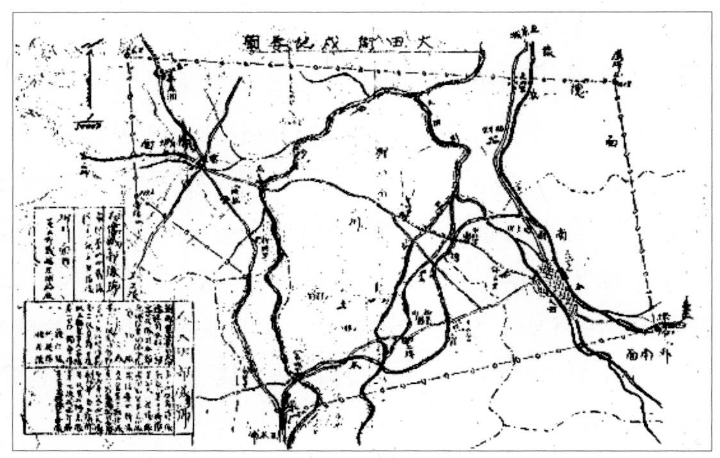

〈그림 10〉 패전 후 조선 주둔 일본군 대전위수지구 지도

대전에 위수관구사령부가 설치되면서 경성과 대구 부산에는 각각 일본군 연락부, 대구연락반, 부산연락부가 편성되었다. 대전위수관구사령부 예하 조직은 1945년 11월 초까지 귀환 업무를 일단락하였다. 같은 달 20일 위수관구사령부는 본토 귀환과 함께 해산하였고 경성의 일본군 연락부도 12월 22일자로 귀환하였다. 부산연락부에만 소수 인원이 잔류하여 업무를 지속하다 1946년 2월 14일 폐쇄되었다.[55]

이 과정에서 주목할 점은 대전의 군사령부가 일본군의 최후에 매우 중요한 역할을 하고 있었다는 사실이다. 미군은 애초부터 일본군의 평화적인 무장해제와 귀환을 보장하고 있었다. 미군은 한반도 진주 이후

54) 『發來翰綴 昭和20年度』, 「朝鮮軍官區命令 第3號」 ｱｼﾞｱ歷史資料ｾﾝﾀｰ C13020894900.

55) 임종국, 『일본군의 조선침략사 Ⅱ』, 166~167쪽.

에도 무장해제 되기 전까지 일본군 정규 병력의 25% 정도에게 병기 휴대를 허가하고 이를 통해 '주둔지'의 치안 및 자위를 담당하게 하였다.[56] 여기서 '주둔지'가 이미 해방된 한인들의 영토였다는 사실을 상기하지 않으면 안 된다.

한반도를 무단으로 침략하여 식민 지배했던 일본군의 귀환은 대전을 중심으로 이루어지고 있었다. 대전과 부산은 귀환과 관련하여 가장 중요한 도시로 대두되었다. 부산은 주요 귀환항이었고 대전은 귀환업무를 총괄하는 사령부가 주둔하는 동시에 귀환부대가 경유하는 중요 도시였다.

1945년 후반기 대전에는 늘 귀환을 희망하는 일본군들이 밀집해 있었는데 심지어 적지 않은 인원이 무장을 한 상태로 주둔하기도 했다.[57] 1945년 9월 하순에는 대전에 2만여 명에 달하는 일본군이 갑자기 밀어닥쳐 식량 부족 사태가 일어나기도 했다. 이들 중 일부 부대는 결국 다시 대전 외곽으로 이동해야만 했다고 한다.[58] 한꺼번에 몰려든 귀환병들로 인해 대전 전역에 복잡한 감시 체계가 구축되었고 이는 미군 전술부대와 군정부대가 도착하는 11월 초까지 계속되었다.[59]

5. 결론

대전에 일본군이 주둔하기 시작한 것은 러일전쟁 직후부터이다. 당시 대전에는 연대급 부대가 주둔하고 있었는데 한반도 서남부의 독립운동을 탄압하고 치안을 유지하는 역할을 담당하였다. 이후 1915년 일

56) 朝鮮軍報道部長 長屋尙作, 『朝鮮の狀況報告』.
57) 『주한미군사 1(History of the United States Army Forces in Korea: Part 1)』, 381쪽.
58) 『주한미군사 1(History of the United States Army Forces in Korea: Part 1)』, 388쪽.
59) 『주한미군사 1(History of the United States Army Forces in Korea: Part 1)』, 390쪽.

본 각의에서 조선 사단의 상주화가 결정되자 한반도 내 주요 도시에서는 일본인들을 중심으로 부대 유치 청원운동이 전개되었다. 대전도 대구를 경쟁으로 하여 여단 유치 운동을 벌였지만 대구에 연대 본부가 주둔하게 된 것과 달리 대전에는 대구연대 예하의 1개 대대만이 주둔하는 것으로 결정되었다. 대전에 주둔하게 된 부대는 20사단 보병 제80연대 예하의 제3대대로 현 서대전사거리 주변이 주둔지였다. 비록 대전에 제80연대 예하 1개 대대가 주둔하게 되었지만 부대의 위상은 자못 높았다. 충청도와 전라도를 포함하여 대대급 이상 부대는 대전이 유일했던 것이다.

대전 주둔 제3대대는 1940년대까지 조선 내 치안 활동에 주력했다. 조선 주둔군 예하 부대가 만주침략과 중일전쟁에 적극 개입한 것과 달리 80연대는 한반도 남부지역을 좀처럼 벗어나지 않았다. 그러나 아시아태평양전쟁 개전 이후 전황이 급속도로 악화되자 제80연대도 사단 주력부대와 함께 동부 뉴기니아 전선으로 이동하게 되었다. 대전의 제3대대 역시 연대 주력을 따라 1943년 1월 대전을 떠났다.

제80연대를 비롯한 조선 주둔군의 '남방전용'에도 불구하고 전황은 악화 일로를 걸었다. 대본영은 미군의 본토 공습과 상륙에 대비하여 이른바 본토 결전 계획을 수립하고 조선 내 병비 증대와 방어기지 구축에 박차를 가했다. 그리고 대전 지역에 대규모 지하시설을 구축하고 작전을 통수하며 결전을 치를 군사령부 이전을 계획하였다. 일제가 군사령부를 이전하기 위해 구축한 지하시설은 지금의 보문산 공원과 대전 아쿠아리움 일대로 추정된다. 다만, 군사령부 대전 이전은 일본의 패망으로 계획 단계에서 중단되었다.

결국 일본군사령부가 대전에 설치된 것은 해방 이후였다. 결전의 최후 보루로 계획되었던 대전 내 일본군 사령부 설치는 패전 이후 전혀 의도치 않은 모습으로 현실화되었다. 대전은 위수관구사령부의 주둔지가 되어 1945년 9월부터 사령부가 해체되는 11월까지 일본군 장병들의 무사 귀환을 위한 교두보가 되었다. 공교롭게도 해방이후 일본군 사령부가 자리하게 되면서 때늦은 군인들의 쇄도에 혼란을 겪게 되었던 것이다.

대전은 일제강점기 내내 경성이나 평양, 또는 대구와 함께 식민지 주요 도시 중 하나였다. 아울러, 군사적으로도 나름의 지정학적 위상을 지니고 있었고, 결국 전쟁 말기 조선 주둔군 사령부의 이전 계획으로 이어졌다. 제국주의 일본의 본토결전 계획에 따라 보문산 기슭에는 한국인들의 생명과 영토를 담보한 거대 지하시설이 구축된 채 숨겨져 있다. 이는 마치 일제가 남긴 식민지배의 폐해가 아직도 해소되지 않은 채 우리 사회 어딘가에 도사리고 있는 것을 연상시킨다. 앞으로도 대전 지역을 둘러싼 일본 제국주의 군대의 군사 활동과 그 의미에 관해 지속적인 연구가 필요할 것이다.

제2부
아시아태평양전쟁기
일제의 항공군사기지 건설과 성격

제3장
아시아태평양전쟁기 일본군의 한반도 내 항공기지 건설과 의미

1. 머리말

한반도 전역에는 일본군이 건설했던 항공군사유적[1)]이 다수 잔존한다. 제주 대정(大靜)의 알뜨르 비행장을 비롯하여 전남 여수, 경북 영천, 광주와 대구광역시, 그리고 지금도 공항으로 사용되고 있는 김포국제공항 등 일본군 항공기지의 흔적은 한반도 도처에 즐비하다. 이 중 대다수는 아시아태평양전쟁기에 건설된 것으로 당시 전황과 밀접하게 연관되어 있다. 이 글에서는 아시아태평양전쟁기 일본군의 한반도 내 항공기지 건설 배경과 추이를 비롯하여 실태와 전체 현황, 그리고 그 의미를 고찰하고자 한다.

---

1) 일본 육군과 해군은 항공관련 군사시설, 특히 활주로를 중심으로 한 군사시설을 각각 다르게 불렀다. 즉 육군은 활주로 등 시설을 비행장으로, 해군은 항공기지로 명명하였다. 이 글에서는 일본 육·해군을 가리지 않고 당시 일본군의 관련 시설을 항공기지로 통일해서 기술했다. 아울러 현재 전국에 산재해 있는 일본군의 비행장·격납고·엄체호·연료 및 탄약고 등 항공 관련 시설을 '항공군사유적'으로 지칭하고자 한다.

한국과 일본 학계에서 아시아태평양전쟁기 한반도 내 일본군 항공기지에 관한 연구는 제주도와 전라남도를 중심으로 진행되어 왔다.[2] 예컨대 쓰카사키 마사유키(塚崎昌之)와 조성윤 등은 전쟁 말기 일본군의 제주도 내 본토결전 실태를 규명하는 과정에서 항공기지 건설과 운용 상황을 언급한 바 있다.[3] 신주백과 조건 역시 한반도 남서해안의 본토결전에 관해 언급하면서 이 일대에 남아 있는 일본군 항공기지 실태를 조명하였다.[4] 정혜경은 광주지역 아태전쟁 유적에 관한 대중서 속에 항공기지 관련 시설물을 언급하기도 했다.[5] 또한 1945년 경 한반도 주둔 일본군의 방공부대와 항공부대의 현황과 활동에 대한 연구도 있다.[6] 아울러 아시아태평양전쟁기는 아니지만 1920년대 조선군의 한반도 내 항공부대 설치 계획과 추이에 관해 천착한 글도 있다.[7] 이 외에도 학계의 연구는 아니지만 한반도 내 일본군 군사시설에 관해 펴낸 주요한 저서가

2) 일본군 항공기지 관련한 선구적 연구는 林鍾國의 『日本軍의 朝鮮侵略史 Ⅱ』(일월서각, 1989)를 들 수 있다. 주로 방위성에 소장되어 있는 「朝鮮に於ける戦争準備」 등의 자료를 활용하여 전쟁 말기 조선 내 일본 육·해군 항공 부대와 비행장의 개략을 저술하였다.

3) 대표적으로 제주대 탐라문화연구소가 한국학술진행재단(현 한국연구재단)의 지원을 받아 2005년부터 시행한 '일제하 제주도의 일본군 전적지 조사 연구'의 결과물을 책으로 발간한 것이 있다.(조성윤 엮음, 『일제 말기 제주도의 일본군 연구』, 보고사, 2008) 조성윤이 편한 책 속에는 塚崎昌之의 「제주도에서의 일본군의 '본토결전' 준비–제주도와 거대 군사시설–」과 조성윤의 「일제 말기 제주도 주둔 일본군과 전적지」, 강순원의 「태평양전쟁과 제주도 내 일본군 군사유적의 실태」 등을 주목할 만하다. 단, 쓰카사키의 글은 2003년 「濟州島における日本軍の'本土決戰'準備–濟州島と巨大軍事地下施設」라는 제목으로 『青丘學術論叢』 제22집에 이미 실렸던 것이다. 조성윤은 2012년 『탐라문화』에 「알뜨르 비행장: 일본 해군의 제주도 항공기지 건설과정」이라는 글을 추가로 게재하기도 했다.

4) 신주백, 「1945년도 한반도 남서해안에서의 '본토결전' 준비와 부산·여수의 일본군 시설지 현황」, 『軍史』 70, 2009; 조건, 「아시아태평양전쟁기 일본군의 광주·전남지역 군사시설 건설과 전쟁유적의 성격」, 『한국근현대사연구』 103, 2022.

5) 정혜경, 『우리 마을 속의 아시아태평양전쟁 유적–광주광역시』, 선인, 2014.

6) 조건, 「전시체제기 조선 주둔 일본군의 防空 조직과 활동」, 수요역사연구회 편, 『제국 일본의 하늘과 방공, 동원 1–방공정책과 식민지 조선–』, 선인, 2012.

7) 이민성, 「1920년대 조선 주둔 일본군 항공부대 설치와 부지선정 문제」, 독립기념관 한국독립운동사연구소 발표논문(未定稿), 2021.

여럿 공간되었다.[8)]

한국 정부가 공식적으로 조사하여 펴낸 보고서에도 항공기지에 관한 내용이 포함되어 있다. 한국 문화재청은 2013년부터 2016년까지 4개년에 걸쳐 전국에 산재한 '태평양전쟁유적' 일제 조사를 실시했는데 여기에 제주도는 물론 전남 여수와 경북 대구·영천의 항공기지 유적이 포함되어 있었다.[9)]

한편 일본군 항공기지는 조선인 강제동원의 장소로 언급된 경우가 적지 않다. 일본군은 비행장을 비롯한 항공 군사기지와 관련 창고 등을 건설하기 위해 많은 조선인들을 동원했는데 이와 관련된 구술 자료집과 연구 논문이 발간된 바 있다.[10)] 특히 정혜경은 아시아태평양전쟁 유적 목록을 정리했는데 여기에는 약 170개소의 비행장과 항공부대, 비행장 설정대 등이 망라되어 있다.[11)]

다만 지금까지의 연구는 한반도 내 일본군 항공기지의 전모를 보여주지 못했다. 특정 지역에 제한되어 있어, 한반도 내 일본군 항공기지 전반에 관해 이해하는 데 한계가 있었던 것이다. 결국 한반도에 남아 있는 수많은 일본군 항공기지는 일부 실태만 밝혀졌을 뿐 이들의 건설

8) 이완희, 『한반도는 일제의 군사요새였다』, 나남, 2014; 정명섭 외 지음, 『일제의 흔적을 걷다』, 더난출판, 2016. KBS PD였던 이완희는 전국의 일본군 유적을 직접 답사하고, 관련 자료를 찾는 한편, 현지인들에 대한 인터뷰 내용을 바탕으로 저서를 집필하였다. 특히 해운대·부산·밀양·군산·목포 비행장은 물론 '특공기지'로 활용될 뻔했던 수십 개소의 항공기지에 관해 방위성 소장 자료를 활용하여 여러 사실들을 밝혔다. 다만, 항공기지 전체 현황을 파악하지 못했고, 관련 자료 역시 부족한 부분이 있었다.

9) 실지 조사는 2013년부터 2015년까지 3개년 간이었고, 2016년은 이전 조사 내용을 종합하여 보고서를 발간하였다. 2013년에는 경남과 전남 해안, 2014년에는 경북과 충북, 2015년에는 충남과 전남, 제주도 일대를 조사하였다.(문화재청, 『태평양전쟁유적 일제조사 종합보고서』, 2016)

10) 조성윤·지영임·허호준, 『빼앗긴 시대 빼앗긴 시절-제주도 민중들의 이야기-』, 선인, 2007; 일제강점하강제동원피해진상규명위원회, 『일하지 않는 자는 황국신민이 아니다-제주도 군사시설 구축에 동원된 민중의 기억』, 2008; 정혜경, 「일제말기 제주도 군사시설공사에 전환배치된 조선인 광부의 경험 세계」, 『韓日民族問題硏究』 35, 2018.

11) 정혜경, 『우리 지역의 아시아태평양전쟁 유적 활용-방안과 사례』, 선인, 2018, 158~184쪽. 단, 목록 중에는 중복된 장소가 몇몇 눈에 띈다.

및 주둔 배경, 전체적 양상, 그리고 역사적 의미는 거의 규명되지 못한 채 남아 있다.

이와 관련하여 전쟁 말기 제17방면군 항공참모였던 우에히로 지카타카(植弘親孝)의 기록이 주목된다.[12] 우에히로는 1944년 11월부터 패전 때까지 한반도 내 항공 주임 참모를 역임했으며, 1945년 5월부터는 제5항공군 참모를 겸직하기도 했다. 그는 한반도 내 일본 육군의 항공기지 건설을 세 시기로 나누어 개괄했는데 이를 통해 당시 육군항공기지 건설 개황을 확인할 수 있다. 이밖에 일본군이 패전 전후 생산했던 기록들 속에도 한반도 내 항공기지 현황을 살펴볼 수 있는 자료들이 적지 않게 확인된다.[13]

주목할 점은 이들 건설 현장에 수많은 조선인들이 동원되어 피해를 입었다는 사실이다. 대본영과 총독부, 그리고 조선군은 최후 결전을 지속하려고 한반도를 군사요새화 했지만 이를 위해 동원되어 피해를 입은 것은 식민지 조선인이었고, 만일 미군의 공습과 상륙이 감행되었다면 그에 따른 전쟁 피해 역시 수많은 조선인들에게 미쳤을 것이다. 한반도 내 일본군 항공기지는 일제의 식민지 조선지배 실태와 당시 조선 내 전황을 염두에 두고 살펴볼 때 그 역사적 의미를 제대로 파악할 수 있다.

이에 따라 이 글에서는 일제강점기, 특히 아시아태평양전쟁기 일본 육·해군의 항공기지 건설 양상과 전체 현황 등을 살펴보고, 이어 제국주의 일본의 한반도 내 항공기지 건설 목적과 그 의미를 일본 방위성

---

12) 우에히로가 기술한 자료는 防衛省 防衛研究所에 소장되어 있는「陸軍航空後方作戰準備に關する資料 昭和17~20」(陸軍一般史料 文庫-依託-505)이다. 우에히로는 이 자료를 1971년 2월 작성했다고 기록했다. 당시 방위청에서는 전사 편찬을 위해 전시기 군인들에게 전사 기초 자료 작성을 요청하여 축적하고 있었다.

13) 육군 항공에 대해서는 방위성 방위연구소 육군일반사료로 분류되어 있는『陸軍飛行場要覽(北海道·朝鮮)』(陸空-本土周邊-86-2),『飛行場記錄(朝鮮ノ部)』(陸空-滿洲方面-125),『在滿鮮北方陸軍 航空部隊概見表』(陸空-滿洲方面-135),『在朝鮮陸軍航空部隊行動概況』(陸空-滿洲方面-136), 그리고 해군 항공에 대해서는 해군일반사료 중『鎭海警備府引渡目錄』(中央-引渡目錄-5)를 참고할 수 있다.

방위연구소(防衛省 防衛研究所) 소장 자료를 통해 규명하고자 한다.

2. 일본 육·해군의 한반도 내 항공기지 건설 양상

1) 아시아태평양전쟁 이전 항공기지 건설 양상

일본군이 한반도 내에 항공기지를 건축하려 한 움직임은 1916년 『매일신보』 기사를 통해 처음 확인된다. 당시 일제는 한반도 내 2개 사단 상주화를 추진하고 있었는데, 이와 더불어 조선 내 항공대 설치와 관련 시설 구축을 구상했던 것으로 보인다. 기사는 도쿄 발 미상의 육군 참모를 취재원으로 했는데, 조선이 군사상 중요지점이기 때문에 항공대를 설치할 필요가 있다고 하면서 항공대 설치와 함께 '추요지(樞要地)'에 격납고를 건설하게 될 것이라고 보도했다.[14] 그러나 기사는 단발성이었고 이후 항공기지 건설과 관련한 내용은 확인되지 않는다.

일본군이 한반도 내 항공작전에 관심을 갖기 시작한 것은 제1차 세계대전 직후인 1920년대 초부터였다. 제1차 세계대전 중 지루하게 반복되던 지상전에 변화를 준 것은 비행기를 활용한 공중 폭격이었고 그 효용성을 절감한 열강은 전후 앞을 다투어 항공 전력을 증대하기 시작했다.[15] 일본 역시 제1차 세계대전 당시 독일의 조차지였던 청도(青島)를 공격하면서 항공기를 활용한 공습을 감행한 바 있고[16] 독일군 비행기에

14) 「朝鮮航空隊」, 『每日申報』, 1916.4.3. 2면.

15) 항공 전력의 중요성을 선구적으로 주장한 사람은 이탈리아의 군인 줄리오 두헤(Giulio Douhet)였다. 그는 1921년 『制空權(The Command of the Air)』을 저술하여 전쟁에서 항공 전력과 그로 인한 공습의 효용성을 강변한 바 있다.(줄리오 두헤 지음, 이명환 옮김, 『제공권』, 책세상, 1999, 181~182쪽)

16) 荒井信一, 『空爆の歴史』, 岩波書店, 2008, 5~7쪽.

맞서 고사포 부대를 운용하기도 했다.[17] 이러한 경험을 바탕으로 전후 식민지 조선을 비롯한 일본 전역에 항공기지가 건설되고, 유사시 공습에 대비한 방공연습도 대규모로 시행되었다.[18]

한반도 내에 일본군 항공기지가 실제로 설치된 것은 1920년 말이었다. 당시 '간도 침공'을 위해 항공 전력을 보충하면서 활주로 및 격납고를 건설했던 것이다.

> 항공대 요원 및 기재(약 1/2)는 10월 14일에서 19일까지 내지를 출발하여 10월 22일 청진에 도착하였다. (중략) 10월 23일 요원 및 기재는 회령에 도착하였다. 나가오(長尾) 공병 대위를 장으로 하는 제19사단 항공대를 편성하였다. 동시에 미리 공병대대에서 정찰한 바에 입각해 비행장을 회령 서남부 속칭 '롯본마쓰(六本松)' 동쪽 밭으로 선정하였다. 땅고르기 공사 및 격납고 건설에 착수함과 더불어 혼춘, 온성, 국자가, 나남 방면에 임시 착륙장을 정찰하였다.
> 11월 14일 제 준비가 완성되었고, 제1회 비행을 개시하였다.[19]

위 자료에 따르면, 한반도 내 최초의 일본군 항공기지는 1920년 10월부터 11월 사이 함경북도 회령에 건설되었다. 회령 서남부의 '롯본마쓰'라고 불리는 지역 동쪽에 비행기 이착륙을 위한 토지를 정비하고 격납고를 건설했으며, 혼춘과 온성, 국자가, 나남 등 국경 지역에 임시로 착륙할 장소를 물색했다는 것이다.

당시 일본군은 간도 침공을 위해 항공대를 편성하고 급히 히로시마 우지나(宇品)에서 비행기 2기를 분해·수송한 뒤 재조립하여 운용했

17) 防衛廳 防衛研修所 戰史室, 『戰史叢書19 本土防空作戰』, 朝雲新聞社, 1968, 2쪽.

18) 방공연습 실시와 방공 및 항공부대 확충에 관해서는 조건, 「전시체제기 조선 주둔 일본군의 防空 조직과 활동」, 98~112쪽.

19) 김연옥 옮김, 『간도출병사』, 경인문화사, 2019, 72~73쪽.

다.[20] 일본군이 회령에 항공기지를 건설한 것은 간도를 침공한 일본군의 배후에서 비행기를 통한 정찰 및 폭격 등의 임무를 수행하기 위해서였는데, 이와 더불어 "조선인들을 위협할 목적으로 조선 안쪽 방면"도 비행할 필요가 있음을 명시하고 있다.[21]

다만 회령의 항공기지는 '간도 침공'을 위해 임시로 설정한 것이었고, 한반도 주둔 일본군이 '항구적'으로 활용할 항공부대 편성과 기지 건설은 아니었다. 사실 일본군의 '간도 침공' 이전 한반도 내 항공부대와 기지 건설에 관한 의견이 제기된 바 있었다. 1920년 2월 육군대신 다나카 기이치(田中義一)가 제42회 제국의회 중의원 예산위원회 제4분과에서 육군 항공대대의 조선 내 배치 계획을 언급했던 것이다. 다나카의 당시 언급은 바로 착수되지는 못했으나 2년 뒤인 1922년 3월 평양에 항공 제6대대가 편성됨으로써 실현되었다.[22]이렇게 설치된 조선군 예하 비행대는 1928년 제2차 '산동출병'(한자)이나 1931년 '만주사변(滿洲事變)' 당시 중국 전선에 투입되었다.[23]

1937년 중일전쟁 개전 직후에는 북한지역 방비를 위해 함경북도 회령에 제2비행단 사령부 및 비행 1전대, 그리고 고사포 1연대가 신설되었다.[24] 일본 해군의 경우도 1933년 봄부터 제주도 모슬포(毛瑟浦), 일명 알뜨르에 중국 침략을 위한 비행기의 중간 기착지로 활용할 수 있는 비상착륙장을 건설한 것으로 확인된다.[25]

---

20) 처음 수송된 2기 중 1기는 운용 초기 고장으로 사용 불능이 되었고, 이후 2기가 추가로 운송되어 결국 회령의 항공기지에서는 3기의 항공기가 운용되었다.(김연옥, 『간도출병사』, 73·206쪽)

21) 김연옥, 『간도출병사』, 207쪽.

22) 평양의 항공 제6대대 설치 과정에 대해서는 이민성의 연구에 상세히 드러나 있다.(「1920년대 조선 주둔 일본군 항공부대 설치와 부지선정 문제」, 9~11쪽)

23) 宮田節子, 『十五年戰爭極祕資料集15 朝鮮軍概要史』, 不二出版, 17~18쪽.

24) 宮田節子, 『十五年戰爭極祕資料集15 朝鮮軍概要史』, 23쪽.

25) 塚崎昌之, 「제주도에서의 日本軍의 '본토결전' 준비의 재검토」, 조성윤 엮음, 『일제 말

그러나 이때까지만 해도 조선군 항공부대는 제한적인 활동만을 부여받았고 규모 역시 크지 않았다. 조선군이 한반도에 본격적으로 항공 군비를 증강한 것은 1941년 경부터였다. 1941년 '관특연(關特演)'에 따라 조선 북부에 항공부대를 배치하여 대소전(對蘇戰)에 대비했던 것이다. 그러다가 중서태평양 일대에서 일본군이 미군의 공세로 패퇴를 거듭하게 되고 '최후 결전'의 분위기가 짙어지자 한반도 내 항공 부대 증강[26] 및 항공기지 확충이 비약적으로 증가하였다.[27]

2) 아시아태평양전쟁기 일본 육·해군의 항공기지 건설 양상

(1) 육군의 항공기지 건설 실태

한반도 내 일본군 항공기지 건설은 육군과 해군으로 나누어 살펴볼 수 있다. 우선 일본 육군의 한반도 내 항공기지 건설 실태는 종전 직후 복원청(復員廳) 제1복원국(第1復員局)이 생산한 「비행장기록(飛行場記錄)(조선의 부)」에서 확인된다.[28] 「비행장기록」에는 '조선비행장배치일반도(朝鮮

기 제주도의 일본군 연구』, 373~374쪽. 塚崎는 2003년 제주도 군사시설에 관한 연구에서 모슬포 비행장 건설 始期를 1931년으로 기술한 바 있다. 그는 이후 관련 자료를 보강하여 실제 착륙장 건설이 시작된 것은 1933년 봄이었다고 정정했다.

26) 한반도 내 일본군 항공부대는 1952년 1월 유수업무부 제4과 항공반에서 제작한 「在朝鮮陸軍航空部隊行動概況」(1952.1.25. 留守業務部)(陸軍一般史料 陸空-滿州方面-136)을 참고할 수 있다.

27) 「第5章航空」『朝鮮に於ける戰爭準備』(陸軍一般史料-滿洲-朝鮮-2) アジア歷史資料センター C13070004500.

28) 「飛行場記錄(朝鮮ノ部)」(陸軍一般史料 陸空-滿州方面-125) アジア歷史資料センター C16120581600.
이 자료를 편철한 防衛研究所戰史研究センター는 자료 생산 기관을 제1복원국으로 기재하였다. 제1복원국은 복원청 예하 조직으로 戰前期 육군성 업무를 인계받아 복원 등 전후 처리를 수행하던 기관이었다. 복원청은 1946년 6월 설치되었다가 1947년 10월 폐지되었다. 즉 「飛行場記錄」의 생산일시는 1946~47년경으로 판단된다. 참고로 제1복원국장은 최후의 조선군사령관이었던 上月良夫였다.

飛行場配置一般圖)'를 비롯하여 '항공무선국일람도(航空無線局一覽圖)' 등의 지도와 울산·대구·영천·광주 등에 건설되었던 비행장 및 부속 시설의 도면, 그리고 관련 정보가 기재되어 있다.

「비행장기록」의 '조선비행장배치일반도'에는 한반도 지도에 비행장 위치를 표기해 두었는데 총 28개소에 달한다. '조선비행장배치일반도'와 비행장 도면 등을 참고하여 육군 항공기지 현황을 도별(道別)로 표기하면 〈표 1〉과 같다.

〈표 1〉「비행장기록」 수록 한반도 내 일본 육군 항공기지 현황

道別	個所	航空基地	位置
京畿道	3	京城[29]	京畿道 京城府 汝矣島町
		京城新[30]	京畿道 金浦郡 陽西面
		烏山	京畿道 水原郡 城湖面 烏山里
江原道	3	春川	江原道 春川郡 下文延里
		平康	江原道 平康郡 石校里
		江陵	江原道 江陵郡
忠淸道	2	大田	忠淸南道 大田郡 柳川面
		鳥致院	忠淸北道 淸州郡 江外面
慶尙道	3	蔚山	慶尙南道 蔚山郡 蔚山邑 三里山
		大邱	慶尙北道 達城君 解顔面
		永川	慶尙北道 永川郡(東經128.48, 北緯35.55)
全羅道	3	光州	全羅南道 光州郡
		群山	全羅北道 沃溝面 仙緣里
		裡里	全羅北道 金堤郡 龍池面 長新田
黃海道	2	汗浦	黃海道 平山郡 金岩面 汗浦里
		海州	黃海道 海州郡
平安道	3	平壤	平安南道 平壤府
		溫井里	平安南道 江西郡 瑞和面 雪岩里
		新義州	平安北道 龍川郡 新義州

29) 여의도비행장을 가리킨다.

30) 김포비행장을 가리킨다.

道別	個所	航空基地	位 置
咸鏡道	9	咸興	咸鏡南道 咸州郡
		連浦	咸鏡南道 咸州郡 連浦面
		宣德	咸鏡南道 咸州郡 宣德面
		吉州	咸鏡北道 吉州郡
		會文	咸鏡北道 會文洞
		淸津	咸鏡北道 松鄕洞
		會寧	咸鏡北道 會寧郡 碧城面
		阿吾地	咸鏡北道 阿吾地
		承良	咸鏡北道 承良

비고: 음영으로 표시한 장소는 지금도 공항으로 사용하고 있는 곳

한반도 내에서 가장 많은 육군 항공기지가 있었던 곳은 함경도였고, 그 중에서도 함경북도에만 6개소가 건설되어 있었다.[31] 함경북도의 항공기지는 대소전 준비를 위해 건설된 것으로 소련 국경 가까이에 위치해 있었으며, 다른 비행장들에 비해 비교적 일찍 만들어진 것이 특징이다.

종전 당시 제17방면군 항공참모를 역임했던 우에히로는 육군 항공기지 건설을 세 시기로 나누어 기록한 바 있는데,[32] 이를 통해 전쟁 말기에는 주로 함경도를 제외한 '남선지역(南鮮地域)'의 항공기지 건설이 시행되었음을 알 수 있다. 실제 우에히로는 최후결전을 위한 천호작전 준비로 주로 '남선(南鮮)'의 비행장을 정비했다고 회고했다.[33]

우에히로의 기록을 좀 더 구체적으로 살펴보자. 그는 당시 육군의 한

31) 함경북도의 육군 항공기지는 吉州·會文·淸津·會寧·阿吾地·承良 등이다.

32) 우에히로는 1944년 11월부터 제17방면군 겸 조선군관구 항공참모에 임명되었으며 1945년 5월에는 제5항공군 참모를 겸직했기 때문에 한반도 내 육군 항공기지에 관해 누구보다 잘 알고 있었다. 우에히로는 한반도 내 육군 항공과 관련하여 두 가지 기록을 남겼다. 하나는 앞서 언급했던 「陸軍航空後方作戰準備に關する資料 昭和17~20」, 다른 하나는 「朝鮮の航空に關する植弘少佐回想」(陸空-日誌回想-874)이다. 두 자료 모두 분량이 많지는 않지만 전쟁 말기 한반도 내 육군 항공 작전과 기지 건설에 관한 중요한 기록들이다. 다만 정확한 역사적 사실을 확인하기 위해서는 각각의 자료 내용을 교차 분석할 필요가 있다. 이후 한반도 내 육군 항공기지 건설에 관한 내용은 위 두 자료의 내용을 섭렵하여 기술한 것이다.

33) 植弘親孝, 「朝鮮の航空に關する植弘少佐回想」.

반도 내 항공기지 건설을 시기별, 유형별로 구분하여 기록하였다. 특히 기지 건설을 세 시기로 나누었는데, 제1기는 1944년 초부터 10월까지로 대소·대미 작전 준비 시행기, 제2기는 1945년 4월까지로 대미 작전에 중점을 둔 작전 준비 시행기, 제3기는 1945년 5월 중국 전선에서 제5항공군이 한반도로 이동해 온 때부터 종전까지였다.[34)]

제1기인 1944년 10월까지는 항공기지를 신설하지 않고 기존 비행장을 활용했다. 우에히로는 이 시기를 대본영(大本營)에서 "조선 내 비행장을 설정하고 증강을 계획"하는 시기였다고 기록했다.[35)] 본격적인 항공기지 건설은 제2기부터 추진된다. 제2기에 신설된 항공기지는 신의주·신안주·해주·김포·수원[36)]·해운대·목포(望雲)[37)]·제주 동·제주 서[38)] 등이었다. 제2기에는 신설 외에 기설되어 있던 연표(連浦)·선덕(宣德)·함흥·평양·온정리(溫井里)·경성(여의도)·대전·대구·울산·군산·광주·사천·회령·청진·회문(會文) 등의 비행장과 관련 시설을 증강했다. 제3기에는 대규모 신설은 없었지만, "기설 비행장(既設 飛行場)을 증강하거나 은밀 비행장(隱密 飛行場)을 건설"하였다. 제3기에 만들어진 은밀 비행장

34) 제5항공군은 1945년 3월 조선으로 이동하기 전까지 주로 중국 전선에 주둔하고 있었다. 제5항공군이 조선으로 이동할 당시 함께한 비행기는 120여 기였다. 사령관은 下山琢磨였다.(防衛廳防衛研修所戰史室, 『戰史叢書19 本土防空作戰』, 536~537쪽) 제5항공군은 이동 후 제17방면군의 위수지역 내에 주둔했지만 종전까지 양자 간 "지휘 계통은 없었다"고 한다.(植弘親孝, 「朝鮮の航空に關する植弘少佐回想」)

35) 이 시기 대본영에서 조선 내 비행장 설정 및 증강을 계획한 인물은 제2과의 少佐 高木作之였다.(植弘親孝, 「陸軍航空後方作戰準備に關する資料 昭和17~20」)

36) 烏山飛行場을 지칭하는 것으로 보인다.

37) 목포비행장으로 불렸으나 실제는 전남 무안군 望雲面에 있었다. 지금도 望雲面과 이웃한 玄慶面에는 당시 건설된 엄체호가 남아 있다. 현재 무안군에는 무안국제공항이 있다.

38) 제주에는 모두 세 곳의 육군비행장이 있었던 것으로 확인된다. 현재 제주공항 인근으로 제주시 龍潭洞(정뜨르)의 육군 제주 서비행장, 朝天邑(진드르)의 육군 제주 동비행장 등이 있었고, 제주도 내륙인 橋來里에 은밀 비행장이 있었다. 교래리 비행장은 건설 중에 종전을 맞았다.(강순원, 「태평양전쟁과 제주도 내 일본군 군사유적의 실태」) 제주 동남쪽 대정의 알뜨르 비행장은 해군항공기지였다.

은 밀양, 담양, 금호, 전주, 제주도[39] 등이었다.[40]

우에히로가 기록한 육군 항공기지 현황은 「비행장기록」의 자료와 대부분 일치하지만 일부 비행장이 추가로 기재되어 있어 주목된다. 우에히로는 제2기인 1944년 10월부터 1945년 4월 사이 신설된 항공기지 중 「비행장기록」에 수록된 것 외 해운대와 목포(망운), 그리고 제주 동·서 비행장 등 네 곳의 항공기지를 추가로 언급했다. 또한 시설을 증강했던 비행장 중에서도 사천이 새롭게 등장한다. 제3기 은밀 비행장의 경우는 밀양 등 다섯 곳 모두 「비행장기록」에 누락되어 있었다. 요컨대 「비행장기록」과 우에히로의 기록을 종합하면 종전 당시 한반도 내 육군 항공기지는 총 38개소에 달하는 것으로 확인된다.

육군 항공기지와 관련하여 방위성 방위연구소에 소장되어 있는 「육군비행장요람(陸軍飛行場要覽)(北海道, 朝鮮)」에는 비행장 외에 엄체호(掩體壕)[41]에 관한 내용이 담겨 있다.[42] 실제 한반도 내 일본군 항공기지 유적에는 콘크리트로 축조된 상당수의 엄체호가 발견되고 있는데, 그 현황을 보여주는 자료는 거의 없다. 「육군비행장요람」에는 육군 항공기지 11곳

39) 은닉 비행장이었던 제주도 교래리 비행장은 1945년 7월경에 만들어졌다. 참고로 제주 서비행장은 4월, 동비행장은 7월경에 완성되었다.(植弘親孝, 「朝鮮の航空に關する植弘少佐回想」)

40) 은닉 비행장은 소형기가 겨우 이착륙할 수 있는 정도의 규모로 건설했다. 우에히로는 은닉 비행장이 본문에 언급한 곳 외에 1~2개소 더 있었다고 기록했다.(植弘親孝, 「陸軍航空後方作戰準備に關する資料 昭和17~20」)

41) 엄체호는 지면에 반원형으로 구축된 구조물이다. 공습을 피하기 위해 철근 콘크리트를 사용하여 작은 언덕처럼 조성한 것이 특징이다. 전쟁 말기 건축 자재 수급이 어려워지면서 철근 없이 만들어진 것도 있다고 한다. 육군과 해군, 그리고 각 항공기지에서 운용한 비행기 종류에 따라 엄체호의 형태와 크기도 각기 다르다. 엄체호는 종종 격납고와 혼용되어 불리기도 하는데, 비행기를 격납한다는 점에서는 동일하지만, 특별히 은닉과 보호의 역할이 추가됐다는 점에서 차이가 있다. 자료에는 '엄체'라고만 기재된 경우가 많다.

42) 「陸軍飛行場要覽(北海道, 朝鮮)」(陸軍一般史料 陸空-本土周邊-86-2) 이 자료에는 경성과 대구, 울산 등 11곳의 육군비행장 현황이 담겨 있다. 「陸軍飛行場要覽(北海道, 朝鮮)」은 종전 후 미군에 제출하기 위해 작성된 문건인 탓에 38도선 이남 지역의 육군 비행장만 언급되어 있다.

의 위치와 비행장 도면, 그리고 축조 방식, 엄체호 개소 등이 수록되어 주목된다.

〈표 2〉「육군비행장요람」에 수록된 육군 비행장과 엄체호 현황

飛行場	位 置	滑走路 等 施設 槪況(활주로 단위는 m)
大邱	朝鮮 慶尙北道 達城君 解顔面	– 비행장 도면 있음(활주로 60×1,500, 栗石鋪裝) – 엄체호 大 30개소, 수용시설 580명분
蔚山	朝鮮 慶尙南道 蔚山郡 蔚山面	– 비행장 도면 있음(활주로 60×1,500, 60×1,200, 60×1,000, ﾏｶﾀﾞﾑ鋪裝) – 엄체호 大 24개소, 수용시설 600명분
海雲臺	朝鮮 慶尙南道 東萊郡 南面	– 비행장 도면 있음 – 엄체호 大 18개소, 수용시설 300명분
四川	朝鮮 慶尙南道 泗川郡 四川面	– 비행장 도면 있음(활주로 60×1,500, 콘크리트 포장) – 엄체호 大 40개소, 수용시설 600명분
大田	朝鮮 忠淸南道 大田郡 柳川面	– 비행장 도면 있음 – 수용시설 150명분
群山	朝鮮 全羅北道 沃溝郡 沃溝面	– 비행장 도면 있음 – 엄체호 大 15개소, 수용시설 1,300명분
水原	朝鮮 京畿道 水原郡	– 비행장 도면 있음(활주로 60×1500, 콘크리트 포장) – 엄체호 大 44개소, 수용시설 600명분
京城[43]	朝鮮 京畿道 富川郡 吾丁面	– c비행장 도면 있음(활주로 80×1,200, 80×1,100, 80×900, 콘크리트 포장) – 엄체호 大 46개소, 수용시설 600명분
龍山[44]	朝鮮 京畿道	– 비행장 도면 있음 – 엄체호 5개소, 수용시설 100명분
海州	朝鮮 黃海道 海州郡 泳東面	– 비행장 도면 있음(활주로 60×1,500, 栗石鋪裝) – 엄체호 30개소, 수용시설 400명분
濟州島	朝鮮 濟州島	– 비행장 도면 있음(십자 모양의 활주로, 300×1,000, 200×1,000)

〈표 2〉에서 보는 바와 같이 육군 비행장 주변에는 수십 개소의 엄체

43) 김포비행장을 지칭하는 것으로 보인다. 〈표–1〉 김포비행장 위치인 김포군 양서면과 〈표–2〉의 부천군 오정면의 경성비행장은 인접한 지역이다.

44) 여의도비행장을 지칭하는 것으로 보인다.

호가 함께 건설되었던 것으로 보인다. 해방 이후 많은 수가 파괴되었지만 일부는 아직도 농경지나 주거지 주변에 남아 있다. 〈표 2〉에는 언급되어 있지 않지만, 경북 영천과 전남 무안비행장 인근에는 거대한 엄체호가 아직도 굳건히 버티고 있다.[45] 엄체호를 비롯하여 연료와 탄약을 보관할 시설들은 1945년 5월 이후에 집중적으로 건설되었다.[46]

〈그림 1〉 경북 영천 금호강 수변에 남아 있는 엄체호(2022.11.5. 필자 촬영)

한편 한반도 주둔 일본 육군은 비행장 시설의 관리 및 복구를 위해 별도의 부대를 운용하고 있었다. 1944년 10월 특설경비공병대를 편성하여 비행장과 연안 경비를 위해 필요한 시설 복구를 담당시켰던 것이다. 특설경비부대는 애초 조선인 재향군인을 주축으로 편성된 부대였으나 이후 조선 내 징병제도 시행에 따라 다수의 조선인 청년들이 부대원으로 충원되기도 했다.[47]

그러다 전쟁 말기 항공기지에 대한 건설 및 관리를 위해 야전비행장

45) 경북 영천에 비행장이 들어선 것은 중일전쟁 직후였다. 당시 영천에 '飛行 不時 着陸場'을 건설했다고 한다.(朝鮮總督官房 文書課, 「朝鮮時局宣傳事務概要—朝鮮中央情報委員會活動狀況竝ニ同會附議事項」(1937.11.20.), 『昭和12年 時局宣傳事務報告』) 이후 종전 직전 금호강 수변을 비롯하여 비행장 인근에 다수의 엄체호가 건설되었다.

46) 植弘親孝, 「陸軍航空後方作戰準備に關する資料 昭和17~20」.

47) 宮田節子, 『十五年戰爭極祕資料集15 朝鮮軍概要史』, 59~62쪽.

설정대가 편성되었다. 종전 당시 한반도 내 일본 육군 항공부대의 주력이었던 제5항공군은 항공총군 예하로 제17방면군의 지휘 아래 있지는 않았다. 그러나 위수지역의 전반적인 관리 책임은 제17방면군과 조선군관구사령부가 맡고 있었고, 이에 따라 제5항공군은 작전에 관해서는 한반도 내에서 독자적인 위상을 가졌지만, 항공기지 설정이나 구축에 관해서는 제17방면군이 담당하고 있었다.[48] 이에 제17방면군은 예하에 야전비행장설정대를 편성하고 1945년 5월 이후 제5항공군의 항공기지 건설을 주도하고 되었다.[49]

(2) 해군의 항공기지 건설 실태

아시아태평양전쟁기 한반도 주둔 일본 해군은 진해(鎭海)를 중심으로 주둔하고 있었다. 진해 일본군 해군기지는 1904년 진해만방비대, 1916년 진해요항부를 거쳐 아시아태평양전쟁 직전인 1941년 11월 20일 진해경비부로 승격되었다. 진해경비부는 아시아태평양전쟁 개전을 위해 한반도 전역의 해군 부대 및 항공기지를 전시체제로 운용하기 위해 설치되었다.[50]

진해경비부가 관할하던 한반도 내 해군항공기지에 관해서는 일본 방위성 방위연구소에 소장되어 있는 『항공기지도(航空基地圖)』를 통해 전반적인 현황을 파악할 수 있다.[51] 『항공기지도』에는 총 9개소의 해군항공

48) 당시 일본군은 '空地分離方式'에 따라 비행장을 설정하고 관리하는 지상부대와 비행부대를 분리해 편제하고 있었다.

49) 植弘親孝, 「陸軍航空後方作戰準備に關する資料 昭和17~20」.

50) 「要港部令及旅順要港部令ノ改正等ニ際シ海軍進級令其ノ他ノ勅令中ヲ改正ス」, 『公文類聚·第六十五編·昭和十六年·第七十九巻·官職七十六·官制七十六·任免一(外務省~商工省)』, アジア歴史資料センター A02030300600.

51) 『航空基地図 樺太, 千島, 北海道, 朝鮮, 中國, スマトラ, 馬來 等』(海軍一般史料⑤-航空基地-95).

기지가 수록되어 있는데, 이 중 대부분은 원산을 제외한 여덟 곳은 모두 38도선 이남의 남한지역에 위치해 있었다. 『항공기지도』에 수록된 내용을 간략히 정리하면 〈표 3〉과 같다.

〈표 3〉『항공기지도』에 수록된 일제 해군항공기지 실태

기지명	건설년도	최후사용	엄체호		연료저장설비
			중형용	소형용	
鎭海(水)[52]	1933	1945.8	0	有蓋 6	터널식 지하 3개소 250톤
濟州島	1937	1945.8	격납고 13	20	–
釜山	1945.4	1945.8	–	20	터널식 약 600㎡ 중 일부 연료고
光州	1945.4(前 비행장)	1945.8	–	18	터널식 약 5,470㎡ 중 일부 연료고
迎日	공사중	미사용	격납고 1	20	터널식 약 3,100㎡ 중 725㎡ 연료고
麗水(水)	공사중지	미사용	–	5	터널식 2,680㎡ 중 600㎡ 연료고
平澤	공사중	미사용	–	9	터널식 1,700㎡ 중 250㎡ 연료고
甕津	공사중	미사용	–	21	터널식 5,070㎡ 중 1,040㎡ 연료고
元山	1940	1945.8	격납고	있음	있음

『항공기지도』에는 각 항공기지의 건설연도를 비롯해서 종전 당시 사용 여부, 엄체호 여부 및 숫자, 그리고 연료저장설비 현황 등이 기재되어 있다. 이에 따르면 진해와 제주·부산·광주·원산 등은 종전 전에 건설되어 활용했고, 영일·여수·평택·옹진 등은 공사 중에 전쟁이 끝나 활용하지 않았음을 알 수 있다. 『항공기지도』에 따르면, 일본 해군항공기지 중 가장 먼저 건설된 것은 1933년 진해였고, 그 다음이 1937년 제주도였다고 한다. 그러나 제주항공기지의 경우 1930년대 초반부터 이미 조성되기 시작했기 때문에,[53] 〈표 3〉의 건설년도는 전략적인 의미를 갖는 항공기지 건설 시기를 기록한 것으로 보인다. 광주의 경우 1945년

52) (水)는 수상기 운용 비행장을 의미한다.

53) 塚崎昌之, 「제주도에서의 日本軍의 '본토결전' 준비의 재검토」, 372~374쪽.

4월 건설했다고 기재한 다음 괄호 안에 '전 비행장'이라고 적었는데, 이것은 광주가 육군의 비행장으로 활용되다가 전쟁 말기 해군항공기지로 변경된 사실을 기입한 것이다.

〈그림 2〉 여수의 해군 수상비행장 흔적(2018.4.22. 필자 촬영)

또한 '엄체'라는 항목에 중형용과 소형용으로 나누어 각 항공기지별 건설 현황을 기재했는데 앞서 살펴본 육군항공기지 내 엄체호와 연관하여 주목할 필요가 있다. 아울러 연료고 등으로 사용하기 위해 터널식으로 구축한 지하시설이 다수 존재했다는 점도 『항공기지도』를 통해 확인할 수 있다.

한편 종전 이후 진해경비부가 생산한 『북위 38도 이남 조선 항공기지 조서』를 통해서도 해군항공기지 건설 상황을 확인할 수 있다.[54] 〈표 4〉는

54) 「北緯三十八度以南ニ於ケル朝鮮航空基地調書」, 『鎮海警備府引渡目錄』(中央-引渡目錄-5) アジア歴史資料センター C08010531500. 『진해경비부인도목록』은 패전 이후 일

자료에 기재된 8개 지역의 항공기지 실태를 표로 정리한 것이다. 『북위 38도 이남 조선 항공기지 조서』에는 제목에서 알 수 있듯 진해를 비롯한 남한 내 8개 지역에 건설되었던 해군항공기지의 실태가 자세히 기록되어 있다. 이중 부산항공기지는 김해국제공항으로 영일항공기지는 포항공항 등으로 지금도 활용되고 있다. 그리고 여수시 신월동(新月洞) 바닷가에는 당시 콘크리트로 축조했던 활주로가 아직도 절반쯤 바다에 잠긴 채 남아 있다.[55]

〈표 4〉 『북위 38도 이남 조선 항공기지 조서』의 해군항공기지 실태

도별	항공기지	위 치	활주로 등 시설 개황
慶尙南道	鎭海	慶尙南道 鎭海邑 安谷里	활주로, 유도로, 有蓋掩體 6기, 격납고
	釜山	慶尙南道 金海郡	비행장, 활주로, 유도로, 엄체호 20기
慶尙北道	迎日	慶尙北道 迎日郡	비행장, 활주로, 유도로, 엄체호 20기
全羅南道	濟州島	全羅南道 濟州島 齊州邑[56]	비행장, 유도로, 엄체호 20기, 격납고
	光州	全羅南道 光山君	활주로, 유도로, 유개엄체호 18기
	麗水	全羅南道 麗水邑	활주로, 유도로, 유개엄체호 5기
京畿道	平澤	京畿道 平澤	비행장, 활주로, 유도로, 엄체호 9기
黃海道	甕津	黃海道 甕津郡	비행장, 활주로, 유도로

비고: 음영으로 표시한 장소는 지금도 공항으로 사용하고 있는 곳

〈표 4〉의 '활주로 등 시설 개황' 항목에 보면 유개엄체호나 엄체호 기수가 명시되어 있는데 그 숫자가 〈표 3〉의 소형용 엄체호와 지역별로 거의 일치하고 있음을 알 수 있다. 특히 진해나 제주 등 기존에 존재했던 항공기지 외에 전쟁 말기 건설되었거나 건설 중이었던 곳에도 상

제 해군성이 해체되고 만들어진 제2복원국에서 한반도 내 해군 군사시설을 미군에 보고하기 위해 만든 자료였다.

55) 여수항공기지는 현재 신월동 한화공장을 중심으로 주둔하고 있었다. 한화공장은 국가 중요시설로 출입이 어렵지만 아직도 일본군의 흔적이 다수 남아 있다. 뿐만 아니라 여수·순천 10·19사건의 현장이라는 점에서도 의미가 깊다.

56) 제주항공기지 본부는 제주읍에 있었고 활주로 등 제반 시설은 대정면에 있었다.

당수의 엄체호가 구축된 것을 확인할 수 있다. 앞서 언급한 육군 항공기지에도 다수의 엄체호가 구축되었다는 점을 지적한 바 있는데, 항공기지 내 엄체호의 구축 시기와 형태를 살펴보면 일제가 전쟁 말기 특정 의도를 가지고 엄체호를 조성했을 것이라는 의혹을 갖게 한다. 요컨대 일본 육·해군은 아시아태평양전쟁 말기 특수한 전략적 목적을 띠고 항공기지에 수십, 수백 기의 엄체호를 구축했던 것이다. 이에 대해서는 제4장에서 더욱 상세히 살펴보겠다.

〈그림 3〉 제주도에 남아 있는 엄체호와 관련 시설들(2019.4.21. 필자 촬영)

3. 한반도 내 일본군 항공기지 전체 현황 및 잔존 실태

지금까지 아시아태평양전쟁기 정비된 한반도 내 일본 육·해군항공기지 실태를 살펴보았다. 아래에서는 여러 자료에 산재되어 있는 일본 육군과 해군의 항공기지들을 한 데 묶어 전체 현황과 그 특징을 기술하도록 하겠다.

〈표 5〉 한반도 내 일본군 항공기지 전체 현황

<table>
<tr><th colspan="2">구분</th><th colspan="2">도별</th><th colspan="2">육/해군</th><th>위치</th></tr>
<tr><td rowspan="19">한반도
47개소</td><td rowspan="19">남한 지역
31개소</td><td rowspan="4">경기도</td><td rowspan="4">4</td><td rowspan="3">육군</td><td rowspan="3">3</td><td>京城(汝矣島)</td></tr>
<tr><td>京城新(金浦)</td></tr>
<tr><td>烏山</td></tr>
<tr><td>해군</td><td>1</td><td>平澤</td></tr>
<tr><td rowspan="3">강원도</td><td rowspan="3">3</td><td rowspan="3">육군</td><td rowspan="3">3</td><td>春川</td></tr>
<tr><td>平康</td></tr>
<tr><td>江陵</td></tr>
<tr><td>충청남도</td><td>1</td><td>육군</td><td>1</td><td>大田</td></tr>
<tr><td>충청북도</td><td>1</td><td>육군</td><td>1</td><td>鳥致院</td></tr>
<tr><td rowspan="6">경상남도</td><td rowspan="6">6</td><td rowspan="4">육군</td><td rowspan="4">4</td><td>蔚山</td></tr>
<tr><td>海雲臺</td></tr>
<tr><td>四川</td></tr>
<tr><td>密陽</td></tr>
<tr><td rowspan="2">해군</td><td rowspan="2">2</td><td>鎭海</td></tr>
<tr><td>釜山</td></tr>
<tr><td rowspan="4">경상북도</td><td rowspan="4">4</td><td rowspan="3">육군</td><td rowspan="3">3</td><td>大邱</td></tr>
<tr><td>永川</td></tr>
<tr><td>琴湖</td></tr>
<tr><td>해군</td><td>1</td><td>迎日</td></tr>
</table>

구분		도별		육/해군		위치
한반도 47개소	남한 지역 31개소	전라남도	5	육군	3	光州
						潭陽
						木浦(務安)
				해군	2	光州
						麗水
		전라북도	3	육군	3	群山
						裡里
						全州
		제주도	4	육군	3	濟州島
						齊州
						齊州 교래리
				해군	1	濟州島
	북한 지역 16개소	황해도	3	육군	2	汗浦
						海州
				해군	1	甕津
		평안남도	2	육군	2	平壤
						溫井里
		평안북도	1	육군	1	新義州
		함경남도	4	육군	3	咸興
						連浦
						宣德
				해군	1	元山
		함경북도	6	육군	6	吉州
						會文
						淸津
						會寧
						阿吾地
						承良

아시아태평양전쟁기 일본 육군과 해군이 한반도 내에 건설한 항공기지는 육군 38개소, 해군 9개소 등 총 47개소에 달한다.[57] 다만 건설 계

57) 필자가 자료를 통해 확인한 것만 산정한 것으로 추가 자료 및 증언을 통해 늘어날 수 있다.

획 단계였거나 건설 중에 전쟁이 끝나 자료에 수록되지 않은 곳이 추가로 있을 가능성을 배제할 수 없다. 〈표 5〉는 자료에서 확인된 것만을 대상으로 간략히 전체 현황을 표기한 것이다.

총 47개의 항공기지 중 남한지역에 31개소, 북한지역에 16개소가 설치되어 있었다. 가장 많은 항공기지가 위치한 것은 함경북도로 6개소 모두 육군의 항공기지였다. 이들은 모두 대소전을 고려한 것들이었다. 함경북도에 가장 많은 항공기지가 분포했었지만, 전체적으로 보면 남한지역은 북한지역보다 2배 이상 많은 항공기지가 위치해 있었다. 남한지역의 항공기지는 상당수가 아시아태평양전쟁기 건설되었으며 이는 다분히 미군의 공격을 대비한 조처였다.

북한지역 16개소 중 육군의 항공기지는 14개소였고 해군은 2개소에 불과했다. 이에 비해 남한지역 31개소 중에는 7개소의 해군항공기지가 확인되는데, 대부분 전쟁 말기 구축된 것들이다.

일본군의 한반도 내 항공기지 건설과 연관하여 주목할 변화가 있다. 한반도 주둔 일본군의 한반도 방공지구 개편 추이다. 한반도 내 방공지구는 크게 북선·중선·남선지구으로 나누어졌고 전략적 중요성이 높은 지구는 다시 여러 개의 소지구로 세분되어 있었다. 그런데 시간이 갈수록 각 지구별 전략적 중요도에 변화가 생기고 이에 따라 지구의 범위 및 소지구의 세분화 정도도 달라졌다. 예컨대 1942년 7월에는 북선지구의 범주가 함경도, 남선지구는 전라남도와 경상도, 제주도, 그리고 나머지 지역이 중선지구로 구분되었고, 북선지구는 다시 나진·회령·나남·함흥 등 네 개 지구로 세분화되어 있었는데, 이는 북선지구를 촘촘하게 편성함으로써 소련군을 향한 방공 대비를 철저히 한 것이었다. 이에 반해 1945년 4월 북선지구는 경기도와 강원도 이북 전체의 넓은 범위로 구성되었고, 남선지구는 오히려 둘로 나눠서 전라도를 서선지구, 경상도를 남선지구로 세분화했다. 상대적으로 남선지구를 촘촘하게 구

성하여 미군의 공격에 대비했음을 알 수 있다.[58)]

요컨대 아시아태평양전쟁 말기 한반도 주둔 일본군은 미군의 공습과 상륙을 막기 위해 남한지역을 중심으로 항공기지를 확충하고 해당 지역의 방공지구 역시 높은 밀도로 재편했던 것이다.

한편, 일본군이 건설했던 한반도 내 육·해군항공기지에 관해서는 해방 후, 그리고 한국전쟁기 미군이 생산한 문건에서도 확인된다. 미군은 일본군이 남긴 항공기지(Air Base)와 비행장(Air Field)을 재정비하여 항공군사시설로 사용했는데, 관리 편의상 'K-(번호)' 등의 방식으로 표기했다.[59)] 이러한 방식으로 표기된 항공기지 또는 비행장은 총 58개소에 달한다.[60)] 단, 이중 몇몇 장소는 중복되어 있고 불명확한 것도 눈에 띄기 때문에 58개소 모두를 일본군이 건설한 것으로 보기는 힘들지만 대부분은 앞서 살펴본 47개소와 일치한다.

일본 육군과 해군이 한반도에 건설했던 항공기지의 자취는 지금도 어렵지 않게 찾아볼 수 있다. 우선 김포를 비롯해서 오산·춘천·강릉·대구[61)]·군산·김해·포항 등의 비행장 시설은 아시아태평양전쟁기 일본군 항공기지로부터 그 연원을 찾을 수 있다. 당시 건설했던 활주로를 해방 이후 미군이 보수하여 활용했고, 다시 우리 군이나 정부에서 인수한 뒤 확장 보강공사를 통해 사용하고 있는 사례이다.

---

58) 한반도 주둔 일본군의 한반도 방공지구 편성에과 변화에 대해서는 조건, 「전시 총동원체제기 조선 주둔 일본군의 조선인 통제와 동원」(동국대 박사학위논문, 2015) 123~124쪽 참조.

59) K-1은 釜山(金海) 항공기지, K-2는 大邱 東 비행장, K-3는 浦港 비행장, K-12는 望雲 비행장 등으로 표기되어 있다.

60) Gordan L. Rottman, Korean War Order of Battle-United States, United Nations, and Communist Ground, Naval, and Air Forces, 1950-1953 (Greenwood Publishing Group, 2002), pp. 205-206. 비행장의 대부분은 '南鮮'지역에 있었고 애초 일본인에 의해 건설되었지만 미국에 의해 업그레이드되고 확장되었다고 기록되어 있다.

61) 대구의 경우 일본군이 주둔했던 항공기지와 지금의 대구공항과는 다소 거리가 있다.

또한 일본군이 비행기 은닉을 위해 구축했던 엄체호도 아직 한반도 곳곳에 산재해 있다. 전체 잔존 현황을 정확히 알 수 없지만 확인된 것만 열거하면, 제주 알뜨르 비행장 일대 10기를 비롯하여 무안 6기, 여수 4기, 영천 4기, 밀양 2기, 김해 4기, 사천 1기 등 30여기가 넘는다.[62] 이밖에 군 주둔지 등 민간인 출입이 어려운 지역에서 추가로 엄체호가 확인될 가능성도 있다.

4. 아시아태평양전쟁 말기 일본군 항공기지의 역할과 의미

일본군이 한반도에 건설한 항공기지는 대부분 전투에 직접 활용되지는 않았다. 예외적으로 제주도의 해군항공기지가 중일전쟁기 도양폭격(渡洋爆擊)[63]의 기점으로 활용된 바가 있었지만[64] 대부분의 항공기지는 '준비' 단계에서 종전을 맞이했다. 그러나 일본군 항공기지가 미군의 공격에 대비한 최후 결전 시설이었다는 점은 이론의 여지가 없다. 과연 한반도 내 일본군 항공기지는 어떠한 역할을 담당하고 있었고 또 그것이 의미하는 바는 무엇일까. 이에 대한 해답을 얻기 위해 두 가지 점을 검토하고자 한다. 첫째는 한반도 주둔 일본 육·해군의 결전에 따른 작전과 지휘 관계 변화, 둘째는 이러한 변화에 바탕 한 항공기지의 '결전' 운용 실태이다.

우선 일본 육·해군 간의 협정과 방위 및 지휘 관계의 재편 상황을 살

62) 이 중 전남 무안과 밀양의 일본군 엄체호는 등록문화재로 지정되어 있다.

63) 바다를 건너 장거리 비행을 통해 폭격 등 작전을 수행하는 것을 말한다.

64) 중일전쟁기 제주항공기지에는 육상공격기부대였던 木更津海軍航空隊가 주둔하고 있었다. 木更津海軍航空隊의 중국 공습에 관해서는 다음의 자료가 있다. 「南京攻擊戦闘詳報 木更津海軍航空隊(昭和12.8.22)」, 『第1連合航空隊戰闘詳報 昭和12.8~12.10』(海軍一般史料② 戰史-支那事變-33) アジア歴史資料センター C14120255500.

펴보자. 일본 육군과 해군은 각각 항공대를 운용했고 이로 인해 항공기지 역시 개별적으로 건설하고 있었다. 그러나 최후 결전을 위해서는 양자 간 작전과 지휘에 통합을 이루지 않을 수 없었다. 사실 일본 육·해군은 위수지역과 작전을 둘러싸고 이견이 있어 왔다. 공군을 따로 운용하지 않았던 일본군의 경우 육·해군이 각각 항공대를 보유하게 되면서 그 위수지역 및 역할을 분담하는 것이 중요했던 것이다.

일찍이 1921년 9월 육군 참모총장과 해군 군령부장은 「육해군항공임무분담협정(陸海軍航空任務分擔協定)」을 체결한 바 있다. 이에 따르면 본토를 비롯한 제국 영역의 주요 지점에 대한 방공은 육군이 맡고, 해군은 근거지대를 비롯한 해군 기지와 해안에 침입하는 함선 및 항공기에 대한 방공 활동을 담당하는 것으로 되어 있었다.[65] 한반도와 관련해서는 1923년 6월 체결된 「육해군방공협정의 건」이 있는데, 진해와 영흥은 해군이, 경성·평양·신의주·원산·진해만·마산항·부산항은 육군이 대공 방어를 분담한다는 협정이었다.[66]

이후에도 일본 육·해군은 작전과 관련된 '임무 분담 협정'을 지속적으로 맺어왔다. 결국 아시아태평양전쟁 말기인 1945년 초에는 「본토작전에 관한 육해군중앙협정」을 체결하기에 이른다. 「본토작전에 관한 육해군중앙협정」은 패전 후 일본군이 연합군의 요청에 따라 회답한 문서철인 『연합군사령부회답서류철』에 편철되어 있다.[67] 「본토작전에 관한 육해군중앙협정」에는 '주적(主敵)' 미군의 공격을 대비해 남서 제도를 제외한 일본 열도, 조선, 사할린 등에서 일본 육군과 해군이 수행할 작전

65) 防衛廳 防衛研修所 戰史室, 『戰史叢書19 本土防空作戰』, 5쪽.

66) 「陸海軍防空協定ノ件通牒」, 『大正12年 軍事機密大日記』 3/6 アジア歷史資料センター C02030152900.

67) 미군은 점령군의 입장에서 패전국 일본 측에 종전 직전의 작전 및 전비 상황 등을 상세히 요구했는데 이에 따라 생산·제출된 방대한 양의 문서철이 방위성 방위연구소에 소장되어 있다. 이들 자료는 주로 방위연구소의 "陸軍一般史料-中央-終戰處理"라는 항목으로 분류되어 있다. 향후 이 항목의 문서군에 대한 면밀한 조사·연구가 필요하다.

계획이 담겨 있다. 그리고 이 협정에 부속된 형태로 육군과 해군의 항공작전에 초점을 맞춘「결호항공작전에 관한 육해군중앙협정」이 체결되었는데 이를 통해 전쟁 말기 한반도 내 항공기지 운용 실태 및 특징을 살펴볼 수 있다.[68]

「결호항공작전에 관한 육해군중앙협정」에서 가장 주목되는 내용은 '특공용 항공기(特功用 航空機)', 즉 '특공기(特功機)' 운용에 관한 부분이다. '특공'이란 '특별공격'을 일컫는 것으로 '전사(戰死)'를 전제로 제작된 '특수 병기'를 활용하여 공격하는 것을 말한다.[69] '특별공격'은 사실상 '자살공격'을 지칭했기 때문에「결호항공작전에 관한 육해군중앙협정」의 '특공기' 운용은 결국 '자살공격'을 위한 작전 계획을 설정한 것이었다.

「결호항공작전에 관한 육해군중앙협정」의 요지는 "특공 공격에 의한 적 상륙 선단의 격멸"에 있었다.[70] 그리고 이를 위해 한반도 곳곳에 항공기지 및 관련 시설을 확충했는데, 이중 가장 특징적인 것이 앞의 제2장 2절에서 언급한 바 있는 '엄체호' 구축 계획이다. 특히 '특공기용 엄체호' 구축에 관해서는「결호병참준비요강(決号兵站準備要綱)」에 자세히 언급되어 있다.[71]

---

68) 「本土作戰に關する陸海軍中央協定」과「決号航空作戰に關する陸海軍中央協定」의 주요한 내용에 대해서는 조건,「아시아태평양전쟁기 일본군의 광주·전남지역 군사시설 건설과 전쟁유적의 성격」(『한국근현대사연구』 103, 2022) 190~192쪽을 참조할 수 있다.

69) 일본군이 '특별공격'을 본격적으로 계획한 것은 과달카날 전투 등 남서태평양 지역의 패배가 명백해진 1943년 중기부터였다고 한다. 당시 미군의 압도적 물량에 대항하기 위해 '必死必殺'의 각오로 특별공격을 본격적으로 결행하게 되었다는 것이다. 특히, 해군 군령부 제2부장 대좌 구로시마 가메토(黑島龜人)는 '특공적 전법과 전비'를 중시한 인물이었는데, 1943년 8월 6일 "戰闘機에 의한 衝突擊", 즉 자살공격을 제안한 바 있다. 비슷한 시기 시종무관이었던 대좌 죠 에이이치로(城英一郎) 역시 "적함선을 비행기의 육탄공격에 의해 격멸"하기 위해 '특수항공대' 편성을 주장했다.(防衛廳 防衛研修所 戰史室,『戰史叢書45 大本營海軍部·聯合艦隊(6)–第3段作戰後期–』, 朝雲新聞社, 1971, 322~323쪽)

70) 「決号航空作戰に關する陸海軍中央協定」アジア歷史資料センター C15010006200.

71) 「決号兵站準備要綱」,『連合軍司令部の質問に對する回答文書綴(事實調査部)』(陸軍一般史料–中央–終戰處理3) アジア歷史資料センター C15010006600.

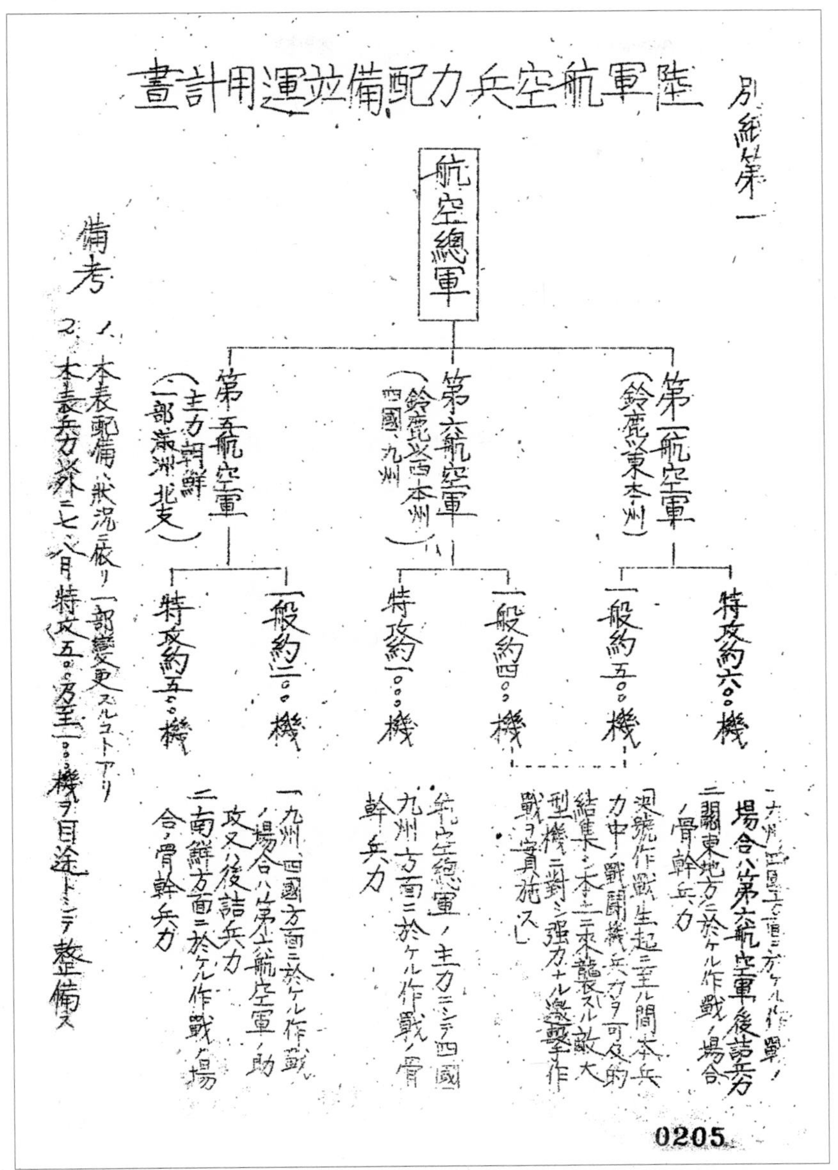

別紙第一

陸軍航空兵力配備並運用計畫

航空總軍

第一航空軍（鈴鹿以東本州）
- 特攻約六〇〇機
- 一般約五〇〇機

第六航空軍（鈴鹿以西本州 四國、九州）
- 一般約四〇〇機
- 特攻約一〇〇〇機

第五航空軍（主力朝鮮 一部滿洲 北支）
- 一般約二〇〇機
- 特攻約五〇〇機

一 九州正面ニ於ケル作戰ノ場合ハ第六航空軍後詰兵力
二 關東地方ニ於ケル作戰ノ場合ノ骨幹兵力

決號作戰生起ニ至ル間本兵力中ノ戰闘機兵力ヲ可及的結集シ本土ニ來襲スル敵大型機ニ對シ強力ナル邀撃作戰ヲ實施ス

航空總軍ノ主力ニシテ四國九州方面ニ於ケル作戰ノ骨幹兵力

一 九州四國方面ニ於ケル作戰ノ場合ハ第六航空軍ノ助攻又ハ後詰兵力
二 南鮮方面ニ於ケル作戰ノ場合ノ骨幹兵力

備考
1. 本表配備ハ状況ニ依リ一部變更スルコトアリ
2. 本表兵力以外ニ七、八月特攻五〇〇乃至一〇〇〇機ヲ目途トシテ整備ス

0205

〈그림 4〉 종전 직전 일본 육군의 항공병력 운용 계획(日本 防衛研究所 戰史研究センター 所藏 「決号航空作戰に關する陸海軍中央協定」)

「결호병참준비요강」에 따르면, 미군의 상륙을 저지하기 위한 특공기 운용을 위해 '본토결전' 지역 전역에 걸쳐 총 2,050기에 달하는 엄체호를 구축할 계획이었다. 그리고 이중 제주도를 포함한 한반도에는 총 200기의 엄체호를 건설하는 것으로 명시되어 있다.[72] 특공기용 엄체호는 차폐(遮蔽)·비닉(秘匿)에 초점을 두고 기존의 것을 정비하거나 부족할 경우 신설토록 했다. 특공기용 엄체호가 구축된 곳은 제주를 비롯하여 사천·해운대·울산·목포(망운)·대구·군산·수원(오산)·경성·해주·온정리·力浦·평양 등이었다. 제주가 20기로 가장 많았고, 그 외 지역은 모두 15기씩 구축하는 것으로 계획했다.

특공기용 엄체호 구축 계획과 더불어 실제 특공기 운용에 관한 자료도 있다. 「결호항공작전에 관한 육해군중앙협정」에 첨부된 '육군 항공병력 배비 및 운용 계획(陸軍航空兵力配備竝運用計畫)'에는 항공총군을 정점으로 한 제1항공군, 제5·제6항공군의 특공기 운용 계획이 수록되어 있다. 이에 따르면 미에현(三重縣) 스즈카(鈴鹿)를 경계로 동쪽은 제1항공군, 서쪽은 제6항공군이 담당했으며, 한반도는 제5항공군의 위수지역으로 설정된 것을 확인할 수 있다. 또한 각 항공군 예하의 항공기를 일반기와 특공기로 나누어 표기했는데, 제5항공군 예하에는 일반기 200기, 특공기 500기가 기재되어 있다. 즉 한반도에 주둔하고 있던 제5항공군은 500기의 '자살공격기'를 운용할 계획이었던 것이다.[73]

---

72) 〈표 2〉와 〈표 3〉에는 항공기지별로 구축했던 엄체호 현황이 기재되어 있는데, 이들이 특공기용 엄체호를 포함한 것인지 여부는 확실치 않다.

73) 제5항공군은 당초 중국에 주둔하고 있다가 1945년 5월 경 주력이 한반도로 이동했다. 제5항공군이 보유한 항공기 규모에 대해서는 자료마다 차이를 보인다. 다만, 종전 후 일본군이 미군 측에 제출한 자료에 따르면 제5항공군 예하에는 총 695기의 항공기가 있었으며, 이 중 가용기가 557기, 불가용기가 138기라는 기록이 있다.(조건, 「전시체제기 조선 주둔 일본군의 防空 조직과 활동」, 128쪽.

5. 맺음말

아시아태평양전쟁 말기 일본은 한반도를 최후의 결전장으로 만들었다. 충청남도 대전에는 제17방면군의 지하사령부를 만들었고,[74] 인천시 부평의 인천육군조병창 일대에는 지하공장과 창고를 건설했다.[75] 충청북도 영동의 산간에는 당시 일본군이 굴착한 수십 개소의 지하 군수시설도 확인된다. 제주도의 수많은 오름에는 이오지마(硫黄島)나 오키나와(沖縄)와 같은 지하 벙커가 만들어졌고, 해안에는 특공용 병기가 들어갈 수 있는 동굴이 파헤쳐졌다. 이런 종류의 벙커와 동굴은 전라남도 내륙과 해안에서도 어렵지 않게 찾아볼 수 있다. 그리고 같은 맥락에서 한반도 전역에 걸쳐 일본 육군과 해군의 항공기지가 건설되었다.

당시 자료를 통해 확인할 수 있는 한반도 내 일본군 항공기지는 육군 38개소, 해군 9개소 등 총 47개소에 이른다. 단, 자료에서 파악되지 않은 은닉 비행장 등을 포함하면 종전 당시 50개소가 넘는 항공기지가 한반도에 존재하고 있었을 것으로 추정된다. 이들 항공기지는 1920년대부터 하나둘씩 건설되기 시작했고, 1930년대를 지나 1940년대 본격적으로 신설 또는 증강되었다. 제17방면군과 제5항공군 항공참모를 겸직했던 우에히로 지카타카는 육군 항공기지 건설을 세 시기로 나누어 회고한 바 있다. 이에 따르면 일본 육군 항공기지의 신설과 증강은 제2기인 1944년 말부터 1945년 초까지에 집중되었다.

한반도에 건설되었던 일본군 항공기지는 종전 직전 '특공기지(特功基地)'로 변모했다. 일본군은 '최후 결전'을 위해 비행장 주변에 특공기용

74) 森田芳夫, 『朝鮮終戦の記録: 米ソ両軍の進駐と日本人の引揚』, 巌南堂書店, 1964, 18~19쪽.

75) 조건, 「일제 말기 일본군의 仁川陸軍造兵廠 地下化와 강제동원 피해」, 『한국근현대사연구』 98, 2021, 187~198쪽.

엄체호를 대규모로 구축했고, 가용 항공기 중 대부분을 특공기로 편성했다. 결국 수십 개소에 달하는 항공기지는 '자살공격'의 시발점으로 변모했다. 이에 따라 한반도와 식민지 조선인은 '본토결전'의 인질로 사로잡힌 채 식민지배와 침략전쟁의 피해를 감내해야할 운명에 직면했다. 만일 일본이 무모한 전쟁을 지속했더라면 한반도는 수백 기의 '자살공격기'가 발진하는 죽음의 전장이 되고 말았을 것이다. 지금도 전국 곳곳에는 전쟁 말기 만들어졌던 엄체호 등 일본군 항공군사유적이 상당수 남아 당시의 역사를 증언하고 있다.

이 글에서는 이들 일본 육·해군항공기지의 연원과 건설 양상, 전체 항공기지 현황, 그리고 항공기지의 역할 및 의미를 종합적으로 살펴보았다. 그러나 필자가 지금까지 확인한 일본군 항공군사유적과 관련 자료에 비해 항공기지 각각의 구체적인 실태 및 특징을 규명하는 데는 한계가 있었다. 향후 육·해군별, 시대별, 지역별 항공군사유적의 구축과 실태, 특징, 잔존 실태 등에 대한 추가 연구가 진행되어야 한다. 아울러 항공기지 건설을 위해 강제동원되었던 식민지 조선인들의 피해 실태에 대해서도 연구를 지속되었으면 한다. 또한 이들 연구를 바탕으로 한 교육적·정책적 활용 방안도 함께 논의해야 할 것이다.

〈부록〉 한반도 내 일본 육·해군항공기지 현황

연번	군별	비행장(항공기지)	위치(도)	위치(군 이하)	출전
1	육군	京城(汝矣島)	京畿道	京城府 汝矣島町	−飛行場記錄(朝鮮/部) −陸軍飛行場要覽(北海道, 朝鮮)
2	육군	京城新(金浦)	京畿道	金浦郡 陽西面	−飛行場記錄(朝鮮/部) −陸軍飛行場要覽(北海道, 朝鮮)
3	육군	烏山	京畿道	水原郡 城湖面 烏山里	−飛行場記錄(朝鮮/部) −陸軍飛行場要覽(北海道, 朝鮮)
4	육군	春川	江原道	春川郡 下文延里	−飛行場記錄(朝鮮/部)
5	육군	平康	江原道	平康郡 石校里	−飛行場記錄(朝鮮/部)
6	육군	江陵	江原道	江陵郡	−飛行場記錄(朝鮮/部)
7	육군	大田	忠清南道	大田郡 柳川面	−飛行場記錄(朝鮮/部) −陸軍飛行場要覽(北海道, 朝鮮)
8	육군	鳥致院	忠清北道	清州郡 江外面	−飛行場記錄(朝鮮/部)
9	육군	蔚山	慶尙南道	蔚山郡 蔚山邑 三里山	−飛行場記錄(朝鮮/部) −陸軍飛行場要覽(北海道, 朝鮮)
10	육군	海雲臺	慶尙南道	東萊郡 南面	−植弘親孝 −陸軍飛行場要覽(北海道, 朝鮮)
11	육군	四川	慶尙南道	泗川郡 四川面	−陸軍飛行場要覽(北海道, 朝鮮)
12	육군	密陽	慶尙南道		−植弘親孝
13	육군	大邱	慶尙北道	達城君 解顔面	−飛行場記錄(朝鮮/部) −陸軍飛行場要覽(北海道, 朝鮮)
14	육군	永川	慶尙北道	永川郡	−飛行場記錄(朝鮮/部)
15	육군	琴湖	慶尙北道		−植弘親孝
16	육군	光州	全羅南道	光州郡	−飛行場記錄(朝鮮/部)
17	육군	木浦(望雲)	全羅南道	務安郡	−植弘親孝
18	육군	潭陽	全羅南道	潭陽郡	−植弘親孝
19	육군	群山	全羅北道	沃溝面 仙緣里	−飛行場記錄(朝鮮/部) −陸軍飛行場要覽(北海道, 朝鮮)
20	육군	裡里	全羅北道	金堤郡 龍池面 長新田	−飛行場記錄(朝鮮/部)
21	육군	全州	全羅北道		−植弘親孝
22	육군	汗浦	黃海道	平山郡 金岩面 汗浦里	−飛行場記錄(朝鮮/部)

연번	군별	비행장 (항공기지)	위치(도)	위치(군 이하)	출전
23	육군	海州	黃海道	海州郡 泳東面	–飛行場記錄(朝鮮ノ部) –陸軍飛行場要覽(北海道, 朝鮮)
24	육군	平壤	平安南道	平壤府	–飛行場記錄(朝鮮ノ部)
25	육군	溫井里	平安南道	江西郡 瑞和面 雪岩里	–飛行場記錄(朝鮮ノ部)
26	육군	新義州	平安北道	龍川郡 新義州	–飛行場記錄(朝鮮ノ部)
27	육군	咸興	咸鏡南道	咸州郡	–飛行場記錄(朝鮮ノ部)
28	육군	連浦	咸鏡南道	咸州郡 連浦面	–飛行場記錄(朝鮮ノ部)
29	육군	宣德	咸鏡南道	咸州郡 宣德面	–飛行場記錄(朝鮮ノ部)
30	육군	吉州	咸鏡北道	吉州郡	–飛行場記錄(朝鮮ノ部)
31	육군	會文	咸鏡北道	會文洞	–飛行場記錄(朝鮮ノ部)
32	육군	淸津	咸鏡北道	松鄕洞	–飛行場記錄(朝鮮ノ部)
33	육군	會寧	咸鏡北道	會寧郡 碧城面	–飛行場記錄(朝鮮ノ部)
34	육군	阿吾地	咸鏡北道	阿吾地	–飛行場記錄(朝鮮ノ部)
35	육군	承良	咸鏡北道	承良	–飛行場記錄(朝鮮ノ部)
36	육군	濟州島	濟州道		–陸軍飛行場要覽(北海道, 朝鮮)
37	육군	濟州島	濟州道	濟州	–植弘親孝
38	육군	濟州島 (교래리)	濟州道	濟州	–植弘親孝
39	해군	鎭海	慶尙南道	鎭海邑 安谷里	–北緯38度以南ニ於ケル朝鮮航空基地調書 –航空基地図
40	해군	釜山	慶尙南道	金海郡	–北緯38度以南ニ於ケル朝鮮航空基地調書 –航空基地図
41	해군	迎日	慶尙北道	迎日郡	–北緯38度以南ニ於ケル朝鮮航空基地調書 –航空基地図
42	해군	濟州島	全羅南道	濟州島 齊州邑	–北緯38度以南ニ於ケル朝鮮航空基地調書 –航空基地図
43	해군	光州	全羅南道	光山君	–北緯38度以南ニ於ケル朝鮮航空基地調書 –航空基地図

연번	군별	비행장 (항공기지)	위치(도)	위치(군 이하)	출전
44	해군	麗水	全羅南道	麗水邑	-北緯38度以南ニ於ケル朝鮮航空基地調書 -航空基地図
45	해군	平澤	京畿道	平澤	-北緯38度以南ニ於ケル朝鮮航空基地調書 -航空基地図
46	해군	甕津	黃海道	甕津郡	-北緯38度以南ニ於ケル朝鮮航空基地調書 -航空基地図
47	해군	元山	咸鏡南道		-航空基地図

제4장
한반도 주둔 일본 해군의 제주항공기지 운용과 특징

1. 머리말

제주도에는 일제 말기 한반도 주둔 일본군이 구축한 군사시설물들이 다수 존재한다. 일본군은 제주 산간과 평야지대 그리고 해안 등 지역과 지형을 가리지 않고 여러 종류의 군사시설을 건설하였다. 지금도 일본군 군사시설은 상당수가 잔존하는데, 이들은 일제 침략전쟁의 잔혹함과 무모함을 동시에 전하는 유적이라는 점에서 중요하다. 요컨대 제주도는 일본군의 식민지 군사 침략과 지배 관련 유적이 응축되어 있는 곳이며 따라서 일제의 식민지 지배정책과 침략전쟁을 연구하는데 그 어느 곳보다 중요한 지역이다. 아울러 이들을 활용한 역사 교육적 효용성 또한 매우 높다.

제주도에서 일본군의 군사 유적을 가장 잘 확인할 수 있는 곳은 모슬포 인근의 일명 알뜨르 비행장[1)]이다. 이곳에는 콘크리트로 축조된 비행

1) 일본 해군이 제주 대정읍 모슬포 인근에 건설한 항공기지는 흔히 알뜨르 비행장으로 불린다. 이 글에서는 일제강점기를 대상으로 할 때 '제주항공기지', 해방 이후는 '알뜨르 비행장' 등으로 지칭하겠다.

기 엄체호[2]를 비롯하여 지하시설, 수조시설 등이 아직도 남아 있다.[3]

제주도 내 일본군 비행장과 군사시설에 대해서는 적지 않은 자료가 발굴되었고, 또 이를 통해 매우 상세한 연구들이 발표되었다. 제주도 내 일본군 군사시설의 종합적인 설명으로는 쓰카사키 마사유키와 조성윤의 연구가 대표적이며, 비행장을 비롯한 군사시설물은 강순원의 글에 유형별로 잘 정리되어 있다.[4] 조성윤 등의 연구는 2008년 『일제 말기 제주도의 일본군 연구』라는 제목으로 발간된 바 있는데,[5] 이를 통해 일본군의 제주도 내 군사적 침략에 관한 연구는 일단락되었다고 할 수 있다. 이후 추가적인 조사 및 분석이 있었지만 실태를 파악하는 차원에 그쳤다고 판단된다.[6]

그런데 지금까지 연구에서는 제주도 내에서 일본 육군과 해군이 건

2) 엄체호는 넓은 의미에서 격납고와 유사한 시설이지만, 공습에 대비하여 비행기를 保護·隱匿할 목적으로 만들어졌다는 점에서 특징적인 건축물이다.

3) 제주도에는 이러한 항공군사유적 외에도 미군의 상륙에 대비해 추축한 지하 벙커나 舟艇基地 또는 자살공격용 병기를 숨기기 위해 건설한 해안 동굴 등도 있다. 이 중 주정기지에 대해서는 조건, 「아시아태평양전쟁기 일본군의 광주·전남지역 군사시설 건설과 전쟁유적의 성격」(『한국근현대사연구』 103, 2022), 178~180쪽 참조.

4) 쓰카사키 마사유키, 「제주도에서의 일본군의 '본토결전' 준비」; 조성윤, 「일제 말기 제주도 주둔 일본군과 전적지」; 강순원, 「태평양전쟁과 제주도 내 일본군 군사유적의 실태」, 이상 조성윤 엮음, 『일제 말기 제주도의 일본군 연구』(보고사, 2008).

5) 조성윤 엮음, 『일제 말기 제주도의 일본군 연구』, 보고사, 2008. 이 책에는 모두 10편의 연구 논문이 수록되어 있다. 신주백은 전쟁 말기 일제의 본토결전을 중심으로 한 한반도 주둔 일본군의 동향과 인적 동원 문제를 일괄하였고, 쓰카사키는 제주도를 둘러싼 일본군의 주둔과 군사활동을 역시 본토결전에 초점을 맞춰 종합적으로 다루었다. 조성윤은 2000년대 초중반에 있었던 제주대 탐라문화연구소의 제반 조사를 포괄하여 제주도 내 일본군 군사시설을 종합하는 글이었다. 강순원은 조성윤의 글에 이어서 대상 시기를 '태평양전쟁기'로 한정하고 당시 전황과 일본군의 군사활동을 제주도 내 군사시설의 구축과 연동하여 고찰하였다. 이 밖에도 황석규의 「전쟁 말기 제주도 주둔 일본군의 이동, 배치, 편제, 전략 등에 관한 군사사회사적 의미」, 허수열의 「제주도에 있어서 조선인 강제동원」과 지영임의 「구술을 통해 본 일제하 제주도 내 강제동원의 실태와 특징」, 그리고 다카무라 료헤이의 「태평양전쟁 말기 일본 군인의 제주도 주둔 경험」, 허호준의 「태평양전쟁과 제주도 주둔 일본군의 무장해제 과정」 등의 글이 수록되어 있다.

6) 일제강점하강제동원피해진상규명위원회, 『제주도 군사시설 구축을 위한 노무·병력동원에 관한 조사』(작성자: 이병례); 문화재청, 『태평양전쟁유적 일제조사 종합분석 연구 보고서』, 2016.

설한 군사시설을 각각 설명하면서도 그 차이점이나 관계성을 제대로 드러내지 못한 측면이 있다. 특히 항공군사유적에 대해서는 그 연원과 역할, 특징에 대해 조금 더 천착할 부분이 남아 있다.

주지하듯 항공 전력은 제1차 세계대전을 거치며 전쟁의 승패를 좌우하는 핵심 요인으로 자리 잡았다. 나아가 1930년대 이후 일본군의 중국 침략과 이어지는 연합군과의 전쟁에서 그 어떤 군사시설물보다 중요시되어 한반도 전역에 관련 건축물들이 증설되었다.[7] 제주도에 남아 있는 항공군사유적 역시 이러한 과정을 거쳐 건설되었다.

일본군의 제주도 주둔과 지배, 군사 활동에 대해서는 크게 두 가지 측면에서 추가적인 과제가 있다. 첫째는 당시 군사적 활동을 제주도에 국한하지 않고 제국 일본 전체의 시각을 가미한 군사사적 검토가 요구된다. 왜 유독 제주도에 이러한 시설물이 다수 건설되었는가, 이들의 운용상의 특징은 무엇인가 등이 다시금 면밀히 검토되어야 할 것이다.

둘째는 일본군이 구축한 군사시설물의 더욱 세밀한 조사와 분석 그리고 현황 파악이 필요하다. 지금까지 조사 결과를 통해 전체적인 사항이 규명되었지만 개별 군사시설물의 구축 경위와 용도에 대해서는 아직 천착할 여지가 있다. 아울러 현재 상황을 파악한 뒤 이들의 보존과 활용에 대한 논의도 지속해야 한다.

이 글에서는 이러한 두 가지 측면을 고려하면서 제주도 모슬포 인근에 있는 일본 해군의 제주항공기지를 중심으로 그 건설과 운용, 특징을 살펴보고자 한다. 이를 위해 우선 선행 연구 및 관련 자료를 토대로 일본군의 제주도 내 항공기지 건설 개황을 기술하겠다. 다음으로 일본 해군의 중일전쟁기 제주항공기지 운용과 공습 실태를 살피고, 마지막으로 아시아태평양전쟁기 제주항공기지의 변화와 특징에 대해서 언급하겠다.

---

7) 한반도 내 방공 및 항공부대의 전체적인 현황에 관해서는 조건, 「아시아태평양전쟁기 일본군의 한반도 내 항공기지 건설과 의미」(『한국근현대사연구』 104, 2023)를 참조할 수 있다.

2. 일본군의 제주도 내 항공기지 건설 개황

일본군은 무력을 앞세워 한국의 국권을 탈취하고 무단적인 방식으로 한반도를 식민지배 했다. 일반적으로 한반도 주둔 일본군은 한국(조선) 주차군과 조선군 등의 공식명칭으로 불렸는데, 엄밀히 말하면 이들은 주로 일본 육군을 지칭하는 것이었다. 한반도에는 한국주차군이나 조선군 외에 진해를 중심으로 주둔했던 일본 해군도 존재했다. 다만, 일본 해군은 한국의 식민 통치와는 일정한 거리를 두고 있었던 탓에 그동안 주요한 연구 대상이 되지 못했다.[8)]

즉 일제의 식민지 지배정책사적 측면에서 일본군을 고찰할 때 그 주된 대상은 육군으로 설정된다. 그런데 일제 말기 한반도 병참기지화와 강제동원을 규명하기 위해서는 일본 해군의 활동을 간과해서는 안 된다. 일본 해군은 해군 지원병·징병을 통해 조선인을 병력으로 동원했고,[9)] 한반도 곳곳에 해군 군사시설을 구축하여 침략전쟁의 전초기지로 삼았다. 그 외 수많은 해군 군속들을 동원하여 피해를 입힌 주체이기도 했다.[10)]

특히 제주도는 육군보다 일본 해군의 주둔과 침략이 더욱 부각되었

8) 일본 해군은 진해를 중심으로 주둔하고 군사적 활동을 전개했지만, 그렇다고 진해에만 그 역할이 국한된 것은 아니었다. 일찍부터 평양에 해군의 보급창이 건설되어 있었고, 진해 외에도 한반도 곳곳에 거점 군사기지로 요항부를 두었다. 특히 해군 항공대의 주둔과 활동을 위해 전국 곳곳에 해군항공기지와 관련 군사시설들을 건설·운용하였다.

9) 해군 지원병 동원에 관해서는 표영수의 선구적 연구가 있다.(표영수, 「해군특별지원병 제도와 조선인 강제동원」, 『한국민족운동사연구』 58, 2009) 다만, 표영수의 연구 이후 해군의 조선인 군인동원에 관한 연구는 정체된 상태다. 표영수의 연구에는 해군 지원병 동원 실태 자체는 언급되어 있지만, 그 실제 동원 사례와 특수성, 일제 해군 동원의 의미에 관해서는 더 연구해야할 필요성이 있다.

10) 일본 해군의 군속 동원 및 그에 따른 피해에 대해서는 심재욱의 여러 연구가 있다. 심재욱, 「전시체제기 조선인 해군군속의 일본지역 동원 현황」, 『한국민족운동사연구』 81, 2014; 「'태평양전쟁'기 일본 화물선 침몰과 조선인 舊海軍 군속의 사망피해」, 『한국민족운동사연구』 85, 2015; 「전시체제기 시바우라(芝浦) 海軍施設補給部의 조선인 군속 동원」, 『한국민족운동사연구』 97, 2018.

던 지역이었다. 육군은 소련과 중국을 대상으로 한 침략전쟁, 그리고 한반도 치안 유지에 그 중점적 역할이 있었기 때문에 전쟁 말기까지 제주도는 그들의 직접적인 '위수' 대상에 포함되지 않았다. 이에 반해 일본 해군은 제주도를 1910년대부터 사세보 진수부 관할로 지정하여 방위를 담당했고, 이후에는 진해요항부의 관할로 두었다.[11]

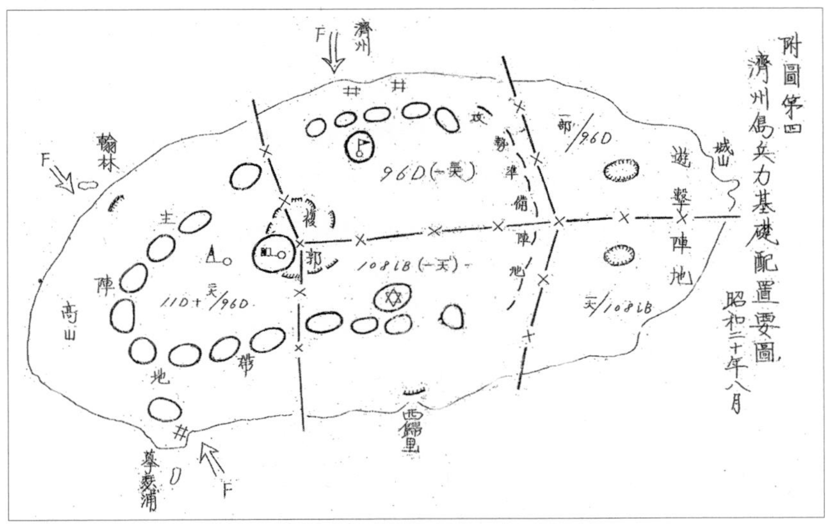

〈그림 1〉 제주도 주둔 일본군 기초 배치 요도(朝鮮軍槪要史)

일본 해군이 제주도에 항공기지를 건설하기 시작한 것은 1931년 3월경으로 알려져 있다. 당시 모슬포 인근의 약 60만㎡에 달하는 평야(알뜨르)에 비행기 활주로를 중심으로 한 군사시설을 구축했다.[12] 이후 모슬포 해군항공기지는 지속적으로 확장되었고, 1945년 종전될 당시에는 항공기지 전체 면적이 80만 평에 이르렀다고 한다.[13]

11) 쓰카사키 마사유키, 「제주도에서의 일본군의 '본토결전' 준비」, 63~64쪽.
12) 쓰카사키 마사유키, 「제주도에서의 일본군의 '본토결전' 준비(증보 개정판)」, 64쪽.
13) 조성윤, 「일제 말기 제주도 주둔 일본군과 전적지」, 149쪽.

이렇듯 제주도는 일본 열도와 중국을 잇는 해상의 중간 선상에 놓여 있는 섬으로 육군의 관심에서는 다소 벗어난 지역이었지만, 해군의 입장에서는 군사와 방공 작전 측면에서 일찍부터 그 중요성이 부각된 곳이었다. 다만, 1930년대 중반까지 제주도 내 해군항공기지는 주로 '임시', 또는 '비상' 착륙장 등 제한된 역할을 수행하고 있었다. 일본 열도의 항공기지를 보조하는 역할에 그쳤던 것이다. 그러나 이러한 정황은 중일전쟁 개전과 함께 변모한다. 이에 대해서는 제3장에서 추가로 살펴보겠다.

한편 일본 육군도 아시아태평양전쟁기 제주도에 항공기지를 건설했다. 육군이 제주도 내 항공기지를 건설한 것은 1944년경으로 전황이 극도로 악화되어 미군의 일본 열도와 한반도에 대한 상륙과 공습이 가시화된 때였다. 일본 육군은 1944년 5월 제주 서(西) 비행장(현 제주공항)을 건설했고, 이듬해에는 동(東) 비행장을, 그리고 종전이 얼마 남지 않았던 1945년 7월에는 조천읍 교래리 부근에 '은닉(은밀)' 비행장(현 대한항공 정석비행장)을 설치하였다.[14]

〈그림 1〉은 미군의 공격에 대비한 제주도 내 일본군 배치도 및 방어시설지도다. 지도상에 '井'자로 표기된 곳이 일본 육군과 해군이 건설한 항공기지 자리다. 먼저 지도 동남쪽 해안에 '井'자 모양의 표식이 보인다. 이곳이 일본 해군의 항공기지가 있었던 대정읍 알뜨르 비행장이다. 다음으로 '井'자 표식은 제주도 북부 제주시 인근에 두 곳이 더 확인되는데, 두 곳 모두 육군의 항공기지였다.[15]

〈그림 1〉에는 일본 육군이 내륙에 비밀리에 건설한 교래리 비행장은

14) 조성윤, 「일제 말기 제주도 주둔 일본군과 전적지」, 99~100쪽. 교래리 비행장은 자료에 '隱密', 또는 '隱匿'비행장으로 기재되어 있다. 여기서는 은닉 비행장으로 통일해서 기술하겠다.

15) 제주시 북쪽 해안의 육군비행장의 경우 제주시 용담동(정뜨르)에 있던 것이 육군서비행장, 조천읍(진드르)에 있었던 것은 육군동비행장이었다.(강순원, 「태평양전쟁과 제주도 내 일본군 군사유적의 실태」, 181~190쪽.)

표시되어 있지 않다. 교래리의 은닉 비행장은 이름 그대로 공중에서 잘 드러나지 않도록 조성했고 전쟁 말기 완공되지 않았던 탓에 지도에는 표시되지 않은 것으로 보인다.

3. 중일전쟁기 일본 해군의 제주항공기지 운용과 중국 공습

1) 중일전쟁기 제주항공기지 운용

일본 해군의 제주항공기지가 전략적으로 활용된 것은 중일전쟁 직후부터였다. 당시 모슬포의 제주항공기지는 중일전쟁 개전과 함께 남경(南京) 등 중국 화중지역 일대 주요 도시를 폭격하는 거점기지가 되었다.[16] 주목할 점은 당시 중국에 대한 무차별 폭격으로 수많은 민간인 피해자가 발생했다는 사실이다. 중일전쟁 초기 일제가 자행했던 남경대학살의 시작은 남경 공습에서 비롯되었다고 해도 과언이 아니다. 그리고 그 주요 항공기지가 제주도에 설치되어 있었던 것이다. 제주항공기지를 출발한 일본 해군의 육상공격기는 36회에 걸쳐 남경을 공습하면서 총 300톤의 폭탄을 투하한 것으로 알려져 있다.[17]

일본군이 남경공습을 시작했던 1937년 8월 당시 제주도에 주둔하고 있던 해군 항공부대는 기사라즈(木更津) 해군항공대였다. 기사라즈 해군항공대는 일본군 최초의 육상공격기부대였으며 중일전쟁기 내내 중국 전역을 무차별 폭격했다.

일본은 중일전쟁 도발 직후 "비상사태에 대비"한다는 명목으로 '특설

---

16) 강순원, 「태평양전쟁과 제주도 내 일본군 군사유적의 실태」, 182쪽.

17) 쓰카사키 마사유키, 「제주도에서의 일본군의 '본토결전' 준비」, 65쪽.

연합항공대' 2개 부대를 편성한 바 있다.[18] 이중 제1연합항공대(第1連合航空隊) 예하로 기사라즈 해군항공대와 가노야(鹿屋) 해군항공대[19]가 편성되었다. 기사라즈 해군항공대는 1936년 요코스카 진수부 예하로 창설되었고, 1937년 7월 11일 제1연합항공대 창설에 따라 예하 부대로 편제되는 동시에 제주도에 전진 배치되었다.[20]

〈그림 2〉 일본군 96식 육상공격기

기사라즈 해군항공대는 96식 육상공격기(96式 陸上攻擊機)를 주력으로 하고 있었다.[21] 96식 육상공격기는 1930년대 중반부터 운용되기 시작했다. 미쓰비시중공업(三菱重工業)과 나카지마비행기주식회사(中島飛行機株式會社) 등에서 생산했으며 전장 약 16m, 전폭은 25m, 자체 중량은 약 5톤,

---

18) 제1연합항공대는 항공기지를 거점으로 육상공격기를 운영하는 부대였고, 제2연합항공대는 함상공격기를 운용하는 부대였다.

19) 가노야 해군항공대는 가고시마현 가노야 기지에서 창설되었고 중일전쟁 직후 대만에 전진 배치되어 화중지방에 대한 폭격을 자행했다.

20) 제1연합항공대 사령관은 대좌 戸塚道太郎, 기사라즈 해군항공대장은 대좌 竹中龍造였다.(坂本正器·福川秀樹 編著,『日本海軍編制事典』, 芙蓉書房出版, 2003, 232쪽.)

21) 일본 해군의 공격기는 함재형 함상공격기와 육상에서 운용할 목적으로 개발된 육상공격기로 구분된다. 이중 96식 육상공격기는 중형 공격기로 '쥬코(中功)'라고 불렸다.

항속거리는 개량형의 경우 6,000km가 넘었다.[22] 당시 일본군 해군항공대는 도양폭격(渡洋爆擊), 즉 바다를 건너 중국을 폭격하기 위해 제주도와 규슈, 대만 일대에 장거리 육상공격기부대를 배치했던 것이다.

중일전쟁기 제주항공기지에 주둔했던 기사라즈 해군항공대를 비롯하여 일본군 육상공격기부대는 남경·소주(蘇州)·항주(杭州)·남상(南翔) 등을 폭격했는데 이와 관련된 기록이 일본 방위성 방위연구소에 남아 있다.

일본 방위성 방위연구소에는 '해군일반사료-전사-지나사변(海軍一般史料-戰史-支那事變)'으로 분류된 문서군[23] 중 『제1연합항공대전투상보(第1連合航空隊戰鬪詳報)』가 있는데, 『제1연합항공대전투상보』 중 첫 번째 문서철인 『제1연합항공대전투상보(1937.8~10)』에는 제1연합항공대에서 직접 생산한 것을 비롯하여 기사라즈 해군항공대와 가노야 해군항공대에서 보고한 전투상보가 다수 편철되어 있다.[24]

『제1연합항공대전투상보(1937.8~10)』 중 기사라즈 해군항공대에서 보고한 전투상보 목록은 총 29건이 확인된다. 전투상보에는 항공기가 출발하고 귀환하는 기지를 비롯하여 사용 가능한 항공기 및 규모, 기후, 공격목표, 경과 및 성과, 그리고 관련 지도 등이 상세하게 수록되어 있다. 이중 제주가 출발지 또는 귀환지였던 전투상보 23건의 주요한 내용을 정리하면 〈표 1〉과 같다.

---

22) 坂本正器·福川秀樹 編著, 『日本海軍編制事典』, 630쪽. 96식 육상공격기는 1935년 처음 운용되었는데, 이후 지속적인 성능 개량을 거쳐 속도, 항속거리 등을 향상시켰다.

23) 일본 방위연구소가 소장하고 있는 해군 자료의 분류 및 공개 방식에 대해서는 국사편찬위원회, 『해외사료총서 32권-일본소재 한국사 자료 조사보고Ⅳ』(2019)에 수록되어 있는 「일본 방위성 방위연구소 소장 조선 주둔 일본군 관련 자료 조사 및 해제」를 참고할 수 있다.

24) 『제1연합항공대전투상보』는 1937년 8월부터 1938년 3월까지를 대상으로 모두 네 개의 문서철로 나누어 편철되어 있다. 방위성 방위연구소의 『제1연합항공대전투상보』 청구번호는 '海軍一般史料-②戰史-支那事變-33'이다. 『제1연합항공대전투상보』는 일본 국립공문서관이 운영하는 아시아역사자료센터에서도 화상으로 확인할 수 있다.

〈표 1〉 기사라즈 해군항공대 전투상보 목록

연번	문건정보		주요내용		
	문건명	공습일	출발지	귀환지	폭격장소
1	南京攻擊戦闘詳報 木更津海軍航空隊	1937.8.15.	오무라	제주	南京
2	蘇洲攻擊戦闘詳報 木更津海軍航空隊	1937.8.16.	제주	제주	蘇州
3	蚌埠及准陰攻擊戦闘詳報 木更津海軍航空隊	1937.8.17.	제주	제주	蚌埠·淮陰
4	崑山鉄橋攻擊戦闘詳報 木更津海軍航空隊	1937.8.18.	제주	제주	崑山鐵橋
5	南京攻擊戦闘詳報 木更津海軍航空隊	1937.8.19.	제1기지[25)]	제1기지	南京
6	滁州,揚州攻擊戦闘詳報 木更津海軍航空隊	1937.8.21.	제1기지	제1기지	滁州·揚州
7	南京攻擊戦闘詳報 木更津海軍航空隊	1937.8.22.	제주	제주	南京
8	南京攻擊戦闘詳報 木更津海軍航空隊	1937.8.23.	제1기지	제1기지	南京
9	南京攻擊戦闘詳報 木更津海軍航空隊	1937.8.24.	제1기지	제1기지	南京
10	南京攻擊戦闘詳報 木更津海軍航空隊	1937.8.26.	제1기지	제1기지	南京
11	徐州攻擊戦闘詳報 木更津海軍航空隊	1937.8.30.	제1기지	제1기지	徐州
12	海州攻擊戦闘詳報 木更津海軍航空隊	1937.9.4.	제1기지	제1기지	海州
13	杭州攻擊戦闘詳報 木更津海軍航空隊	1937.9.30.	제1기지	제1기지	杭州
14	江湾鎮西部,南翔攻擊戦闘詳報 木更津海軍航空隊	1937.9.30.	제1기지	제1기지	江灣鎮·南翔鎮
15	蚌埠攻擊戦闘詳報 木更津海軍航空隊	1937.10.1.	제1기지	제1기지	蚌埠
16	1連空機密第23-3-26 戦闘詳報第26 第1連合航空隊	1937.10.2.	제1기지	제1기지	大場鎮
17	大場鎮攻擊戦闘詳報 木更津海軍航空隊	1937.10.2.	제1기지	제1기지	大場鎮
18	安慶攻擊戦闘詳報 木更津海軍航空隊	1937.10.3.	제1기지	제1기지	安慶
19	南翔鎮攻擊戦闘詳報 木更津海軍航空隊	1937.10.3.	제1기지	제1기지	南翔鎮
20	南翔攻擊戦闘詳報 木更津海軍航空隊	1937.10.4.	제주도 기지	제주도 기지	南翔
21	南翔鎮攻擊戦闘詳報 木更津海軍航空隊	1937.10.4.	제1기지	제1기지	南翔鎮
22	安慶攻擊戦闘詳報 木更津海軍航空隊	1937.10.6.	제1기지	제1기지	安慶
23	江湾鎮東部攻擊戦闘詳報 木更津海軍航空隊	1937.10.6.	제1기지	제1기지	江灣鎮

25) 제1기지의 위치가 별도로 기재되어 있지는 않다. 다만, 첨부된 '행동도'에는 출발과 귀환지가 모두 제주도로 표시되어 있다. 제1기지는 제주, 제2기지는 대북으로 추정된다.

2) 제주항공기지의 중국 공습 실태

『제1연합항공대전투상보』 중 기사라즈 해군항공대 전투상보의 내용을 구체적으로 살펴보자. 우선, 기사라즈 해군항공대가 남경을 처음으로 공습한 8월 15일의 전투상보에는 아래와 같은 내용이 담겨 있다.

8월 15일 남경공격전투상보

1. 形勢

1) 8월 14일 在上海 第8戰隊 및 出雲은 적 폭격기 10數 機의 공격을 받았으나 피해는 없었음. 동일 在臺北 가노야 항공부대에 杭州 및 廣德의 적 항공기지 공격을 하령함.

2) 소재: 출발지-大村 해군항공대, 귀착지-제주도 기지

(중략)

4) 공격명령

(1) 제3함대명령(8.14): 공습부대는 전력을 다해 적 항공기지를 급습, 적 항공 병력을 覆滅시켜야 함. 이 경우 飛行機隊의 행동은 특히 은밀하게 高高度로 기상 등을 이용토록 할 것.

(2) 제1연합항공대명령(8.14)

ㄱ) 내일 15일 기사라즈 부대는 그 전력을 다해 남경을 공습할 것.

ㄴ) 공습 시기는 태풍의 상황에 따라 司令의 소신에 일임함.

(중략)

3. 경과

09:10 飛行機隊는 총 수 20기로 남경 공습의 임무를 띠고 오무라 기지 발진 (중략) 14:50부터 15:30까지 대체로 고도 200~500미터에서 남경 적 항공기지에 대한 폭격을 강행함.[26]

26) 「南京攻擊戦闘詳報 木更津海軍航空隊(昭和12.8.15)」, 『第1連合航空隊戰鬪詳報 昭和12.8~12.10』アジア歴史資料センター C14120253500.

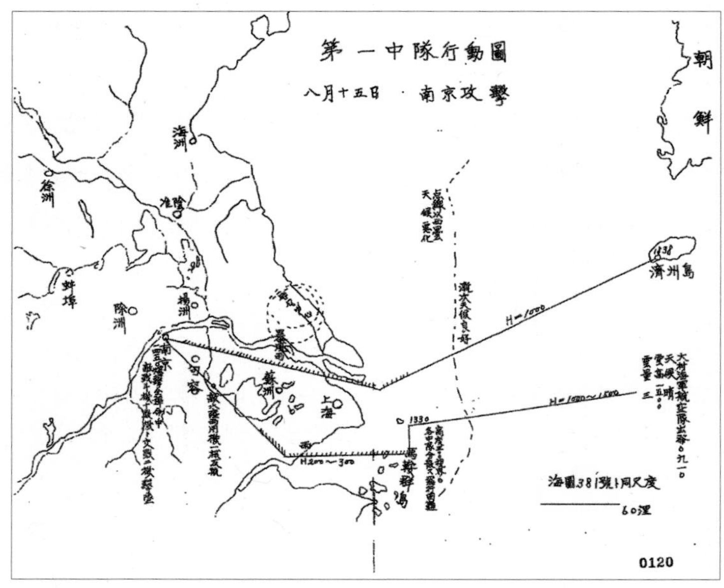

〈그림 3〉 8월 15일 기사라즈 해군항공대 공습상황도

일본 해군 제1연합항공대의 남경 공습은 8월 14일 대북에 주둔하고 있던 가노야 해군항공대로부터 시작되었다. 이어 15일에는 기사라즈 해군항공대에도 공습명령이 하달되었다. 기사라즈 해군항공대는 나가사키의 오무라(大村) 항공기지를 출발하여 남경 일대를 공습한 뒤 제주도로 귀환했다.[27] 오무라 항공기지를 출발한 항공기가 남경을 공습하고 다시 오무라로 귀환하지 않은 이유는 명확치 않다. 단순히 항속거리가 부족했을 것으로 생각하기 쉽지만, 당시 남경을 공습한 97식 육상공격기는 총 항속거리가 4,000㎞ 이상이었다.[28] 오무라 항공기지가 있던 나

27) 당시 항공기들이 오무라 항공기지에서 출격했기 때문에 이를 오무라 해군항공부대라고도 불렀던 것 같다. 조성윤은 나중에 오무라 해군항공부대가 제주도로 이동했는데, 이로 인해 제주도 항공기지를 오무라 비행장으로도 불렀고 근처 마을을 오무라 부락(현재의 大洞)으로 명명하기도 했다고 한다.(조성윤, 「제주도에서의 일본군의 '본토결전' 준비」, 64~65쪽.) 조성윤이 언급한 오무라 해군항공부대가 바로 기사라즈 해군항공대다.

28) 96식 육상공격기의 경우 여러 차례 개량을 거쳤는데, 97식 육상공격기 11형의 경우 항

가사키부터 중국 남경까지는 편도 직선거리로 1,000㎞가 조금 넘는다. 다른 사정이 없었다면 항속거리만을 이유로 제주항공기지로 귀환한 것은 아니라는 점을 알 수 있다. 따라서 애초 활주로 등이 잘 정비되어 있고 중국 전선과 가까운 제주항공기지를 도양폭격 거점으로 활용할 계획이었다고 판단된다.

기사라즈 해군항공대는 총 20기의 항공기를 5개 중대로 나누어 남경 내 대교장(大校場)비행장과 고궁(故宮)비행장 등 중국군 항공기지를 폭격 목표로 삼고 있었다. 이들은 15일 당일 오전 9시 10분 발진하여 오후 2시 50분에 남경 상공에 차례로 도착해 폭탄을 투하했다. 다만, 수일 전부터 태풍이 북상하고 있었던 탓에 비행은 물론 폭탄 투하에 어려움이 있었다. 이러한 까닭에 5개 중대 중 1개 중대는 남경에 도착도 하지 못한 채 되돌아 왔다. 기사라즈 해군항공대의 첫 남경 폭격 경과는 〈표 2〉와 같다.[29)]

〈표 2〉 8월 15일 기사라즈 해군항공대 남경 공습 경과

시각	공격중대	기사
14:50	제1중대	남경 大校場비행장 폭격
15:03	제5중대	남경 城內 故宮飛行場 폭격(시계 불량으로 句容 발견 못함)
15:05	제4중대	남경 大校場비행장 폭격(위와 같음)
15:30	제3중대	남경 성내 고궁 및 대교장비행장 폭격
	제2중대	남경을 발견할 수 없어 공격하지 못하고 귀환
18:40	각 중대	제1중대 18:40 선두, 제5중대 21:20 최후로 16기 귀착
21:20		4기 화재 추락함

속거리가 2,854㎞, 21형과 23형은 각각 4,379㎞와 6,228㎞에 달했다. 이중 11형의 경우 탑승인원이 5명이었고, 21형과 23형은 7명이었다. 전투상보에는 격추된 사망자 명단이 명시되어 있는데 1기당 7명의 명단이 기재된 것으로 보아 남경공습 당시 사용된 97식 육상공격기는 21형이었던 것으로 판단된다.

29) 「南京攻擊戦闘詳報 木更津海軍航空隊(昭和12.8.15)」

20기로 출발했던 첫 남경 공습부대는 4기가 추락하고 16기만 귀환했다. 추락한 기종은 3중대 5소대 2번기와 6소대 4번기, 4중대 8소대 4번기, 5중대 10소대 3번기 등 4기로 파악된다. 전투상보에는 추락한 4기에 탑승했던 조종사를 포함하여 총 30명이 전사한 것으로 기록되어 있다.[30)]

앞서 언급했듯 기사라즈 해군항공대는 첫 공습이었던 8월 15일 오무라에서 출격해서 제주로 귀환했다. 그러나 이후 공습에서는 출발과 귀환 모두 제주항공기지를 활용하고 있다. 제주로 귀환했던 항공기들이 출발지였던 오무라로 귀환하지 않고 제주항공기지에 귀환한 뒤 지리상으로 여러 이점이 있는 제주도에 그대로 주둔했던 것이다.

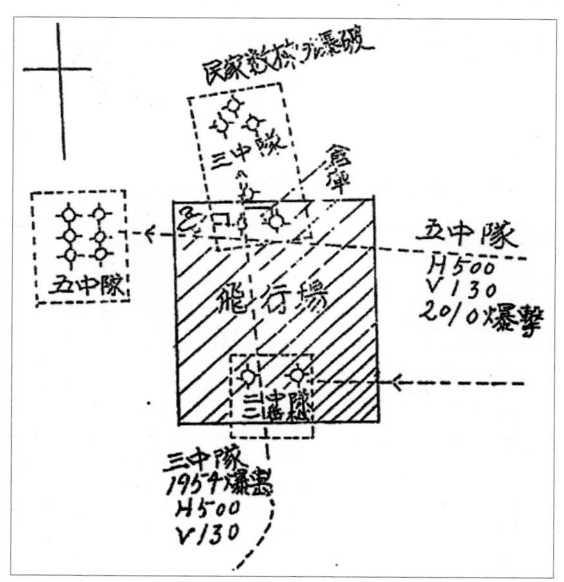

〈그림 4〉 8월 16일 공습상황도 중 일부(상단에 '民家 數棟을 爆破'했다는 기록이 있다.)

30) 사망자 계급은 준사관 3명, 하사관과 병이 27명이었다.

첫 공습 다음 날인 8월 16일 기사라즈 해군항공대는 소주 일대에 대한 공습명령을 하달 받았다. 이때는 전날과 달리 제주에서 출격하여 다시 제주로 복귀하는 계획이었다. 공습부대는 96식 육상공격기 10기로 구성했다. 이들은 소주 시내의 고각포 기총 진지와 비행장 등을 폭격했다.[31)]

그런데 8월 16일 폭격에 대한 전투상보에는 특기할 만한 대목이 있다. 폭격 지점과 경과를 그린 부도 중에 폭격 대상이 아닌 지점에 폭탄이 투하 되었는데, 그 위에 "민가 수 동을 폭파"라고 기재했던 것이다.(〈그림 4〉 참조) 일본군 공습부대가 군사적 목표를 대상으로 하고 있지만 정확성이 높지 않고, 실제로는 목표지역 일대를 광범위하게 공습하고 있었음을 알 수 있다. 이렇게 공습 목표 외 민간인 거주 지역을 공습한 사례는 8월 16일 외에도 전투상보 내에 여러 차례 확인된다.

한편 8월 19일에는 다시 남경에 대한 공습이 재개되었는데 국민당 정부의 주요 건물을 직접 대상으로 했다. 이날도 출발지와 귀환지는 제주였고, 96식 육상공격기 16기가 출격했다. 19일 기사라즈 해군항공대의 공습 목표는 남경의 국민정부와 참모본부, 그리고 남경군관학교 등이었다. 이날 공습부대는 5개 중대로 구성했으며, 제1~3중대가 남경군관학교를 공습하고, 제4~5중대는 국민정부 및 참모본부에 대한 공습을 감행했다. 일본군 전투상보는 이날의 공습으로 인해 공습 대상이었던 국민정부의 주요 건물이 화염에 휩싸였다고 보고하고 있다.[32)]

31) 「蘇洲攻擊戦闘詳報 木更津海軍航空隊(昭和12.8.16)」, アジア歴史資料センター C14120253800.

32) 「南京攻擊戦闘詳報 木更津海軍航空隊(昭和12.8.19)」 アジア歴史資料センター C14120254700.

〈표 3〉 8월 19일 기사라즈 해군항공대 남경 공습 경과

목 표	효 과	폭격중대	기 사
남경군관학교	병사 3개동 폭파	제1중대	6개 탄 명중, 火炎을 일으킴
	병사 1개동 폭파	제2중대	1개 탄 명중, 화염을 일으킴
	병사 4개동 폭파	제3중대	6개 탄 명중, 화염을 일으킴
남경국민정부 및 참모본부	건축물 2개동 폭파	제4중대	국민정부, 참모본부 내 3개 탄 명중
	건축물 3개동 폭파	제5중대	위 건물에 4개 탄 명중

일본 해군 기사라즈 해군항공대는 8월 22일에도 96식 육상공격기 10기를 출격시켜 남경의 국민당 중앙당부 및 인근 비행장을 공습했다.[33] 이후에도 남경과 서주, 광동, 남창, 한구, 항주, 남상 등을 대상으로 한 기사라즈 해군항공대, 즉 일본 해군의 중국에 대한 무차별 폭격은 계속되었다. 그리고 이러한 무차별적인 공습 아래에서 수많은 중국 인민이 살해되었다. 무엇보다 당시 남경을 비롯한 화중지역의 주요 도시는 대한민국 임시정부 요인과 가족들의 피난처였다는 점을 간과해서는 안 된다.

김구를 비롯한 임정 요인과 가족들은 연일 날아드는 일본군 항공기의 공습 속에서 위태로운 삶을 이어가야 했다. 『백범일지』에는 이러한 정황이 잘 기록되어 있다.[34] 그러나 정작 김구는 자신들을 위험에 빠뜨린 일제의 항공기들이 조국 제주로부터 날아왔다는 사실을 전혀 알지 못했을 것이다. 결국 김구를 비롯한 임시정부 요인들은 일본군의 공습을 피해 1937년 11월 장사로 이동해야만 했다.[35]

남경공습을 비롯하여 중국의 도시와 인민들을 향해 수많은 피해를

33) 「南京攻撃戦闘詳報 木更津海軍航空隊(昭和12.8.22)」, アジア歴史資料センター C14120255500.

34) 『백범일지』에는 일본군의 남경공습으로 인해 시내에 사망한 중국 인민들의 시체가 수두룩했고, 자신이 거주하던 집까지 무너졌던 일이 기록되어 있다.(백범정신선양회 엮음, 『백범일지』, 하나미디어, 1992, 224쪽.)

35) 일본군의 중국 공습과 임시정부의 피해 상황에 대해서는 조건, 「일본군의 중국 공습과 대한민국 임시정부 방공 항전의 일상사」(한국독립운동사연구소 편, 『한국광복군의 일상과 기억』, 2021)에 기술되어 있다.

입힌 일제의 무차별 폭격은 중경대공습을 정점으로 극에 달했다.[36] 임시정부는 중경에서도 일본군의 공습으로 여러 번 청사를 옮겨야만 했다.[37] 요컨대 일본군이 제주도를 기점으로 중국에 자행한 모든 공습 대상 지역에는 임정의 요인들과 우리 동포들이 살고 있었다. 새삼 제국주의의 잔혹함과 식민지의 참혹함을 동시에 생각하지 않을 수 없게 한다.

1965년 일본 자위대에서 전사 교재로 사용하기 위해 발행간『전사교양총서 근대일본전쟁개사(戰史敎養叢書 近代日本戰爭槪史)』에는 중일전쟁 당시 일본군의 항공작전에 관해서 다음과 같이 서술하고 있다.

> 항공작전의 개요
> 육해군작전협정에 의거하여, 해군은 적 항공세력의 覆滅에 착수하고, 육군은 지상 작전 협력을 담당하였다.
> 해군은 함상과 대북 및 제주도에서 비행하여 항주·남창·구용의 근거지를 공격함으로써 적 항공 제1선 부대의 대부분을 격멸하였다. 그리고 상해 부근의 제공권을 획득하여 상해파견군의 상륙 및 이후 전투를 용이하게 만들었다.[38]

『근대일본전쟁개사(近代日本戰爭槪史)』에는 당시 제주도 등에서 발진한 제1·2연합항공대 예하 공습부대로 인한 피해는 외면한 채, "상해파견군의 상륙 및 이후 전투를 용이하게"했다고만 기술되어 있다. 위에서 인용한 자위대 교재가 제작된 것은 일제의 패망으로부터 불과 20년이 지난 시점이었다. 이미 일본은 자위대 장병들에게 침략전쟁의 잔혹함과 식민지 조선을 포함한 아시아 여러 민족의 피해를 무시한 채 '성공적인

---

36) 중경대공습의 경우 1939년 5월 3일과 4일에 걸쳐 있었던 폭격이 가장 많은 피해를 냈는데, 이틀 간 일본군의 공습으로 사망자만 4,000명에 달했다고 한다.(戰爭と空爆問題硏究會,『重慶爆擊とは何だったのか』, 高文硏, 2009, 61쪽)

37) 임시정부는 중경에서도 처음 양류가 청사에서 석판가로 다시 오사야항으로 종국에는 연화지 청사로 옮겨 다녀야 했다. 이는 직간접적으로 일본군의 공습에 따른 것이었다.

38) 戰史敎養叢書刊行會,『戰史敎養叢書 近代日本戰爭槪史』, 黎明社, 1965, 263쪽.

항공작전'의 일면만 가르치고 있었다.

4. 아시아태평양전쟁기 일본 해군 제주항공기지의 변화와 특징

1) 아태전쟁기 제주항공기지의 변화

중일전쟁기 이후 중국 침공에 큰 역할을 수행했던 제주도 해군항공기지는 일제의 패전이 가까워오면서 여러 가지 측면에서 변모한다. 외형적으로는 미군 등 연합군의 상륙에 대비해, 비행장 인근에 고사포 중대를 주축으로 한 방공부대와 미군의 공습을 탐지할 목적으로 설치된 경계기 부대가 증설되었고, 송악산 중턱과 해안의 지하시설들이 추가로 구축되었다.

제주항공기지는 편제상으로도 큰 틀의 변화를 겪는다. 즉, 진해요항부가 진해경비부[39]로 확장되면서 제41돌격대(第41突擊隊)와 조선해군항공대가 새롭게 편성되었다.[40] 제41돌격대 예하에는 제45·119·120진양대(震洋隊)와[41] 항공기지방공대[42]가 편성되었다. 또한 조선해군항공대

---

39) 진해는 일제의 한국 병탄 직전부터 일본 해군의 중요 군사기지였다. 일본군은 이미 1900년부터 진해만의 군사적 중요성을 인식하고 있었으며, 1904년 러일전쟁 직전 거제 松眞浦에 방비대를 설치하고, 같은 해 12월에 이를 진해만 방비대로 개칭했다. 해군에서는 1906년경부터 진해 일대에 대규모 군용지를 수용하여 군사기지 건설에 들어갔다. 진해방비대는 1916년 진해요항부로 변경되었으며, 다시 1941년 아시아태평양전쟁 직전에 경비부로 승격되었다. 일본 해군의 진해 일대 군사기지 건설 개황에 대해서는 김연옥 편역, 『한반도주둔일본군 사료총서 3-일본 해군의 한반도 기지 건설』(역사공간, 2021)에 수록된 자료를 참조할 수 있다.

40) 「鎭海警備府 其の3」, 『鎭海警備府引渡目錄』 3/3.

41) 제주도에는 여러 형태의 자살특공대가 배치되었는데 신요는 그 중 하나다. 보트 전면에 폭탄을 채우고 상대편 함선에 자폭하는 용도였기 때문에, 자폭 보트, 또는 자살 특공정, 돌격용 특수정 등으로 불렸다. 제41돌격대 예하 세 개의 신요대에는 총 93척의 신요가 배치되었다.

42) 항공기지방공대에는 12미리 고각포 4문, 13미리 기총 9정이 배치되었다.

예하에는 부산·평양·광주·제주항공기지 등이 편제되었다.[43)]

특히 제주항공기지가 있던 알뜨르 비행장 일대에는 당시 구축된 대규모 비행장과 엄체호, 기타 방공시설이 잘 남아 있어 일본군의 항공·방공 작전 실황을 여실히 보여준다. 무엇보다 제주 남서부는 항공·방공·특공 군사시설을 모두 확인할 수 있는 곳으로 제주도가 가진 군사적인 중요성과 특징이 잘 드러난다.

그렇다면 이들 시설은 현재 어떻게 잔존해 있을까. 제주 남서부의 항공·방공·특공 군사시설의 구축당시 및 현황에 대해서는 기존의 연구를 통해 그 내용을 확인할 수 있다.[44)] 그런데 각 군사시설 내 개별 건축물의 용도와 현 상태에 대해서는 조금 더 천착할 여지가 있다.

전쟁 말기 한반도 주둔 해군을 통수하고 있었던 진해경비부가 패전 이후 미 해군 제7함대사령부에 제출한 서류인 『진해경비부인도목록(鎭海警備府引渡目錄)』[45)]에는 일본 해군이 건설·운용하던 한반도 내 항공기지에 관한 구체적인 내역이 잘 담겨 있다. 『진해경비부인도목록』은 종전 이후 미군의 요구에 의해서 제2복원국(이전의 해군성)에서 생산한 자료이다. 미국 해군 제7함대사령부는 항복조인식 직후인 9월 9일 진해경비부사령관에게 「조선 내 일본 해군의 무장해제와 복원(復員)에 관한 요구의 건」이라는 문건을 하달했다. 이에 따라 진해경비부사령관은 한

43) 조선해군항공대는 1945년 6월 10일 편성되었으며 '乙航空隊'라고 일컬어진다. 해군 '을항공대'는 기지방어와 수송 및 이동용 항공기만을 보유한 부대로 항공기지 방어를 주목으로 하는 부대다. 항공함대에 소속되어 전략 작전을 전개하는 항공부대인 '甲航空隊'에 대응하여 '을항공대'라고 부르지만 정식명칭은 아니다. 基地要員部隊라고도 한다.

44) 조성윤, 「일제 말기 제주도 주둔 일본군 전적지」; 강순원, 「태평양전쟁과 제주도 내 일본군 군사유적의 실태」; 문화재청, 『태평양전쟁유적 일제조사 종합분석 연구보고서』 등 참조. 특히 강순원의 글에는 해군과 육군비행장의 군사시설 실태가 잘 정리되어 있다. 다만, 이 실태는 일본 측이 구축할 당시의 것으로 현재 잔존한 것과의 비교가 필요하다.

45) 방위성 방위연구소에 소장되어 있으며 일본 공문서관이 운영하는 아시아역사자료센터에서도 화상으로 확인할 수 있다.

반도 내 일본 해군의 주둔지 및 군사시설, 병기 및 탄약, 예하 인원 등을 상세히 제작하여 미군에 제출했는데, 이것을 묶어놓은 자료가 『진해경비부인도목록』이다. 『진해경비부인도목록』 안에는 제주도 내 주둔 부대와 병력을 비롯하여 「제주도항공기지(濟州島航空基地)」라는 문건 아래 제주항공기지의 기본 제원부터 주요 시설 실태, 병기와 군수품 일람, 그리고 관련 지도가 수록되어 있다.[46]

「제주도항공기지」에 따르면, 제주항공기지는 면적이 120만㎡였으며 비행장 시설의 경우 남북 방향의 주활주로(1,400m×70m)와 유도로 등으로 구성되어 있었다.[47] 자료에는 비행기 발착이 가능하다고 명시되어 있는데, 특히 중량 8톤의 비행기 사용이 가능한 것으로 기록되었다.[48] 추가로 시멘트 150톤을 보유하고 있었는데 이는 활주로를 보강하거나 엄체호 등 군사시설 축조를 위해 보유하고 있었던 것으로 보인다. 기본적인 비행장 시설 외에도 엄체호 20기, 청사 2동, 사관사(士官舍) 2동, 병사 17동, 공장 17동, 격납고 13동, 전신소 7동, 병사(病舍) 3동, 창고 11동, 부속가(付屬家) 16동 등이 건설되어 있었다.

모슬포 인근 외에 수월포, 송악산, □산악(□山岳), 서귀포, 성산포 등에도 해군항공기지 관련 군사시설이 존재했다. 특히 특공기지가 설치되었던 수월포에는 병사 기타 12동, 송악산에는 6동의 시설물이 기록되어 있다.[49] 또한 보유한 무기는 고각포 4문, 기총 9정, 7.7밀리 기총 3정, 소총 50정 등이 있었다.

---

46) 「濟州島航空基地」, 『鎭海警備府引渡目錄3/3』 アジア歷史資料センター C08010529900.

47) 유도로는 길이가 약 3.5km, 폭은 25m 또는 50m로 조성되어 있었다.

48) 8톤은 대형 육상공격기였던 1式陸上攻擊機의 중량과 거의 일치한다. 제주항공기지에서는 대체로 중형 육상공격기가 운영되었으나 급박한 경우 대형 육상공격기도 활용할 수 있도록 활주로를 정비했던 것으로 짐작할 수 있다.

49) 제주 내 해군 특공기지에 대해서는 강순원, 「태평양전쟁과 제주도 내 일본군 군사유적의 실태」, 190~192쪽 참조.

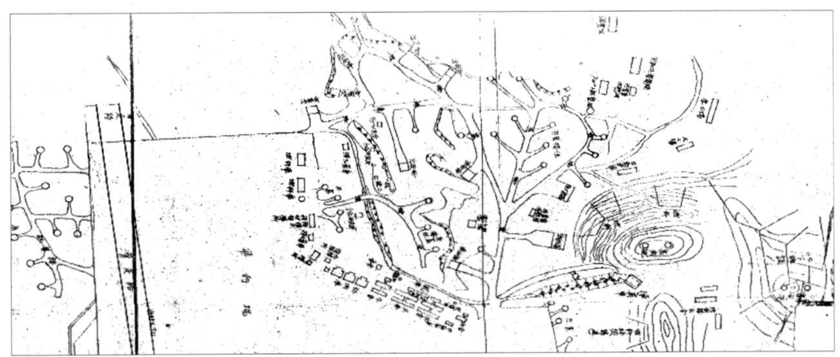

〈그림 5〉 제주항공기지 지도

〈그림 5〉는 『진행경비부인도목록』에 수록되어 있는 제주항공기지 지도이다. 지도에는 왼편의 활주로와 함께 각 시설물로 신경망처럼 뻗어 있는 유도로, 그리고 유도로 끝에 이어진 유개엄체호와 무개엄체호, 격납고와 정비장, 지휘소와 병사, 연료창과 탄약고 및 폭탄고, 방위측정소, 그리고 방공부대 시설도 확인된다. 이들 시설들은 지도상에 상세하게 그려져 있기는 하지만, 자료 자체의 왜곡이 심해서 실제 장소와 비교하기가 쉽지 않다. 해방 직후 촬영된 항공사진과 비교를 통해 몇몇 장소는 확인이 가능할 것으로 보이지만 지도의 왜곡을 보완하려면 시간이 필요하다.[50] 다만 지도상 유개엄체호로 기재된 건축물의 경우 현재도 알뜨르 비행장 일대에 다수 남아 있어 비교가 용이한 편이다.

문화재청이 한반도 내 '태평양전쟁 유적'을 전수조사한 뒤 발간한 보고서에 따르면 현재 알뜨르 비행장 일대에 총 10기의 엄체호가 존재하는 것으로 파악했다.[51] 알뜨르 비행장의 표지판에는 엄체호를 "2차 대전 당시 일본군들이 제주도민들을 강제 동원하여 건설한 전투기 격납

50) 해방 직후 촬영된 항공사진은 국토정보지리원 홈페이지에서 확인할 수 있다. (http://map.ngii.go.kr/ms/map/NlipMap.do)

51) 문화재청, 『태평양전쟁유적 일제조사 종합분석 연구보고서』, 2016, 876쪽. 문화재청 보고서에는 이들 시설을 '격납고'로 명명했다.

고"로[52] "당시 20기가 건설되었지만, 지금은 19기가 원형 그대로 보존되어 있고 1기는 잔재만 남아 있다"고 적혀 있다. 조성윤 역시 엄체호 현황을 표지판과 동일하게 파악했다.[53] 문화재청의 오류인지 다시금 확인이 필요하다.

〈그림 6〉 알뜨르 비행장 엄체호 사진(2019. 4. 21. 필자 촬영)

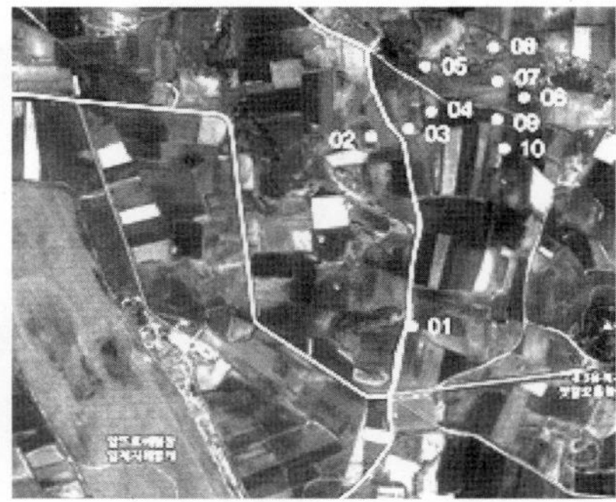

〈그림 7〉 알뜨르 비행장 엄체호 분포도

엄체호는 미군의 공습에 대비하여 항공기 은닉과 보호의 목적으로 구축한 격납 시설이었다. 일본 육군의 경우 제5항공군 예하 항공기 500기를 특공용으로 계획하고 이들을 은닉할 엄체호 200기 건설 계획을 세우기도 했다.[54] 해군 역시 미군 상륙이 임박한 형국에서 유사한 형태로 특공기를 운용했을 것으로 판단된다.

---

52) 현재 알뜨르 비행장 주변에 남아 있는 콘크리트 구조물은 「제주항공기지」 도면에 의하면 '유개엄체호'이다. 도면상에 격납고라고 표기된 건축물은 일부 필지를 제외하고 존재하지 않는다.

53) 조성윤, 「일제 말기 제주도 주둔 일본군과 전적지」, 149쪽.

54) 아시아태평양전쟁기 엄체호호 구축 실태에 대해서는 제2부 제1장 참조.

2) 아태전쟁기 제주항공기지의 특징

제주도 남서부에 여러 군사시설들이 종합적으로 구축된 것은 일본 제국주의의 군사적 침략정책의 면에서 제주도의 지정학적 위치가 상당한 효용성을 지니고 있었기 때문이다. 제주도가 전쟁 말기 일본군의 입장에서 군사적으로 어떤 위상을 가지고 있었는지에 대해서는 〈그림 8〉의 1944년 10월 현재 일제의 '특정항공로' 지도를 참고할 수 있다.[55]

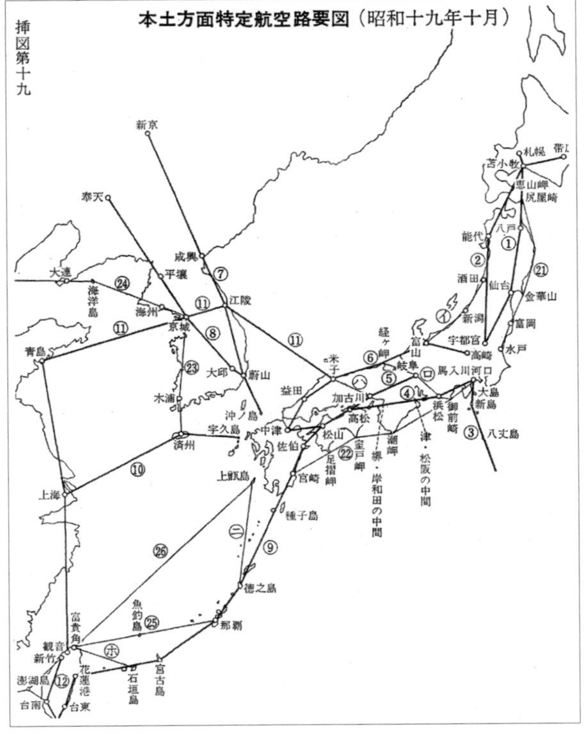

〈그림 8〉 일본과 한반도 일대 '특정항공로' 요도

55) 防衛廳防衛硏修所戰史部, 『戰史叢書-97 陸軍航空作戰基盤の建設運用』, 朝雲新聞社, 1979, 411쪽.

1944년 10월 12일 일본은 미군의 공습에 대비하기 위해 육해군항공관제규정(陸亞密 제10412호)을 제정했다. 이는 육군과 해군의 군용기는 물론 수송기 모두에게 적용되었던 것으로 미군 항공기의 이동을 손쉽게 식별하기 위한 조치였다고 한다.[56] 즉 자신들의 항공기가 이동하는 특정항공로를 정해두고 이 항공로에 따르지 않는 비행기를 적기로 쉽게 파악할 수 있도록 했던 것이다.

지도를 보면 제주도가 다른 어떤 지역보다 지정학적으로 중요한 위상을 가지고 있음을 알 수 있다. 즉, 제주도는 규슈에서 곧바로 상해를 향해가는 횡단 항로의 중간 기착지인 동시에 경성에서 목포를 지나 이어지는 종단 항로의 핵심 지역이었다.

다른 한편으로 중국에서 날아드는 미군 항공기의 공격에 대비한 서쪽의 최전선 지역이자, 오키나와를 지나 북상하여 '본토'를 공략하려는 연합군을 막아내야 할 남쪽 최전선의 요충이기도 했다. 요컨대 제주도는 중국 침략의 최전선이라는 축과 본토결전의 한 축인 한반도 방위의 또 다른 축이 교차하는 지역이었고, 이것이 전쟁 말기 육군과 해군이 다투어 제주도에 항공기지를 건설하게 되는 원인이었다고 할 수 있다.

이들 제주 남서부의 모슬포 항공기지를 구성하는 각각의 시설들은 이미 기존 연구를 통해 대체적인 규모와 형태가 밝혀진 바 있다. 그런데 이들 군사시설들은 각각 개별적인 목적과 용도가 아닌 한반도 내 일제 해군의 주둔과 활동, 특히 제주도라고 하는 지정학적 중요도를 염두에 두고 운용되었다는 점을 간과해서는 안 된다.[57] 각 시설의 편제, 관리 주체, 성격에 따라 개별적으로 논의될 경우도 있겠지만, 꼭 필요한

56) 防衛廳防衛研修所戰史部, 『戰史叢書-97 陸軍航空作戰基盤の建設運用』, 410쪽.

57) 일제 「서부군항공정보대배비요도(1943.1.7.)」에서 육군대신이 발한 항공기지 관리에 관한 명령을 보면 제주도의 해군항공기지는 진해 해군항공대에서 감리하는 부대로 설정되어 있었다.(「昭和18年1月~4月 內令 1卷」, 『內令』(アジア歴史資料センター C12070175100)

상황이 아니라면 이들 군사시설은 되도록 종합적으로 고찰하는 것이 향후 일본군의 제주도 주둔과 침략 활동을 제대로 규명하는 데 효과적일 것이다.

요컨대 제주도는 한반도에 부속한 섬이지만, 그 전략적 역할은 지도에 보는 바와 같이 규슈를 비롯한 일본 열도 방위에 초점이 맞춰져 있었다. 제주도의 위치상 중국으로부터 일본 열도를 향해 날아오는 미군 항공기를 가장 먼저 발견할 수 있었기 때문이다. 제주도는 일본 열도를 방어할 수 있는 최전선의 항공·방공 군사시설물을 갖추기에 최적의 장소였다. 실제 미군의 공습과 상륙 시점이 임박하자 제주도 내 항공기지는 상륙 선단과 항공기를 막기 위한 특공기 운용 기지로 변모하기도 했다. 이를 위해 전쟁 말기 제주도에만 약 20기의 특공기용 엄체호가 구축되었다.[58]

제주도에 일본 해군과 육군이 각각 비행장을 건설한 것은 그만큼 전쟁 말기 제주도의 전략적 중요성이 높았기 때문이다. 대중국, 또는 대미 전쟁에서 제주도의 지정학적·군사적 위치가 매우 중요했던 것이다. 결국 육군은 현 제주시 인근에 두 곳의 비행장을 운용하면서 제주도 북쪽 방비를 담당한 반면, 해군은 지속적으로 제주 남서부에 주둔하면서 본토 결전에 대비한 작전활동을 전개한 것으로 판단된다.[59] 그리고, 일본 육군과 해군이 각각 제주에 항공기지를 추가로 건설하게 되면서, 군사시설 구축을 위해 동원되었던 식민지 조선인들의 피해 역시 가중되었다.

58) 일제는 한반도 내 항공기지에 특공기용 엄체호 200기 건설 계획을 세웠다.(조건, 「아시아태평양전쟁기 일본군의 광주·전남지역 군사시설 건설과 전쟁유적의 성격」, 『한국근현대사연구』 103, 2022, 191~192쪽)

59) 「附圖」, 『本土作戰記錄 第5卷(第17方面軍)』, C13070045500.

5. 맺음말

일제가 제주도에 항공기지를 건설하기 시작한 것은 1930년대 초부터였다. 일본 해군은 비상착륙장 명목으로 제주도 남서부 모슬포 인근에 활주로를 정비하고 군사시설을 구축하였다. 일본은 중국 침략을 염두에 두고 도양폭격을 위한 전초기지로 일찍이 제주도의 전략적 중요성을 파악했던 것이다. 그리고 실제 중일전쟁 개전과 함께 제주도는 일본의 중국침략을 위한 주요 항공기지가 되었다.

중일전쟁기 일본 해군은 제1연합항공대 예하 기사라즈 해군항공대를 제주항공기지에 주둔시켰다. 기사라즈 해군항공대는 1937년 8월 15일부터 남경을 비롯한 소주·항주 등 중국 화중지역을 공습하기 시작했다. 일본 방위성 방위연구소에는『제1연합항공대전투상보』가 소장되어 있는데 여기에 기사라즈 해군항공대 전투상보가 다수 남아 있다. 기사라즈 해군항공대는 남경의 국민당 정부 및 주요 군사시설을 목표로 공습을 자행했는데 이 과정에서 수많은 민간인 피해가 발생했다. 당시 남경 일대에는 대한민국 임시정부 요인과 가족 등도 다수 있었던 만큼 제주항공기지에서 발진한 항공기의 공습이 결국 우리 동포들의 생명을 위협하는 꼴이 되고 말았다.

제주항공기지는 아시아태평양전쟁기 미군의 상륙과 공습에 대응해 다시금 변화한다. 활주로를 보강하고 지하시설을 구축하는 한편, 방공시설을 확충했으며, 엄체호를 구축하기도 했다. 이들 중 지하시설을 제외한 대부분의 건축물은 흔적만 남아 있다. 다만 엄체호만이 아직도 굳게 뿌리 박은 채 제주의 토양을 짓누르고 있다.

일제는 제주도에 군사 시설을 건설하기 위해 수많은 주민들을 동원했다. 전쟁 말기에는 부족한 노동력을 충원하기 위해 전라남도 일대 광산 노동자들을 제주도로 다시금 동원하기도 했다. 그리고 강제동원 된 조선인들이 건설한 군사시설에서 일본군의 중폭격기가 출격하고 이들이 상해 등 중국의 상공으로 날아가 결국 임시정부와 동포들의 생존을 위협했다. 물론 제주도의 조선인들도 중국의 동포들도 이러한 사실을 알 수는 없었다.

이것은 모두 20세기에 극성이었던 일본 제국주의의 만행이 불러온 결과물이었다. 안타까운 것은 21세기 들어서도 그리 어렵지 않게 이러한 일본 제국주의의 그림자를 목도하게 된다는 사실이다. 과연 일본이 '무조건 항복'하지 않은 채 전쟁을 지속했다면 어떻게 되었을까. 일제가 침략 전쟁 수행을 위해 하나 둘씩 확장해 나간 군사시설들은 결국 제주도 주민들에게 큰 재앙으로 다가왔을 것이다. 미군의 입장에서 제주도 상륙 이전에 군사시설이 가득한 제주도를 온전히 지켜만 보지는 않았을 것이기 때문이다. 1945년 3월 10일 새벽에 있었던 미군의 도쿄대공습 당시 단 하루 만에 약 10만 명의 사상자가 발생하였다. 만약 제주도에 보란 듯 산재해있던 활주로와 군사시설을 대상으로 미군이 공습을 감행했다면 아마도 제주의 아름다운 자연 환경은 지금과 사뭇 달랐을 것이다. 인명 피해는 말할 필요도 없다.

최근 제주도에서는 제주항공기지가 있었던 알뜨르 비행장 일대를 '평화대공원'으로 조성하는 계획이 확정되었다.[60] 제주도는 역사적으로 지정학적으로 평화를 대변하기에 충분한 장소다. 잔존해 있는 엄체호를 비롯하여 제국주의 침략전쟁의 유산을 어떤 방식으로 보존하고 활용할 것인지에 대해 폭넓은 논의와 밀도 있는 조사·분석이 요구된다.

60) 「일제의 '중폭격 전초기지'였던 이곳… '평화대공원' 만든다」, 『매일경제』 2023.3.13.

제5장
아시아태평양전쟁기 일본군의 광주·전남지역 군사시설 건설과 전쟁유적의 성격

1. 서론

1942년 일제가 아시아태평양전쟁을 본격화했을 때만 해도 한반도는 침략전쟁의 '전장(戰場)'은 아니었다. 총력전과 총동원전의 대두에도 불구하고 '전선(戰線)'과 '총후(銃後)'는 엄연히 구분되었다. 일제는 한반도를 대륙병참기지화 정책에 따라 '물적 내선일체(物的 內鮮一體)'라는 미명 아래 침략전쟁의 볼모로 옭아매었다.[1] 그러나 그것이 한반도에 직접 전화가 닥치리라는 의미로 해석하는 사람은 많지 않았다. '물적 내선일체'라는 구조 속에는 한반도를 이른바 '내지'와 운명공동체로 하여 침략전쟁의 가해와 피해의 책임을 한데 결속시키려는 의도가 도사리고 있었다. 특히 전쟁 말기 전라남도는 일제의 본토결전에 따른 '전장화(戰場化)'가 대대적으로 추진되었던 지역이었고,[2] 이 때문에 자칫 일본의 패

1) 鈴木武雄, 「大陸兵站基地論 解說」, 『今日の朝鮮問題講座 第2冊』, 綠旗聯盟, 1939.

2) 해방 이전 제주도는 전라남도의 일부였다. 따라서 이 글의 대상지역에 제주도도 포함될

망이 늦어졌다면 한반도의 영토와 민중은 연합군을 상대로 침략전쟁을 직접 수행하는 한편 그 피해까지 고스란히 입을 수밖에 없었다.

요컨대 광주·전남지역은 아시아태평양전쟁 말기 일제 본토결전의 최전선이었던 탓에 다양한 형태의 군사시설이 다수 건설되었고,[3] 일제가 패망한지 80년이 다 되어 감에도 불구하고 아직까지 그 흔적이 남아 있게 된 것이다. 이러한 광주·전남지역의 일본군 전쟁유적은 몇 가지 점에서 주목할 만하다.

첫째, 이들은 일제의 아시아태평양전쟁을 직접 수행하기 위해 건설된 시설들이었다. 주지하듯 한반도는 침략전쟁의 전선이 아니었지만, 광주·전남지역의 경우 전쟁 말기 미군의 직접 상륙에 따른 전화를 입을 가능성이 가장 컸던 지역이었던 것이다. 둘째, 당시 일본군의 군사시설이 아직까지 다양하게 남아 있다. 육군의 주둔 시설은 물론이고 토치카를 포함한 지하 진지, 육해군 비행장과 엄체호 등 항공군사시설, 주정 등을 은닉하기 위해 굴착한 해안 동굴 등 여러 형태와 종류의 전쟁유적이 잔존한다. 셋째, 아시아태평양전쟁 말기 집중적으로 조성되었다. 광주·전남지역은 일제강점기 내내 일본군의 주요한 주둔지역은 아니었다. 이곳의 군사시설은 아시아태평양전쟁 말기 미군의 상륙에 대비하여 대규모의 일본군이 주둔하면서 건설한 것이었다. 요컨대 광주·전남지역의 일본군 전쟁유적은 구축 배경과 종류, 그리고 조성 시기를 종합적으로 비교할 때 다른 지역과 구별된다.

광주·전남 지역의 일본군 군사시설에 대해서는 이미 신주백과 정혜경 등의 선행 연구[4], 목포시와 일제강점하강제동원피해진상규명위원

수 있다. 다만, 제주도의 경우 일본군 군사시설의 연원과 규모가 광주·전남지역과 사뭇 다르고, 상대적으로 선행 연구에서 많은 주목을 받았기 때문에 이 글에서는 생략했다.

3) 이 글에서는 이러한 일본군 군사시설을 '전쟁유적'으로 지칭하겠다.

4) 신주백, 「1945년도 한반도 남서해안에서의 '본토결전' 준비와 부산·여수의 일본군 시설지」, 『군사』 70, 2009; 정혜경, 『우리 마을 속의 아시아태평양전쟁 유적–광주광역시』,

회, 문화재청, 그리고 광주시 교육청 측의 실태 조사가 진행되었다.[5] 신주백은 일본 방위성 방위연구소에 소장된 관련 자료들을 활용하여 전체 전황 속에서 이들 유적이 건설된 원인을 규명한 바 있다. 정혜경은 강제동원 연구의 측면에서 광주·전남지역 일본군 전쟁유적의 성격과 의미를 분석하였다. 이 글에서는 이들 선행 연구를 바탕으로 광주·전남지역 일본군 전쟁유적의 실태와 특징을 좀 더 부각시켜 보겠다.[6]

이를 위해 우선, 광주·전남 일대 일본군 전쟁유적을 육군과 해군의 군사시설로 구분하였다. 특히 육군과 해군이 광주·목포·여수 등에 건설한 항공군사시설[7]의 실체 관해 살펴보고자 한다. 아울러 이들 군사시설이 어떠한 국면 아래에서 건설되었는지를 살피기 위해 일제의 본토결전에 따른 한반도 전시체제의 실체와 의미도 함께 서술하겠다.

2. 일제의 본토결전과 광주·전남지역의 전장화

일제가 본토결전 계획을 수립한 것은 1945년 초였다. 본토결전은 일제가 연합군을 상대로 최후의 결전을 준비한 것이었다. 이른바 1억 옥

선인, 2014.

5) 목포대 박물관, 『2003년 문화유적지표조사보고』, 2005; 『문화유적 분포지도-전남 목포시』, 2007; 일제강점하강제동원피해진상규명위원회, 『일제시기 조선 내 군사시설 조사-전남 서남해안 일대 군인동원을 중심으로-』(조사책임자: 정용문), 2008; 문화재청, 『태평양전쟁 유적(부산·경남·전남지역) 일제조사 연구용역』, 2013; 『태평양전쟁유적 일제조사 종합분석 연구보고서』, 2016; 광주학생운동기념회관, 『일제 강점기 동굴 추정시설물 연구조사 결과 보고서』, 2015.

6) 전라도 지역 일본군 전쟁유적에 대해서는 여러 권의 대중서도 존재한다. 이완희, 『한반도는 일제의 군사요새였다』, 나남, 2014; 정명섭·신효승 외, 『일제의 흔적을 걷다』, 더난출판사, 2016. 이들 대중서 역시 이 글을 집필하는데 많은 도움이 되었다.

7) 공교롭게도 광주와 목포, 여수에는 지금도 광주공항, 무안공항, 그리고 여수공항이 들어서 있다. 일본군이 가지고 있었던 항공군사시설에 대한 지정학적 판단이 현대와도 상통한다는 생각을 들게 한다.

쇄를 주창하며 천황과 그 일족을 지키려는 고육지책이었다. 문제는 이렇듯 무리한 정책을 수행하는 과정에서 '내지인(內地人)'은 물론 수많은 식민지 조선인들이 피해를 입었다는 사실이다. 아울러 한반도의 영토 구석구석까지 침략전쟁의 흔적을 남겼다.

일제강점기 내내 '본토'와 '조선반도'는 엄연히 구분된 영역으로 차별적인 법규와 제도에 의해 통치되었다. 조선은 '외지'였으며 조선인은 '이등국민'으로 치부되었다. 그런데 이렇듯 내내 식민지로서의 차별을 공고히 하던 일제가 어느 순간 '의무'에서만큼은 조선을 '내지화'하는 정책을 추진하게 된다. 이른바 '내선일체(內鮮一體)', '황국신민(皇國臣民)'이라는 기치로 추진된 프로파간다 정책이었다. 조선과 일본이 하나의 몸뚱아리이며, 조선인도 일본인과 똑같은 천황의 신민이라는 억지였다. 이러한 것들을 강제한 배경에는 무엇보다 '전쟁'이 있었다.

중일전쟁의 장기화와 동남아시아 및 태평양까지 확대된 전장은 '내지'만으로는 도저히 감당할 수 없는 지경의 것이었다. 조선인 강제동원과 병참기지 정책의 추진은 결국 '내지'만으로 수행하기 어려운 전쟁을 지속하기 위한 '조선의 내지화' 정책이었다. 이러한 정책의 가장 정점이자 마지막에 위치한 것이 바로 본토결전 이었다.

본토결전은 연합군의 공격에 맞서 '본토의 신민'이 최후의 결전을 치르기 위한 작전이었다. 주목할 점은 '본토'의 영역 속에 기존과 달리 '조선 반도'가 포함되었다는 것이다. 단순히 영역만 포함된 것이 아니라 실제 작전 수행을 위해 한반도 남서 해안과 제주도에 대규모 부대와 최후 결전을 상정한 군사시설이 들어서게 된다.

남서해안에 일본군의 군사시설물이 본격적으로 건설되기 시작한 것은 1944년 12월 말 일본군 방위총사령부(防衛總司令部)의 「조선군축성계획(朝鮮軍築城計劃)」에서 비롯된다.[8] 1944년 10월 미군이 필리핀에 상륙

8) 방위총사령부의 조선군축성계획에 대해서는 宮田節子 編·解說, 『十五年戰爭極祕資料

하자 제주도를 중심으로 한 한반도 남서해안의 방비를 강화하지 않을 수 없었던 것이다. 당시 축성계획에 따르면 "남선(南鮮) 연안 지구의 선박 항행 및 정박지를 엄호하고, 연안 방비를 강화하며, 아울러 주정(舟艇)기지를 건설"하도록 되어 있었다.

방위총사령부의 축성계획에 따라 한반도에 주둔했던 일본군은 1945년 초 현지 정찰을 마치고 예하 부대를 투입하여 시설물 구축에 들어갔다.[9] 축성계획에 따라 일본군의 군사시설물이 건설된 한반도 남서해안 내 주요 장소는 광주·목포·군산·여수를 비롯하여 진도와 해남반도, 그리고 남해도·거문도·추자도·비금도·자은도 등 도서지역이었다. 시설물들은 상륙하는 미군을 저지하기 위한 포대와 벙커 등 방어 시설과 항공기와 잠수함 경계를 위한 감시용 건축물, 수송이나 자살공격용 주정를 감추려는 목적으로 파놓은 해안 동굴, 육군과 해군이 건설한 항공군사시설[10] 등으로 나누어진다.

한편 방위총사령부의 축성계획은 본토결전에 따른 대본영의 작전준비 및 병비(兵備) 계획과 궤를 같이 했다. 대본영은 「제국육해군작전대강(帝國陸海軍作戰大綱)」과 「결호작전준비요강(決号作戰準備要綱)」에 따라 3차에 걸친 작전준비 계획을 발령했는데, 제1기는 1945년 4월부터 7월로 응급태세 병비 정비기(整備期), 제2기는 8월부터 9월로 제1기의 강화기(强化期), 마지막 제3기는 10월 이후로 병기의 완정기(完整期)이었다. 단, 제1기 계획은 조금 앞당겨 2월 말부터 시행되었다. 제1기 응급태세 병비

集 15-朝鮮軍概要史』(不二出版, 1989)의 150~152쪽을 참조할 수 있다. 조선군축성계획은 미야타가 편한 자료집 말미에 함께 묶여 있는 「本土作戰記錄 第5卷 第17方面軍」(1946.10월 제작, 1949년 4월 복제, 제1복원국)이라는 제목의 문건에 구체적으로 적시되어 있다.

9) 축성은 제주도의 경우 평양 주둔 유수 제30사단, 목포와 군산 일대는 경성의 유수 제20사단이 맡았다.

10) 일본은 항공 군사시설을, 육군에서는 육군비행장으로 해군에서는 해군항공기지로 명명하였다.

기는 다시 3차에 걸친 병비 계획으로 구체화되었다. 제1차 병비는 1945년 2월 28일부터 3월 30일까지, 제2차 병비는 3월 31일부터 5월 22일까지, 제3차 병비는 5월 23일부터 6월 30일까지였다.[11)]

제1차부터 제3차 병비기에는 각각 집중해서 추진해야할 목표가 설정되었는데, 제1차 병비기에는 미군의 상륙에 대비해 연안 방어를 위한 연안배비사단(沿岸配備師團)의 신설 배치가 추진되었고, 제2차 병비기에는 연안배비사단을 후방에서 지원하는 기동타격사단(機動打擊師團)을 신설하는 것으로 했다. 제3차 병비기에는 제1차와 제2차에서 미진했던 부분을 확충하는 시기였다.[12)]

이러한 병비 계획에 따라 한반도에도 일본군 연안배비사단과 기동타격사단이 차례로 신설되었다. 대본영은 제1차 병비 기간 중 연안방비사단 18개를 신설·동원했는데, 이중 한반도 남서해안에 설치된 것은 제150사단과 제160사단이었다.[13)] 제150사단 사령부는 전북 정읍, 제160사단 사령부는 익산이었으며 모두 제17방면군 예하부대였다.[14)] 광주·전남지역에는 사단 사령부는 없었고 연안배비사단 예하의 보병연대가 자리하고 있었다. 즉, 제150사단 예하의 보병 제430연대, 그리고 제160사단 예하의 보병 제463연대가 각각 목포와 여천에 주둔했던 것으로 확인된다.[15)]

---

11) 藤井非三郎, 『帝國陸軍師團變遷史』, 国書刊行會, 2018, 235쪽.

12) 연안배비사단은 일본 열도와 한반도 해안선을 방어할 목적으로 창설한 것이고, 기동타격사단은 내륙에 주둔하고 있다가 미군이 해안에 상륙하여 연안배비사단과 교전하고 있을 때 배후에서 이를 타격하려는 목적으로 만들어진 것이다. 연안배비사단과 기동타격사단의 편제, 역할, 창설 사단 및 시기에 대해서는 藤井非三郎, 『帝國陸軍師團變遷史』, 236~243쪽 참조.

13) 하야시 사부로 지음, 최종호 옮김, 『태평양전쟁의 지상전』, 논형, 2021, 222·241쪽.

14) 제150사단장은 중장 三島義一郎(재임기간: 1945.4.1.~종전까지), 제160사단장은 중장 宮下文夫(1945.4.1.~5.23)와 山脇正男(1945.5.23.~종전까지)였다.(秦郁彦, 『日本陸海軍總合事典』, 東京大学出版會, 2005, 381쪽.)

15) 「部隊行動表」, 日本 防衛省 防衛研究所 陸軍一般史料 滿洲-朝鮮-199(アジア歴史資料センター C13020875600).

다만 한반도 주둔 일본군의 병비 기간은 대본영과 다소 달랐던 것으로 보인다. 한반도 주둔 일본군 역시 세 차례에 걸쳐 병비를 증강했는데, 제1차 병비는 1945년 1월부터 3월까지, 제2차 병비는 4월부터 5월까지, 제3차 병비는 6월부터 종전까지였다고 한다.[16] 3차에 걸친 병비 계획에 따라 종전 당시 '남선지구'의 축성은 약 60%를 완료한 상태였다.[17]

한편 일본 육군은 1945년 본토결전 방침에 따라 종래의 군사령부 체제를 폐지하고 편제를 작전부대(作戰部隊)와 군정부대(軍政部隊)로 분리했다. 전시 작전의 원활한 수행을 위해 작전부대인 방면군을 신설하고, 방공·경비·징병·동원 등의 군사행정을 담당하는 군관구를 분리시켰던 것이다.[18] 그 결과 1945년 2월 17일 전시 작전을 위한 제17방면군 사령부와 군사 행정을 위한 조선군관구사령부가 신설되었다.[19] 조선군사령부는 그 기간 부대로 해체되었다.

제17방면군은 한반도 내 방위작전을 담당하는 총군(總軍) 이었다. 작전수행을 위해 예하에 제34군과 제58군을 확충하고 제120사단, 제150사단, 제160사단, 제320사단 등을 추가로 신설·주둔시켜 대미·대소전을 준비했다. 한편 조선군관구사령관은 한반도를 나남과 평양, 대구, 경

16) 병비 기간이 다른 이유는 명확하지 않지만, 대본영이 추진한 병비 기간과 이를 하령받은 한반도 주둔 일본군의 실행 기간이 달랐기 때문으로 판단된다. 또한 증설 사단의 창설과 위수지 주둔 시기도 차이가 있다. 즉, 한반도 남서해안의 연안방비사단이 창설된 일자는 대본영의 제1차 병비의 始期인 1945년 2월 28일이지만, 실제 제150사단과 제160사단 사단장이 부임한 일자는 한반도 주둔 일본군 제2차 병비의 시기인 1945년 4월로 확인된다. 「南鮮部隊概況表」에는 제150사단사령부의 편성일자를 1945년 4월 26일로 기록했다.(「南鮮部隊概況表」, 日本 防衛省 防衛研究所 滿洲-終戰時の日ソ戰-1063. アジア歷史資料センター C14021002600) 요컨대 제150사단과 제160사단은 대본영의 제1차 병비 기간에 창설되었고, 해당 부대가 실제 위수지역에서 주둔을 시작한 것은 한반도 주둔 일본군 제2차 병비 기간이었던 것이다.

17) 宮田節子 編·解說, 『十五年戰爭極祕資料集 15-朝鮮軍概要史』, 242쪽.

18) 하야시 사부로 지음, 최종호 옮김, 『태평양전쟁의 지상전』, 221쪽.

19) 두 사령부의 사령관과 참모장은 겸임이었고 사령부 청사도 함께 사용했다. 조직 구성은 달리했지만 수뇌부의 명령 체계는 하나로 통일되어 있었던 것이다.(宮田節子 編·解說, 『十五年戰爭極祕資料集 15-朝鮮軍概要史』, 32~33쪽.)

성, 광주사관구로 나누고 이들 부대를 지휘하여 군수 병참 및 교육 훈련 등의 업무를 추진하였다.[20)]

광주·전남지역에 주둔했던 일본 육군 역시 1945년 초 작전과 군정 부대로 양분된다. 종전 당시 광주와 전남 일대에 주둔했던 육군부대 현황은 〈표 1〉, 〈표 2〉와 같다. 이는 일본 방위성 방위연구소가 소장하고 있는 「부대행동표(部隊行動表)」에 수록된 내용 중 광주·전남지역 주둔부대를 정리한 것이다.[21)]

〈표 1〉 광주·전남 일대 제17방면군 예하 부대

부대고유명	편성년월일	통칭호	편성부터 종전까지	종전시의 위치 및 행동
특설경비 제464대대	1944.2.9	축7476	2.19~8.20 목포	목포
특설경비 제411중대	1945.2.25	축7442	2.20~8.20 경성	진도
제36야전근무대 본부	1945.3.20	축12761	3.20~8.20 경성	목포, 제주도 지구
육상근무 제171중대		축12767		고하도
육상근무 제172중대		축12768		목포
獨立混成 第39連隊	1945.6.30	축29120	6.20~8.20 광주	광주
독립혼성 제40연대	1945.1.28	축29121	6.20~8.20 여수	여수
박격 제31대대		축29127	광주	광주
제90특설통신작업대		축29139	광주	광주
여수요새사령부	1941.7.20		7.16~8.20 여수	여수
여수요새 중포병연대		축7401	7.16~8.20 여수	여수
특설경비 제416대대	1945.2.23	축7486	2.20~8.20 보성	보성
보병 제430연대	1945.5.27	호조 2504	45.5~45.8 목포	목포
보병 제463연대	1945.4.15	호조 22905	45.4~45.8 여천	여천
광주지구 헌병대	1945.3.16		45.3~45.8 광주	광주
독립철도 제20대대	1945.5.3	로4356	45.5~45.8 순천	순천

20) 宮田節子 編·解說, 『十五年戰爭極祕資料集 15-朝鮮軍概要史』, 33쪽.

21) 「部隊行動表」라는 제목의 전체 명칭은 『鮮(台)人從軍者所屬部隊行動表』이다. 즉, 조선인과 대만인 등 식민지민 종군자들이 소속된 부대의 '행동' 상황을 정리한 표라는 뜻이다.

〈표 2〉 광주·전남 일대 조선군관구 예하 부대

부대고유명	편성년월일	통칭호	편성부터 종전까지	종전시의위치 및 행동
특설육상근무 제109중대	1944.12.18	조8882	44.12~45.2 마산, 45.2~45.8 목포	목포
육상근무 제183중대	1945.5.13	조12785	45.5~45.8 여수	여수
여수 육군병원	1941.7.16		41.7~45.8 여수	여수
광주사관구 사령부	1945.4.29		45.4~45.8 광주	광주, 45.11.4 내지 상륙 복원
광주사관구 制毒훈련소			광주	광주
광주사관구 보병 제1보충대	1945.4.7	조선232	45.4~45.8 광주	광주, 45.11.4 내지 상륙 복원
광주사관구 포병보충대	1945.4.7	조선234	45.4~45.8 광주	광주
광주사관구 통신보충대	1945.4.7	조선236	45.4~45.8 광주	광주
제159경비대대	1945.3.5	조선7060	45.3~45.8 순천	순천, 45.11.4 내지 상륙 복원
광주지구 사령부	1945.4.29		45.4~45.8 광주	광주, 45.11.4 내지 상륙 복원
광주 육군 병사부	1945.4.29		45.4~45.8 광주	광주, 45.11.4 내지 상륙 복원
광주 육군병원	1945.6.18		45.6~45.8 광주	광주
광주 육군 구금소			광주	광주

〈표 1〉은 광주·전남지역에 주둔했던 제17방면군 예하 부대이고, 〈표 2〉는 조선군관구 예하 부대들이었다. 전시 작전을 수행할 주력부대였던 보병 연대는 모두 제17방면군에 편제되었고, 그 외 보충대와 병원 등은 조선군관구 예하로 편성되었다.

다만, 이들은 모두 육군부대들이었다. 광주·전남 일대 주둔했던 일본군의 군사시설은 크게 육군이 건설한 것과 해군이 건설한 것으로 나눌 수 있다. 일본 해군의 경우는 경남 진해의 진해경비부를 중심으로 광주와 여수에 해군항공기지를 건설해 주둔하고 있었다. 다음 장에서는 광주·전남

일대의 일본군 군사시설을 육군과 해군으로 나누어 살펴보겠다.[22)]

3. 광주·전남지역 일본 육군 군사시설

1) 육상 및 해상군사시설 건설과 주정기지

일본 육군이 남서해안과 도서에 건설한 시설물은 크게 방어와 감시 시설, 그리고 주정기지(舟艇基地)로 나누어진다. 이들은 모두 개별적인 용도는 다르지만 모두 미군의 상륙을 막기 위한 시설이었다는 점에서 공통점을 지닌다.

앞서 언급했듯 남서해안에 일본군의 군사시설물이 본격적으로 건설되기 시작한 것은 방위총사령부의 '조선군축성계획'을 통해서였다.

방위총사령부의 조선축성계획은 다음의 세 단계에 걸쳐 시행되었다. 첫째는 해상 교통 보호로 제주도와 목포·여수 일대의 선박 항행 및 정박지 엄호를 위한 임시 포대 구축을 추진하는 것이다. 둘째는 해안 방어로 임시 포대의 엄호 및 미군의 상륙을 막기 위한 시설물을 건설하는 일이었다. 이에 따라 제주도에 보병 5개 대대, 목포에 보병 2개 대대, 그리고 군산 부근에 보병 1개 대대 가량의 병력이 배치되었다. 셋째는 주정기지의 건설이었다. 미군의 잠수함 공격을 피해 남서해안 일대의 '수송 항행'을 보장받기 위해서는 소형 주정을 이용해야만 했는데 이들을 은닉할 수 있는 기지가 필요했던 것이다.

22) 일본군 군사시설은 그 성격상 육상군사시설, 해상군사시설, 항공군사시설 등 세 가지로도 구분할 수 있다.

조선군축성계획

1. 방침
   남선 연악 지구의 선박 항행 및 정박지를 엄호하는 한편 연안 방비를 강화하고 아울러 주정기지를 설정한다.
2. 해상 교통 보호
   제주도, 목포, 여수를 포함한 지구에 선박 항행 및 정박지를 엄호토록 임시 포대를 구축한다.
3. 연안방어
   임시 포대의 엄호 및 상륙 방어를 위해 다음과 같이 축성을 실시한다.
   제주도 보병 5개 대대, 목포부근 보병 2개 대대, 군산부군 보병 1개 대대
4. 주정기지 설정
   장래 소형 주정에 의한 연안 航路帶 설정을 목적으로 목포, 여수, 제주도 사이에 주정기지를 설정한다.
4. 위 시설은 대체로 1945년 3월 대부분 완성하는 것을 목표로 하고 핵심 진지만 대상으로 한다.[23]

남서해안의 군사시설물 건설은 제주도의 경우 유수(留守) 제30사단이, 목포와 군산지구는 유수 제20사단이 맡았다. 〈그림 1〉은 「군산 목포부근연안방어배비요도(群山·木浦附近沿岸防禦配備要圖)」 중 목포와 여수 일대를 확대한 것으로 축성계획에 따른 지역별 시설물 위치를 잘 보여주고 있다.

목포를 중심으로 해안 일대에 배치된 일본군 병력은 미군 상륙을 대비한 해남반도(海南半島) 일대의 보병 1개 대대, 경계기(警戒機)[24] 엄호를 위한 비금도(飛禽島)의 보병 4개 소대(1개 중대에 1개 소대 추가), 수로(水

23) 宮田節子 編·解說, 『十五年戰爭極祕資料集 15-朝鮮軍概要史』, 211~212쪽.

24) 경계기는 항공기의 내습을 고주파 신호를 이용해 탐지하는 장비로 방공감시를 위해 설치되어 있었다. 조선에는 1940년대 들어 아오지와 금곡, 군산에 각 1기가 처음 설치되었는데, 1944년 6월 기타큐슈에 대한 미군 공습을 계기로 서해안 방면의 방공을 위해 비금도에 1기가 증설되었다. 이후에도 경계기는 미군의 공습에 대비하여 지속적으로 확충되었다.(조건, 「전시체제기 조선 주둔 일본군의 防空 조직과 활동」, 수요역사연구회 편, 『제국 일본의 하늘과 방공, 동원1-방공정책과 식민지 조선-』, 116~117쪽.)

路) 폐쇄를 임무로 한 가사도(加沙島) 보병 1개 중대와 자은도(慈恩島)의 보병 2개 소대, 그리고 주정기지를 엄호하기 위해 거문도(巨文島)와 추자도(楸子島)에 각각 보병 1개 중대 등이었다.

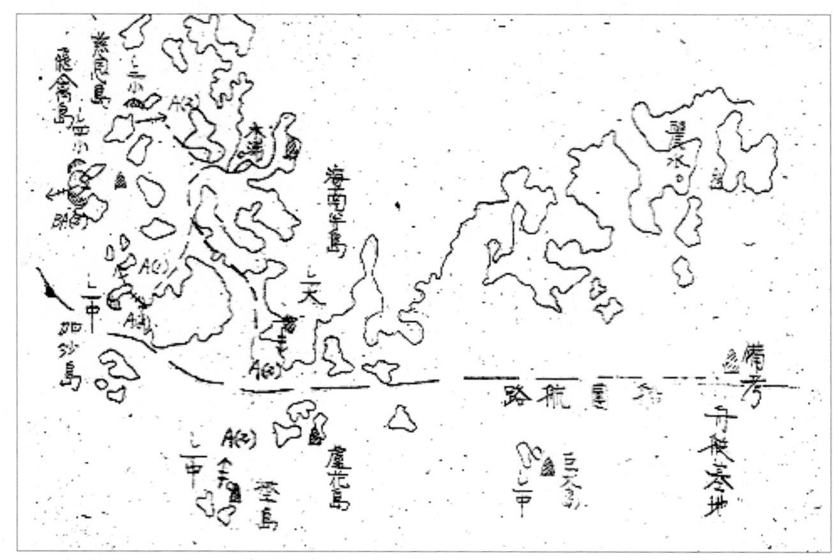

〈그림 1〉 목포·여수 일대 일본군 방어 시설도(「群山·木浦附近沿岸防禦配備要圖」)

〈그림 1〉에는 일본군 부대 주둔 위치와 방어 및 수로 폐쇄를 위한 포대의 방향, 그리고 주정기지의 위치가 대략적으로 표시되어 있다.[25] 특히 주정기지의 경우 목포와 영산강 하구, 비금도·자은도 사이, 노화도(盧花島), 추자도, 거문도, 그리고 남해도(南海島) 남서쪽에 각각 위치하고 있는 것으로 나타난다.

25) 지도에 보이는 알파벳 'i'는 보병부대를 A는 야포, BA는 산포부대를 나타내고 화살표는 포문의 방향을 표시한 것이다. 세로로 긴 삼각형 모양의 표식이 그려진 곳이 주정기지의 위치이다.

〈그림 2〉 목포 고하도 주정기지 유적 (2018.5.8. 필자 촬영)

〈그림 3〉 호주군에 노획된 일본 육군 주정(https://ja.wikipedia.org/wiki/大発動艇)

특히 목포와 영산강 하구에 위치한 고하도(高下島) 일대에는 10개소 남는 일본군 주정기지가 있다. 고하도 주정기지는 시내와 인접한 까닭에 비교적 접근이 양호하고 시민들에게도 제법 알려져 있다. 〈그림 2〉는 고하도에 구축되어 있는 일본군 주정기지 모습니다. 해안 암반을 수직으로 굴착한 장방형 지하시설을 확인할 수 있다. 입구부터 수면까지는 주정을 쉽게 끌어 낼 수 있도록 진입로를 조성한 흔적도 보인다.

주정기지에 보관했던 일본군 주정은 크게 '다이하츠(大發)'와 '쇼하츠(小發)' 두 종류가 있었다.[26] 이름대로 다이하츠는 전장 15미터 내외, 전폭 3미터 내외로 다소 컸고, 쇼하츠는 전장 10미터 내외로 다이하츠에 비해 작았다. 당시 강제동원되었던 피해자들의 진술에 따르면 해안 동굴은 10~15미터 내외로 굴착했는데 이를 통해서도 이것이 다이하츠나 쇼하츠의 정박·엄페를 위한 시설물이었음을 알 수 있다.[27]

그런데 일본군이 파놓은 동굴은 〈그림 1〉 외의 지역에서도 발견된다. 예를 들어 해남반도 남서쪽 끝에 위치한 어불도(於佛島)에서도 약 9개소

26) 다이하츠는 大發動艇(だいはつどうてい), 쇼하츠는 小發動艇(しょうはつどうてい)을 일컫는다. 통칭 다이하츠, 쇼하츠로 불리었다.

27) 일제강점하 강제동원피해진상규명위원회, 『굴 파러 군대 갔어』, 2008, 23~24쪽.

의 해안 동굴이 확인되었다.[28] 물론 어불도의 동굴의 경우 종전 직전에 굴착된 탓에 자료에 기입되지 않았을 수도 있다.

한편 이러한 해안동굴은 주정기지 외의 용도로 사용하기 위해 구축되었을 가능성도 있어 주목을 요한다. 즉 다이하츠는 일본 육군이 사용하던 병기였기 때문에 〈그림 1〉에는 육군 측의 방비 상황이 나타나 있을 뿐 해군이 구축했던 시설물들은 표기되어 있지 않다. 특히 일본군 해군은 전쟁 말기 연합군을 상대로 다양한 종류의 해상 자살공격을 감행했는데, 어불도의 해안 동굴 등은 이러한 자살공격용 병기를 엄폐하기 위한 시설로 구축되었을 개연성이 있다.

일본 해군의 자살공격은 잘 알려진 하늘의 '신푸(神風) 특공대'[29] 외에 바다에서도 자행되고 있었다. 예컨대 수중용 특공 병기로는 인간 어뢰 가이텐(回天)을 비롯하여, 특수잠항정 가이류(海龍), 인간 기뢰 후쿠류(伏龍)가 있었고, 수상용으로는 폭장특공정(爆裝特攻艇) 신요(震洋), 육박공격정(肉薄攻擊艇) 마루레(マルレ) 등이 있었다. 실제 제주도에는 가이텐대(回天隊)와 신요대(震洋隊)가 주둔하고 있었다.[30]

2) 육군 항공군사시설 건설과 목포 육군비행장

광주·전남지역의 대표적인 육군 항공군사시설로는 목포 육군비행장을 들 수 있다. 우선 목포 육군비행장을 살펴보기 전에 조선 주둔 일본 육군의 항공부대와 군사시설에 관해 살펴보겠다.

아시아태평양전쟁 말기 조선 주둔 일본 육군 항공부대 중 가장 대규

28) 일제강점하 강제동원피해진상규명위원회, 『일제시기 조선 내 군사시설 조사』, 2008, 23~24쪽.

29) 가미가제특공대라는 이름으로 널리 알려졌다.

30) 강순원, 「태평양전쟁과 제주도 내 일본군 군사유적의 실태」, 조성윤 편, 『일제 말기 제주도의 일본군 연구』, 보고사, 2008, 190~194쪽.

모이자 주요한 것은 제5항공군이었다. 애초 한반도 남부에는 항공작전을 수행할 수 있는 부대가 없었고 주로 교육훈련을 담당하는 비행대만 주둔하고 있었다. 경성의 제53항공사단사령부를 비롯하여 군산의 제12연성비행대(전투), 평양의 제23연성비행대(전투), 함흥 제25연성비행대(중폭), 대전의 제9연습비행대 등을 들 수 있다. 이들 비행대와 소속된 비행기는 모두 교육훈련을 목적으로 했기 때문에 실제 전투에 사용하기 적합하지 않았다.[31]

한반도에 항공 전력의 필요성이 제기 된 것은 1945년 4월 미군의 오키나와 공략이 시작된 이후였다. 대본영은 미군의 공격 방향이 중국 본토로 향할지 아니면 규슈와 한반도로 향할지 예의주시하고 있었다. 그러던 중 미군이 오키나와 공략을 본격화하자 한반도의 항공 전력 확충이 서둘러 필요하게 되었고, 이에 따라 당시까지 중국에 주둔하고 있던 제5항공군 주력을 급히 한반도로 이동시켰던 것이다.

1945년 4월 하순, 경성에서 참모본부, 항공총군, 관동군 및 지나파견군의 작전관계자가 남선 항공작전준비강화회의를 실시했다. 이때 지나파견군 항공주임참모는 제5항공군의 이동에 반대했으나 대본영은 이를 묵살하고 제5항공군의 한반도 이동을 승인했다. 제5항공군에 대한 한반도 남부로 이동 명령이 떨어진 것은 1945년 5월 8일이었다.[32]

제5항공군사령관은 시모야마 다쿠마(下山琢磨) 중장이었다. 그는 제5항공군의 주력을 이끌고, 5월 20일 남경을 출발, 다음 날 21일 경성에 도착했다. 한반도에 도착한 시모야마 사령관이 가장 급무로 추진한 것은 비행장 설정이었다. 1945년 5월부터 6월에 걸쳐 12개의 야전비행장설정대를 동원해 한반도 남부의 비행장 강화가 급행되었다. 설정대는 중

31) 防衛廳防衛硏究所 戰史室, 『戰史叢書 滿洲方面陸軍航空作戰』, 朝雲新聞社, 1972, 590, 593쪽.

32) 防衛廳防衛硏究所 戰史室, 『戰史叢書 滿洲方面陸軍航空作戰』, 朝雲新聞社, 1972, 591쪽.

국 본토 각지에서 5개, 일본 및 만주에서 각 2개 부대를 이동해 왔으며, 1945년 초 조선에서 새롭게 편성된 3개의 비행장설정대도 포함되었다. 비행장설정대가 주로 건설한 것은 비행기와 연료 및 탄약을 보관할 엄체호 구축, 분산 시설, 비닉비행장 등이었다.[33)]

한편 한반도 내 육군비행장 건설에 대해서는 제17방면군 항공참모와 제5항공군 참모를 겸직했던 우에히로 지카타카(植弘親孝)의 기록을 참고할 수 있다.[34)] 우에히로는 전쟁 말기 한반도 내 육군 비행장 건설을 시기별, 유형별로 구분해서 기록했는데, 특히 비행장 건설을 세 시기로 나누었다. 제1기는 1944년 초부터 10월까지로 대소·대미 작전 준비기, 제2기는 1944년 11월부터 1945년 4월까지로 대미 중점 작전 준비 시행기, 제3기는 제5항공군이 이동한 1945년 5월을 기점으로 패전할 때까지다.

우에히로에 따르면 한반도 내 본격적인 육군비행장 건설은 제2기와 제3기에 추진된다. 특히 제2기에는 신의주·신안주·해주·김포·수원·해운대·목포(망운)·제주 동·제주 서 등에 육군비행장이 신설되었으며, 기존에 건설되어 있던 비행장 시설을 증강하기도 했다. 제3기에는 기존의 비행장을 증강하거나 은닉(隱匿, 비닉) 비행장을 건설했다. 은닉 비행장은 밀양·담양·금호·전주·제주도(교래리) 등에 건설했다고 한다. 은닉 비행장은 기존의 도로를 확장하여 소형기가 겨우 이착륙할 수 있도록 건설했으며 활주로 등 제반 시설을 위장하여 공중에서 잘 확인할 수 없도록 했다.[35)]

---

33) 防衛廳防衛研究所 戰史室, 『戰史叢書 滿洲方面陸軍航空作戰』, 朝雲新聞社, 1972, 591~593쪽.

34) 우에히로의 기록에 대해서는 青健, 「(研究ノート) アジア太平洋戰爭期の朝鮮半島における日本軍の航空基地建設と運用」(『軍事史學』 58-2, 軍事史學會, 2022) 참조.

35) 防衛廳防衛研究所 戰史室, 『戰史叢書 滿洲方面陸軍航空作戰』, 朝雲新聞社, 1972, 593쪽.

목포 육군비행장은 제2기, 즉 1944년 11월부터 1945년 봄 사이에 건설되었다. 망운비행장이라고도 불렸으며 현재 무안국제공항 일대에 위치해 있었다. 지금도 전남 무안군(務安郡) 현경면(玄慶面) 일대에는 일제 육군비행장과 관련된 엄체호 여러 기가 아직 남아 있다.[36)]

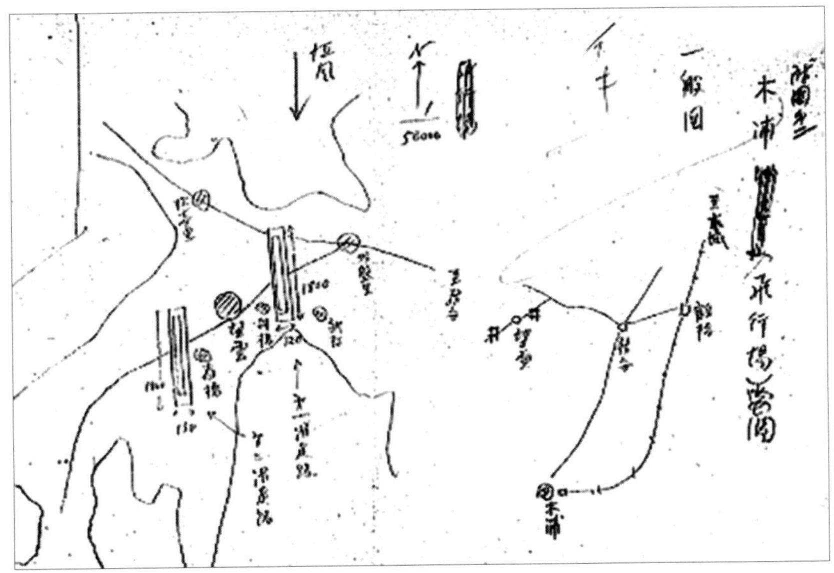

〈그림 4〉 목포비행장 지도(「木浦地区兵要地理」)

전후 일본군이 제작한 목포 육군비행장 관련 자료에 따르면, 비행장에는 두 개의 활주로가 남북 방향으로 나란히 놓여 있었다.[37)] 좀 더 내륙에 있는 제1활주로가 주활주로 이고, 바다 쪽에 가까운 제2활주로는 보조활주로였을 것으로 보인다.[38)] 목포 육군비행장은 그 이름과는 달리

36) 현재 확인되는 것은 6기 정도이다.

37) 「木浦地区兵要地理」, 日本 防衛省 防衛研究所 陸軍一般史料 滿洲-朝鮮-37(アジア歴史資料センター C13070029900).

38) 통상적으로 주활주로와 보조활주로는 십자로 교차하거나 기역자 형태로 위치시킨다. 이렇게 나란히 거리를 두고 위치시킨 것으로 보아 비행장이 두 개였다고 볼 수도 있다.

목포의 항만 방어보다는 '팔구포' 등 전통적 해상 중요지를 비롯한 인근 해안의 수송선단 보호 등의 목적을 띠고 있었다.

4. 광주·전남지역 일본 해군 군사시설

1) 해군항공기지 건설 개황

일본 해군의 한반도 내 항공기지 건설에 관해서는 진해경비부(鎭海警備府)에서 생산한 「북위 38도 이남의 조선 항공기지 조서(北緯38度以南ニ於ケル朝鮮航空基地調書)」를 통해 구체적인 실태를 파악할 수 있다.[39] 이 자료에는 진해·제주도·부산·광주·영일·여수·평택·옹진 등 총 8개소의 항공기지의 위치, 주요 시설, 비행장(활주로)를 둘러싼 시설 배치도가 수록되어 있다. 이중 지금도 공항으로 사용되는 곳은 부산항공기지 자리의 김해국제공항과 영일항공기지 자리에 남아 있는 포항공항 등이다.[40] 진해와 여수는 수상기(水上機)를 운용하기 위해 건설된 비행장이었는데, 여수의 경우 해수면 위에 콘크리트로 활주로를 정비했었다.[41]

다만 「북위 38도 이남의 조선 항공기지 조서」는 제목에서 알 수 있듯 해방 직후 남한 지역만을 대상으로 하고 있다.(〈표 3〉 참조) 애초 이 자료는 제2복원국에서 편철한 『진해경비부인도목록(鎭海警備府引渡目錄)』에 포함되어 있었다. 종전 이후 제2복원국 측이 한반도 내 해군 군사시설

39) 「北緯38度以南ニ於ケル朝鮮航空基地調書」, 『鎭海警備府引渡目錄 第2警備府』, 日本防衛省 防衛硏究所 海軍一般史料 ①中央-引渡目錄-5(アジア歷史資料センター C08010531400).

40) 옹진비행장의 경우 북한지역인 까닭에 항공사진을 통해 활주로만 확인했고 실제 사용 여부는 명확하지 않다.

41) 지금도 麗水市 月湖洞 바닷가에 콘크리트 활주로 흔적이 남아 있다.

들을 정리하여 미군에 '인도'한 목록이었던 탓에 북위 38도선 이남 지역만 대상으로 했던 것이다.

〈표 3〉「北緯38度以南ニ於ケル朝鮮航空基地調書」의 해군항공기지 실태

道別	航空基地	位 置	활주로 등 시설 개황
慶尙南道	鎭海	慶尙南道 鎭海邑 安谷里	– 진해항공기지(水上機) 위치도 있음 – 활주로, 유도로, 有蓋掩體 6기, 격납고 등
	釜山	慶尙南道 金海郡	– 부산항공기지위치도 있음 – 비행장, 활주로, 유도로, 엄체호 20기
慶尙北道	迎日	慶尙北道 迎日郡	– 영일항공기지위치도 있음 – 비행장, 활주로, 유도로, 엄체호 20기 등
全羅南道	濟州島	全羅南道 濟州島 齊州邑[42]	– 제주도항공기지위치도 있음 – 비행장, 유도로, 엄체호 20기, 격납고 등 – 특공기지(제주 水月浦, 松岳山)
	光州	全羅南道 光山君	– 광주항공기지위치도 있음 – 활주로, 유도로, 유개엄체호 18기 등
	麗水	全羅南道 麗水邑	– 여수항공기지위치도 있음 – 활주로, 유도로, 유개엄체호 5기 등
京畿道	平澤	京畿道 平澤	– 평택항공기지위치도 있음 – 비행장, 활주로, 유도로, 엄체호 9기 등
黃海道	甕津	黃海道 甕津郡	– 옹진항공기지위치도 있음 – 비행장, 활주로, 유도로 등

해군항공기지 현황을 살펴볼 수 있는 또 다른 자료로 「항공기지도(航空基地図)」가 있다.[43] 「항공기지도」에는 『진해경비부인도목록』에 포함되어 있지 않았던 북한지역 해군항공기지가 추가로 확인된다.

42) 제주 해군 비행장은 제주도 대정면에 있었다. 자료에는 비행장을 포함한 항공기지 대부분 시설의 소재지가 제주읍으로 표기되어 있다. 항공기지 본부는 제주읍, 비행장 등은 대정면으로 표기되었어야 한다. 일단 자료에 기재된 대로 제주읍만 기재하였다.

43) 「航空基地図 樺太, 千島, 北海道, 朝鮮, 中國, スマトラ, 馬來 等」, 日本 防衛省 防衛研究所 海軍一般史料 ⑤ 航空基地-95.

〈표 4〉「航空基地図」의 해군항공기지 실태

基地名	建設年度	最後 使用年	掩體		燃料貯藏設備
			中型用	小型用	
鎭海(水)	1933	1945.8	0	有蓋 6	터널식 지하 3개소 250톤
濟州島	1937	1945.8	格納庫 13	20	–
釜山	1945.4	1945.8	–	20	터널 약 600㎡ 중 일부 燃料庫로 사용
光州	1945.4 (元飛行場)	1945.8	–	18	터널 약 5,470㎡ 중 일부 燃料庫로 사용
迎日	공사중	미사용	格納庫 1	20	터널 약 3,100㎡ 중 725㎡ 燃料庫로 사용
麗水(水)	공사 중지	미사용	–	5	터널 2,680㎡ 중 600㎡ 연료고로 사용
平澤	공사중	미사용	–	9	터널 1,700㎡ 중 250㎡ 연료고로 사용
甕津	공사중	미사용	–	21	터널 5,070㎡ 중 1,040㎡ 연료고로 사용
元山	1940	1945.8	격납고	있음	있음

〈표 4〉는「항공기지도」에 수록되어 있는 항공기지 관련 정보 중 주목할 만한 사항을 발췌하여 작성한 것이다. 일단 여기에는 앞서『진해경비부인도목록』에는 없었던 원산항공기지가 확인된다. 원산항공기지는 1940년 건설되었으며 종전 때까지 사용되었다. 엄체호와 연료저장시설도 존재했으나 정확한 정보는 기재되어 있지 않다.

해군항공기지 중 가장 이른 시기에 건설된 것은 진해항공기지였고, 다음으로 제주도였다. 제주도의 경우 대정면 일대에 1930초반부터 조성되기 시작했고, 1937년 전반에 항공기지의 면모로 완성되었으며 중일전쟁기에는 남경 폭격의 기점이 되기도 했다.[44] 부산과 광주항공기지는 1945년 4월 건설되었는데 광주는 이미 육군에서 건설했던 시설을

44) 츠카사키 마사유키,「"제주도에서의 일본군의 '본토결전' 준비"의 재검토」, 조성윤 엮음,『일제 말기 제주도의 일본군 연구』, 보고사, 2008, 372~374쪽.

이어받은 것이었다.[45] 그 외 영일·여수·평택·옹진항공기지는 종전 당시 공사 중이었다.

항공기지 시설로 엄체호와 터널식 지하시설 여부 및 규모가 상세히 기재되어 있는 점도 특기할 만하다. 해군항공기지가 자리했던 곳에서는 지금도 엄체호와 지하 군사시설이 다수 발견되고 있는데 「항공기지도」를 통해 그 내역을 확인할 수 있는 것이다. 물론 『진해경비부인도목록』에 수록된 지도에서도 엄체호와 지하시설이 표시되어 있는데 그 용도와 규모가 불분명한 경우가 많다.

2) 광주 및 여수 해군항공기지

광주와 여수에도 해군항공기지가 있었다. 광주 해군항공기지의 경우 활주로는 확인할 수 없고 관련 지하 군사시설이 시내 곳곳에서 다수 확인되고 있다.[46] 여수에는 해안에 콘크리트로 건설된 활주로 잔해가 아직 남아 있다. 여수 한화공장 내에는 일본 해군항공기지와 관련된 엄체호와 지하시설들이 확인된다.[47]

광주의 해군항공기지는 〈표 4〉에서 보는 바와 같이 1945년 4월 건설되었다. 그런데 〈표 4〉의 항공기지 건설년도 아래에 '전 비행장(元飛行場)'이라는 문구가 눈에 띈다. 이전에 비행장으로 사용하던 시설을 1945년 4월 해군항공기지로 만들었다는 의미다. 실제 광주 해군항공기지는 1930년대 말 육군에 의해 건설된 비행장이 있었다. 이것을 1945년 해군이 인계받아 항공기지로 활용했던 것이다.

45) 광주학생운동기념회관, 『일제강점기 동굴 추정시설물 연구조사 결과 보고서』(연구책임자: 신주백), 2015, 7~8쪽.

46) 이에 대해서는 광주학생운동기념회관, 『일제강점기 동굴 추정시설물 연구조사 결과 보고서』 참조.

47) 한화 여수공장 내의 시설은 직접 확인하지 못했다.

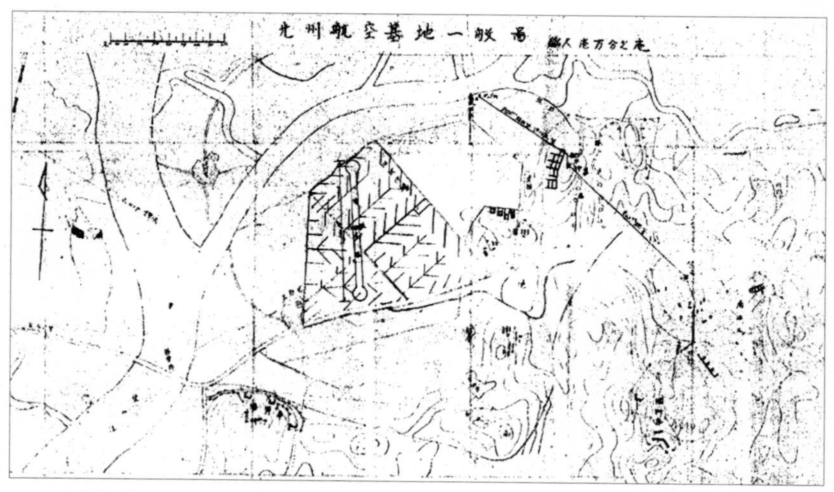

〈그림 5〉 광주 해군항공기지 지도([光州航空基地])

앞서 언급했듯 광주의 해군항공기지 자리에는 현재 활주로가 남아 있지 않다.[48] 다만 시내 곳곳에 다수의 항공기지 관련 지하시설이 발견된다. 당초에는 광주 남서쪽 영산강 인근의 사월산과 현 광주학생독립운동기념회관 내의 언덕에 지하시설들이 확인되었다. 사월산의 지하시설은 자연 동굴처럼 암반이 그대로 노출되어 있었고, 광주학생독립운동기념회관의 지하시설은 콘크리트로 잘 마감되어 있었다. 자료에 따르면 사월산의 지하시설은 탄약고, 광주학생독립운동기념회관의 지하시설은 연료고로 사용하기 위해 축조한 것이다. 건설 당시 광주 해군항공기지 현황은 〈그림 5〉를 참조할 수 있다.[49]

48) 광주 해군항공기지의 활주로 자리는 현재 광주시청 인근의 상무지구이다. 상무지구라는 이름은 우리 육군의 초급 간부 육성기관이었던 상무대에서 유래했다. 1994년 상무대가 전남 장성으로 이전하게 되면서 광주시에서 이 일대를 대규모 신도시로 개발한 바 있다.

49) 「光州航空基地」, 『鎮海警備府 引渡目錄 3/3』, 日本 防衛省 防衛研究所 海軍一般史料 ①中央-引渡目錄-4(アジア歷史資料センター C08010530100).

최근에는 광주 5·18역사공원 일대에서 대규모 지하시설이 추가로 발견되기도 했다.[50] 이들 시설은 그 규모나 축조 방식 등을 고려하면 항공기지의 지하 사령부나 대규모 병기 저장소로 활용됐을 것으로 판단된다. 향후 추가적인 자료 발굴과 실측 조사가 필요한 실정이다.

〈그림 6〉 광주학생운동기념회관 소재 일본군 전쟁유적(2022.2.25. 필자 촬영)

〈그림 7〉 광주 5·18역사공원 일대 일본군 전쟁유적(2022.2.25. 필자 촬영)

〈그림 8〉 여수 일본 해군항공기지 활주로 유적 (2019.5.8. 필자 촬영)

〈그림 9〉 여천초등학교 소재 일본군 전쟁유적 (2019.5.8. 필자 촬영)

여수 해군항공기지는 여수시 신월동에 자리하고 있다.[51] 수상기를 운용했으며 활주로를 해수면에 인접하게 콘크리트로 구축한 것이 특징이다. 현재도 바다 쪽으로 돌출된 콘크리트 구조물이 침하된 채로 남아 있다. 바로 인근의 한화여수공장 내에는 광주와 유사하게 여수 해군항

50) 「광주 서구서 일제 군사시설 잇따라 발견... "식민 피해 상징"」, 『연합뉴스』, 2022.2.25.

51) 「麗水航空基地」, 『鎮海警備府 引渡目錄 3/3』, 日本 防衛省 防衛硏究所 海軍一般史料 ①中央-引渡目錄-4(アジア歴史資料センター C08010530300).

공기지와 관련된 탄약고와 연료고 등이 잔존한다.

여수 일대의 일본군 전쟁유적으로는 여수 여천초등학교 뒤편에 남아 있는 대규모 지하시설도 있다. 여천초등학교 지하시설은 한반도 내 여타 지하시설과 비교할 때 일단 규모면에서 월등하고 보존상태도 매우 좋은 편이다. 이 시설은 여수요새사령부, 또는 여수해군지하사령부 등으로 알려져 왔다. 어느 시설이든 당시 침략전쟁 관련 유적인 것은 분명하지만 여수요새사령부냐, 아니면 해군지하사령부냐에 따라 그 성격 및 용도, 그리고 역사적 분석은 조금 달라진다.

여수요새사령부는 육군 부대로 한반도 서남의 항로 확보를 위해 설치되었다.[52] 1945년 현재 여수요새관구에는 여수요새사령부, 여수요새중포병연대, 여수육군병원, 독립혼성 제40연대 일부가 주둔하고 있었다. 관구 내 총인원은 680명, 말 7기, 자동차 3대 등을 보유했다.[53] 육군의 군사시설이었다면 지휘 관계나 주둔 목적 등이 해군의 경우와 달랐을 것이다.

해군지하사령부라고 지칭할 경우 해군 부대로 여수 항공기지와 직결된 시설로 볼 수 있다. 다만, 그 어느 것이든 아래 두 가지 해석이 가능하다. 첫째, 여수요새사령부 또는 해군지하사령부 모두 인근의 여수 항공기지를 보호하기 위한 목적을 띠고 있었을 가능성이 높다. 관련 자료를 좀 더 검토하고 사용한 병기에 대해서도 천착해야하겠지만 항공기지의 원활한 운용을 위한 부대였을 것으로 추정된다. 둘째, 여천초등학교 지하시설은 최근 광주에서 발견된 5·18역사공원 일대의 지하시설과 상당히 닮아 있다. 광주의 것은 아직 전체가 발굴되지 않아 전체 모습을

52) 「南鮮部隊概況表」에 따르면 여수요새사령부 편성일자는 1941년 7월 19일이다. 사령관은 대좌 多田勇夫(1942.8.1.~1943.8.2.)와 宮永蓋世(1943.8.2.~종전까지) 등이 역임했다.(「南鮮部隊概況表」, 日本 防衛省 防衛研究所 滿洲-終戰時の日ソ戰-1063(アジア歷史資料センター C14021002600)

53) 「朝鮮軍人馬自動車概數表」, 日本 防衛省 防衛研究所 陸軍一般史料 滿洲-朝鮮-196(アジア歷史資料センター C13020868300).

확인하기 힘들지만, 상당한 규모를 가지고 있다는 점과 지금까지 확인된 형태 및 규모를 비교할 때, 여천초등학교 지하시설과 동일한 목적을 위해 구축된 것이 아닌가 생각된다.

5. 광주·전남지역 일본군 전쟁유적의 성격

위에서 살펴보았듯 일제는 광주와 전남 곳곳에 연합군의 공습과 상륙에 맞설 군사시설을 촘촘히 건설하였다. 그 중 가장 주목할 것으로 항공군사유적에 남아 있는 엄체호가 있다. 엄체호는 공습을 피해 항공기를 은닉할 목적으로 건설하였다. 제주도 '알뜨르 비행장'을 비롯하여 경북 영천, 경남 사천과 밀양, 전남 여수와 목포 일대에는 아직도 일제가 건설한 엄체호가 긴 세월이 무색하게 거북의 등딱지처럼 굳게 남아 있다. 그런데 이들 엄체호는 그동안 알려지지 않았던 비밀이 숨겨져 있다.

아시아태평양전쟁 말기 육군과 해군은 작전 및 지휘 관계를 논의하기 위해 1945년 初「본토작전에 관한 육해군중앙협정(本土作戰に關する陸海軍中央協定)」을 체결한다. 이어서 항공작전에 중점을 둔「결호항공작전에 관한 육해군중앙협정(決号航空作戰に關する陸海軍中央協定)」도 체결되었다.[54)]

「본토작전에 관한 육해군중앙협정」의 제1항과 제2항에는 협정의 취지와 범주가 기재되어 있다. 요컨대 '주적 미군(主敵 米軍)'의 진공에 대비하여 내지(內地, 남서 제도 제외), 조선(朝鮮), 화태(樺太) 및 그 근해의 육해군 작전 준비 및 실시에 관한 사항을 규정하고, 육상작전은 육군,

54) 「本土作戰に關する陸海軍中央協定」과 「決号航空作戰に關する陸海軍中央協定」은 『聯合軍司令部回答書類綴(史實調査部)』(日本 防衛省 防衛研究所 陸軍一般史料 中央-終戰處理-3)에 수록되어 있다.

수상 및 수중 작전은 해군이 담임토록 한 것이다. 아울러 항공작전에 대해서는 별도의 협정을 체결한다고 되어 있다. 작전 지휘에 관해서는 육상 작전의 경우 제1총군과 제2총군사령관, 제5·제17방면군사령관이 주둔 지역 내 해군의 작전부대를 함께 지휘하는 것으로 하고, 다만 해당 지역의 군항과 요항 소재지에 한해서는 진수부 또는 경비부사령장관이 그 지역의 육해군 부대를 함께 지휘하는 것으로 했다.[55)]

이에 따라 조선에 주둔하고 있었던 제17방면군사령관은 관내 해군을 육상 작전부대와 육상전투에 통합하여 지휘하게 되었다. 또한 본토결전 작전을 철저히 준비하기 위해 1945년 3월 경성에서 제17방면군사령관, 진해경비부사령장관, 조선 총독 등이 모여 중앙·지방·지구 연락위원회를 조직하고, 4월 하순에는 중앙연락위원회를 열기도 했다.[56)]

한편 「결호항공작전에 관한 육해군중앙협정」은 앞서 「본토작전에 관한 육해군중앙협정」에 명시했듯 항공작전에 관한 내용을 따로 협정한 것이었다. 일본 육·해군이 최후 결전을 준비하면서 항공작전을 특별히 취급한 것인데, 요지는 "특공 공격에 의한 적 상륙 선단의 격멸"에 있었다.[57)] '결호항공작전'에 관한 협정은 이른바 특공기를 이용한 '자살공격'을 기획한 것으로 미군의 상륙 함정에 타격을 주고 이를 바탕으로 진공을 저지 또는 지연하려는 작전 방침이었다.

「결호항공작전에 관한 육해군중앙협정」에 따라 한반도 내 항공기지 운용도 결전태세에 돌입하게 되었다. 그 주요한 내용은 '특공용 항공기(特功機)'의 은닉과 보호, 그리고 활용이었다.

---

55) 「本土作戰に關する陸海軍中央協定」(アジア歷史資料センター C15010005200).

56) 「第3章昭和20年5月頃迄」『朝鮮に於ける戰爭準備』, 日本 防衛省 防衛硏究所 陸軍一般史料 滿洲-朝鮮-2(アジア歷史資料センター C13070004300).

57) 「决号航空作戰に關する陸海軍中央協定」(アジア歷史資料センター C15010006200).

〈그림 10〉 전남 무안군 현경면에 남아 있는 엄체호 유적(2022.9.25. 필자 촬영)

특공기 은닉은 특공기용 엄체호 구축 계획으로 현실화 되었다. 일본군이 종전 직전에 생산했던 「결호병참준비요강(決号兵站準備要綱)」에는 미군의 상륙을 저지하기 위해 편성한 특공기용 엄체호 정비 계획이 수록되어 있다. 여기에는 조선 내 총 200개소의 엄체호 정비 계획이 확인된다.[58] 지역별로는 제주 20개소, 사천(泗川) · 해운대(海雲臺) · 울산(蔚山) · 망운(望雲) · 대구(大邱) · 군산(群山) · 수원(水原, 오산) · 경성 · 해주(海州) · 온정리(溫井里) · 역포(力浦)[59] · 평양(平壤) 등에 각 15개소가 있었다. 특공기용 엄체호는 신설하거나 기설(既設)된 것을 활용토록 했는데 차폐비닉(遮蔽 秘匿)되어 있는지 여부가 중요했다.[60] 특공기용 엄체호 정비 계획은 완수되지는 않았지만 상당한 수준까지 진척되었다.

특공기 활용에 대해서는 1945년 5월경부터 한반도에 주둔하기 시작한 제5항공군의 항공기 운용 실태를 통해서도 살펴볼 수 있다. 제5항공

58) 본토결전 지역 전체에 건설하려 했던 특공기용 엄체호는 총 2,050기에 달한다.

59) 力浦는 평양 남쪽에 있었던 지역 이름이다. 평양 주변에는 두 곳의 비행장이 있었는데, 力浦飛行場과 대동강 오른편의 平壤 東飛行場이 그것이다.

60) 「決号兵站準備要綱」, 『聯合軍司令部回答書類綴(史實調査部)』, 日本 防衛省 防衛研究所 陸軍一般史料 中央-終戰處理-3(アジア歴史資料センター C15010006600).

군은 종전 당시 총 695기의 항공기를 보유하고 있었다. 이중 활용 가능한 것이 557기, 불가능 한 것은 138기였다. 사용 가능한 항공기 중 전투기는 136기, 폭격기 38기, 수송기 13기, 정찰기 84기, 연습기 258기, 기타 28기 등이다.[61)]

그런데 「결호항공작전에 관한 육해군중앙협정」 문건에 첨부된 별지에 흥미로운 내용이 있다. '육군 항공병력 배비 및 운용 계획(陸軍航空兵力配備竝運用計畫)'라는 이름의 문건인데, 여기에 항공총군 예하 제1항공군과 제5·제6항공군의 보유 항공기 운용 계획이 담겨 있다. 이에 따르면, 제5항공군 예하에는 700기의 항공기가 편제되어 있고, 이중 일반기(一般機)를 약 200기, 특공기를 약 500기로 표기했다.[62)] 즉 제5항공군은 보유한 항공기 중 활용 가능한 거의 전부를 특공기로 편성했던 것이다.

지금도 한반도 전역에는 특공기 운용을 위해 구축했던 엄체호가 다수 남아 있다. 이들 엄체호를 단순히 침략전쟁의 결과물로만 치부하는 것은 곤란하다. 엄체호 한 기 한 기에는 강제동원 된 수많은 식민지 조선인들의 피와 땀이 굳어 있고, 아울러 각각의 엄체호마다 조선인들을 침략전쟁의 파국으로 몰고 갈 '자살공격'의 흑막이 도사리고 있었기 때문이다. 이들을 잘 보전하고 교육적으로 활용하여 다시는 이러한 전쟁 유적이 한반도에 만들어지지 않도록 해야 한다.

6. 결론

아시아태평양전쟁 말기 제국주의 일본은 식민지 조선을 본토결전 수

61) 曺健, 「전시체제기 조선 주둔 일본군의 防空 조직과 활동」, 128쪽.

62) 「決号航空作戰に關する陸海軍中央協定 別紙第1 陸軍航空兵力配備並運用計画」(アジア歴史資料センター C15010006300) 이에 대해서는 이 책 제2부 1장에서도 언급했다.

행을 위한 전장으로 계획하였다. 한반도를 본토결전의 장소로 설정한 것은 결국 '내지'의 피해를 조선에 분산시켜 천황 일족을 지키기 위한 볼모로 삼는 것에 다름 아니었다. 특히 미군의 직접 상륙이 예견되었던 제주도와 한반도 남서부는 결전에 대비한 대규모 군사시설이 구축되었고 그 상흔은 아직도 곳곳에서 발견된다. 이 글에서는 광주·전남지역에 남아 있는 일본군 전쟁유적의 실체와 성격을 살펴보았다.

일제가 아시아태평양전쟁 말기 광주·전남지역에 건설한 군사시설은 식민지배로 인한 침탈과 침략전쟁으로 인한 인적·물적 동원이 응축되어 있다는 점에서 특징적이다. 무엇보다 이들 유적이 전쟁 말기 집중적으로 건설되었다는 사실을 주목해야만 한다. 광주·전남지역은 한말 의병전쟁 이후 일본군에게 군사적으로 큰 의미를 갖는 지역은 아니었다. 그러나 중일전쟁 이후 제주도의 전략적 중요성이 증대되었고, 아시아태평양전쟁 말기에는 실제 전장화되면서 대규모 군사시설이 건설되었던 것이다. 광주·전남지역에 남아 있는 일본군 전쟁유적들은 이러한 일제의 필요에 따라 건설되었다. 이러한 점은 이곳에 잔존한 유적들의 형태와 성격을 통해서도 잘 확인된다.

이 글에서는 광주·전남지역 일본군 전쟁유적을 육군과 해군으로 나누어 살펴보았다. 광주·전남지역 일본 육군 군사시설은 '조선군축성계획'을 바탕으로 시행되었다. 주목할 점은 군사시설 건설이 해상 교통 보호와 연안 방어에 초점을 맞춰 진행되었다는 사실이다. 특히 일본군은 목포 고하도를 비롯하여 남서 연안과 도서지역에 해상 수송용 주정의 은닉을 위해 다수의 해안 동굴을 굴착한 바 있다. 일본 육군의 광주·전남지역 군사시설 중에는 목포 인근의 육군비행장 관련 유적도 있다. 목포 육군비행장은 망운비행장으로도 불렸으며 인근 해안의 수송선단 보호 목적을 띠고 있었다. 1944년 말에서 1945년 초에 건설된 것으로 확인된다. 아직도 무안군 현경면 일대에는 목포비행장과 관련된 비행기 엄체호 유적이 다수 남아 있다.

광주·전남지역 일본 해군 전쟁유적으로는 광주와 해군항공기지 관련 군사시설을 들 수 있다. 광주 해군항공기지는 1930년대 육군 비행장으로 만들어졌다가 1945년 해군이 인계받은 것이었다. 활주로는 남아 있지 않지만, 영산강 인근의 사월산과 광주학생독립운동기념회관, 그리고 5·18 역사공원 일대에 항공기지 유관 지하시설이 다수 확인된다. 여수 해군항공기지는 여수시 신월동에 자리하고 있었으며, 활주로를 해수면에 인접하게 콘크리트로 구축한 것이 특징적이다. 아울러 여천초등학교 뒤편에는 항공기지와 관련되었을 것으로 추정되는 지하시설도 남아 있다.

일제가 건설한 광주·전남지역 전쟁유적들 중에는 일본군이 특공기 은닉을 위해 구축한 엄체호가 있다. 광주·전남지역을 비롯하여 한반도 내에 남아 있는 엄체호들은 대부분 불 품 없이 버려져 있다. 사유지 내에서 창고 등으로 활용되기도 하지만, 제대로 된 보전과 활용이라고 보기는 힘들다. 무분별하게 파괴된 경우도 적지 않다. 제주도나 경남 밀양 등에 있는 엄체호의 경우 국가등록문화재로 지정되어 안내 표지판이 설치되어 있지만 그뿐이다. 다행히 지자체를 중심으로 문화재 등록과 연구 사업을 지속적으로 수행하고 있는 점은 고무적이다.[63] 앞으로도 일본군 전쟁유적의 정확한 명칭과 용도, 역사적 의미를 규명하고, 향후 다양한 활용을 위해 추가적인 연구가 필요하다.

63) 「무안 일로성당, 격납고, 방공포대 등록문화재 지정한다」, 『무안신안뉴스』, 2020.3.5.; 「일제 격납고 동굴진지 등 군사시설 125곳 제주 곳곳에」, 『연합뉴스』, 2022.11.22.

제3부
침략전쟁 말기 한반도 병참기지화의 실체와 파급

제6장
일제 말기 인천육군조병창의 지하화와 강제동원 피해

1. 서론

1946년 조선군잔무정리부(殘務整理部)는 아시아태평양전쟁 말기 한반도 내 전쟁 준비 상황에 대한 보고서에 인천시 부평구에 있었던 육군조병창을 언급한 바 있다. 잔무정리부는 여기에서 "방면군은 중앙의 보급에 의존하지 않고 자활적(自活的)으로 병기 정비에 착수하고자 인천조병창을 급히 정비(整備)"했다고 적었다.[1)] 잔무정리부가 언급한 중앙은 좁게는 '본토(本土)'의 육군 수뇌부, 넓게는 일본 열도 전체를 지칭하는 것이었다. 일본군은 인천육군조병창을 군 중앙과 열도의 지원이 없는 상황에서 '스스로' 연합군과 '결전(決戰)'할 수 있도록 '정비'시켰던 것이다. 과연 잔무정리부가 적시한 조병창의 '자활'과 '정비'는 무엇을 말하는 것일까.

오랫동안 잔무정리부의 기록은 일반적인 전시 활동을 일컫는 것으

1) 朝鮮軍殘務整理部, 「朝鮮に於ける戰爭準備」, 1946(宮田節子 編·解說, 『朝鮮軍概要史』, 不二出版社, 1989, 수록).

로 인식되었다. 일제가 1945년 초부터 추진했던 한반도 남서해안과 제주도 일대의 대규모 군사시설 구축이 수많은 해안 동굴과 비행장 등을 통해 확인되었으나 이들이 부평의 조병창과 직접 관련이 있을 것이라는 증거는 찾기 힘들었다. 그런데 최근 인천육군조병창을 둘러싼 '자활'과 '정비'의 실체를 확인할 수 있는 자료가 발굴되었다. 일본 방위성 방위연구소에 소장되어 있는 자료 속에서 일제가 미군의 상륙에 대비하여 인천육군조병창을 '지하화'[2]하려는 계획 문건이 발견되었던 것이다.[3] 일제의 조병창 지하화는 이른바 본토결전에 따른 조처였고, 한반도의 영토와 사람들을 침략전쟁의 최후 순간까지 볼모로 희생시키려는 핵심 계획이었다.

그러나 지금까지 일제의 본토결전과 인천육군조병창의 관계, 그리고 지하시설의 실체에 관한 연구는 진행된 바가 없었다. 연구 부진은 무엇보다 자료의 한계로 인한 것이었다. 인천육군조병창의 설치와 조선인 강제동원에 관한 연구는 몇 편의 성과로 발표되었으나 그 역시 보완할 과제가 적지 않다.[4] 특히 중일전쟁 이후 일본 육군의 대륙 침략 정책 속

2) 이 글에서 '지하화'는 좁은 의미로 조병창 시설의 지하 이전을 의미하고, 넓은 의미로는 지하 이전과 함께 그에 수반한 시설 공사, 그리고 조병창 조직의 변화까지를 포함한다.

3) 『昭和20年3月 隷下部隊長會同の際の兵器生産 狀況報告(仁川陸軍造兵廠)』, 陸軍一般史料 中央–軍事行政兵器–41(ｱｼﾞｱ歴史資料ｾﾝﾀｰ C14010849100~C14010849300). 인천육군조병창장이었던 和氣忠文가 1945년 3월 본토결전에 따른 조병창의 생산 실태와 향후 계획을 보고한 문건이다. 형식상 본문과 별책으로 양분되어 있는데 조병창의 지하화 계획이 담겨 있는 별책 부분의 내용이 주목 된다. 조병창의 지하화에 따른 지하공장 건설과 조선인 동원 계획을 통해 일제가 자행한 침략전쟁의 무모함과 허구성을 확인할 수 있는 사료이다. 보고 문건은 총 5개로 나누어진 본문과 7개의 별책으로 구성되었다. 일본 방위성은 이 문건을 총 3개로 나누어 편철했는데 그 과정에서 순서가 뒤바뀐 부분이 있어 독해에 주의가 필요하다. 『昭和20年3月 隷下部隊長會同の際の兵器生産 狀況報告(仁川陸軍造兵廠)』는 최근 『한반도주둔일본군 사료총서 7 일제 말기 조선군의 전시동원과 식민지배』(역사공간, 2021)라는 제목의 사료집 안에 번역 출간되었다.

4) 인천육군조병창에 관한 연구는 이상의의 논문과 저서를 들 수 있다. 이상의, 「아시아태평양전쟁기 일제의 인천조병창 운영과 조선인 학생동원」, 『인천학연구』 25, 2016; 국사편찬위원회, 『일제의 강제동원과 인천육군조병창 사람들(이상의 면담 및 해제)』, 2020.

에서 인천육군조병창의 설치 배경과 조직, 역할과 위상, 구체적인 병기 생산 실태와 활용, 식민지 병참기지화정책과의 관련성, 조병창 구성원들과 유관 군수업체의 행적 등에 관해서는 향후 지속적인 연구가 필요한 실정이다.

이 글은 인천육군조병창과 관련된 여러 연구 주제 중 아시아태평양전쟁 말기 진행된 지하화에 주목하였다. 일제는 최후 결전을 앞두고 열도는 물론 한반도 내 군사시설의 지하화를 광범위하게 추진한 바 있다. 미군의 공습과 상륙을 방어하면서 마지막까지 천황을 지키기 위해 안간힘을 쓴 흔적이었다. 식민지였던 한반도는 일제의 이러한 정책에 속수무책 따를 수밖에 없는 처지였다. 수많은 사람들이 침략전쟁 수행을 위해 동원되었고 수도 없이 많은 산과 들이 군사적 목적으로 파헤쳐졌다. 조병창의 지하화는 침략전쟁을 지속하기 위한 '정비'의 흔적에 그치지 않고 식민 지배를 당해야만 했던 우리의 영토와 민중이 맞닥뜨렸던 전쟁 피해의 참상을 생생히 증명한다는 점에서 매우 중요하다.

2. 인천육군조병창의 설치와 역할

인천육군조병창이 공식적으로 편성된 것은 1940년 12월 2일이었다.[5]

이상의의 연구를 통해 인천육군조병창의 설립과 운용, 특히 '학생동원'의 실태가 밝혀졌다. 다만 일부 증언을 위주로 한 서술로 인해 사실관계에 오류가 있는 내용이 눈에 띈다. 예컨대 조병창 건설 당시 헌병대와 육군 1개 연대가 상주했다는 내용은 사실이 아니다. 인천육군조병창에 초점을 맞춘 것은 아니지만 부평 지역의 관련 유적에 관한 저작으로 다음을 참조할 수 있다. 한만송, 『캠프 마켓: 아픈 희망의 역사 부평 미군기지를 말하다』, 봉구네책방, 2013; 이완희, 「한반도 내 최대 무기제조공장, 인천조병창」, 『한반도는 일제의 군사요새였다』, 나남, 2014; 김현석, 『강제동원&평화총서 감동8 우리 마을 속의 아시아태평양전쟁 유적-인천광역시 부평구』, 선인, 2019.

5) 「朝鮮軍管區部隊」, 『部隊行動表』, 陸軍一般史料 滿洲-朝鮮-199(ｱｼﾞｱ歴史資料ｾﾝﾀｰ C13020876000).

그러나 애초 일본 육군이 부평 지역을 육군조병창의 후보지로 낙점한 것은 1939년 초로 판단된다. 1939년 8월 9일 육군조병창 장관 고스다 가쓰조(小須田勝造)가 육군대신 이타가키 세이시로(板垣征四郎)에게 보낸 「토지 매수의 건 신청」이라는 문건에는 인천 부평 일대에 '조선공창(朝鮮工廠)' 건설을 위해 토지 매수가 필요하다는 내용이 기재되어 있다.[6)]

> 토지 매수의 건 신청(1939년 8월 9일)
> 육군조병창장관 고스다 가쓰조
> 육군대신 이타가키 세이시로 귀하
> 군수동원 실시에 따른 朝鮮工廠(가칭) 신설이 필요하여 별지의 지도에 표시된 바와 같이 제20사단 경리부 소관 부평연습장 72만 8천여 평의 이관을 받는 것 외 붉은 글씨의 구역을 대략 다음과 같이 임시군사비 축조비 영달 예산 내에서 토지 매수를 신청합니다.
> 아울러 인가 후 조선군경리부장에 매수 위탁할 예정입니다.
> 1. 장소: 조선 경기도 부천군 부내면 산곡리 및 대정리 소재 부평연습장 인접지
> 매수 토지 면적: 약 43만평
> 부평연습장 동방 약 24만평, 북방 약 15만평, 남방 약 4만평[7)]

1939년 8월 토지 매수를 신청할 당시만 해도 육군조병창 장관 고스다는 부평의 해당 시설을 조선공창으로 가칭하고 있었다. 이 문건은 일본 육군이 부평 일대에 조병창을 건설하기 위해 추진하며 세웠던 구체적인 계획 중 최초의 것으로 주목된다. 다만 토지 매수와 관련하여 다음 두 가지 점을 추가로 주목할 필요가 있다.

첫째, 조선공창 신설 부지가 애초 용산 주둔 제20사단 경리부가 소관하고 있던 부평연습장 72만 8,000여 평을 바탕으로 했다는 것이다.

---

6) 인천육군조병창의 설치 과정에 대해서는 김현석의 『우리 마을 속의 아시아태평양전쟁 유적-인천광역시 부평구』, 24~27쪽에 잘 서술되어 있다.

7) 「土地買収ノ件申請」, 『昭和14年 密大日記』 第5册. アジア歴史資料センター C01004619300.

일본군이 부평에 육군조병창을 건설한 것은 이 지역이 경성과 인천을 잇는 중간으로 인적·물적 자원 동원에 용이하고, 교통이 편리하며, 주변이 계양산·철마산·원적산 등 산지로 둘러싸여 방위에도 적합했기 때문이었다. 여기에 애초 부평 일대가 군용지로 편입되어 있었기 때문에 사유지를 별도로 수용할 필요가 없었던 것도 조병창을 부평에 건설하게 된 주요한 요인이었다. 군용지를 활용할 경우 막대한 예산을 절감할 수 있고 아울러 토지 수용에 따른 원주민의 저항도 무마할 수 있었다.

둘째, 군용지 외에 필요한 토지는 임시군사비를 활용할 계획이었던 것으로 보인다. 인천육군조병창은 당시 경기도 부천군 부내면 산곡리와 대정리에 소재한 부평연습장을 중심으로 한 인근에 건설되었다. 대부분의 시설은 군용지를 활용할 수 있겠지만 그럼에도 부족한 토지는 별도로 매수해야만 했다. 일본 육군은 이 매수비용을 임시군사비로 충당하고자 했다. 그런데 육군의 임시 군사비는 원칙상 전쟁 수행을 위해 한시적으로 운영되었던 예산이었다. 일본은 청일전쟁, 러일전쟁, 제1차 세계대전과 이어지는 시베리아 혁명 간섭전쟁, 그리고 아시아태평양전쟁 등 총 네 번의 전쟁에서 임시 군사비를 운용했다. 결국 일제의 침략전쟁과 임시 군사비는 불가분의 관계를 가지고 있었다.[8] 임시 군사비는 전쟁 수행을 위한 예산으로 그 목적 자체가 불순한 것이었지만 더욱 큰 문제는 그 전용에 있었다. 애초 전쟁 수행을 위해서만 사용되어야할 임시 군사비가 전용되어 전쟁과 직접 관련이 없는 곳에까지 쓰였던 것이다.

특히 임시 군사비를 이용한 군비 확장은 원래 목적을 벗어나는 것으로 제국의회의 비판을 받기도 했다.[9] 요컨대 부평에 육군조병창 부지를

8) 일본군의 임시군사비 전용에 관해서는 윤현명의 성과를 참고할 수 있다. 윤현명, 「근대 일본의 임시군사비에 대한 일고찰」, 『한국학연구』 28, 2012; 「중일전쟁기 일본 제국의회의 임시군사비 심의」, 『일본역사연구』 46, 2017; 「중일전쟁기 일본 육해군의 임시군사비 전용 문제 분석-제국의회의 논의를 중심으로-」, 『군사』 119, 국방부 군사편찬연구소, 2021.

9) 윤현명, 「중일전쟁기 일본 육해군의 임시군사비 전용 문제 분석」, 622~623쪽.

임시 군사비로 매입한 것은 애초 용도를 벗어난 것으로 그 자체로 문제의 소지가 있었다. 중일전쟁 수행을 위해 건설된 시설이었지만, 그럼에도 조병창이 명백한 군비 확장 시설로 계획되었음은 분명하기 때문이다.

한편 위 문건과 함께 편철되어 있는 1939년 8월 10일자 육군성 병기국의 문건에는 부평 지역에 육군의 공창이 필요했던 이유를 좀 더 분명히 서술하고 있다. 이에 따르면 "만선 북지에 대한 수송의 신속·안전"을 도모하고 "조선 내 병기 공업 능력의 비약적 발전"을 꾀하기 위해 경성 근방에 총기류 생산을 주 임무로 하는 제조소를 설치해야한다고 기재되어 있다.

> 조선 내 제조소 증설의 설명 개요 1939.8.10.(병기국)
> 만선(滿鮮) 북지(北支)에 대한 수송의 신속 안전 및 조선 내 병기 공업 능력의 비약적 발전을 기하기 위해 경성 근방에 총기류의 생산을 주 임무로 하는 제조소 한 곳을 설치한다.
> 본 제조소는 우선 고쿠라공창장의 예하에 두는데 1940년도에는 평양병기제조소와 함께 새로 설립할 조선공창에 예속토록 한다.
> 1. 설비 능력
> 1) 제조소 설비 목표는 다음과 같다.
> 소총 월 생산 2만 정, 경기관총 월 생산 100정,
> 중기관총 월 생산 100정
> 총검 월 생산 2만 진, 군도 월 생산 1천 진
> 2) 부지는 약 100만 평
> 단, 장래 공창 본부 및 실포류 생산을 주임무로 하는 1개의 제조소를 본 부지내에 설치할 수 있도록 여지를 둘 것.

병기국의 문건에는 공창으로 계획된 조병창의 조직 및 역할에 대해 좀 더 구체적인 내용이 담겨 있다. 우선 병기국 문건에는 부평에 계획하는 시설을 '조선공창'이라고 지칭하면서 예하에 두 개의 제조소를 둘 것으로 계획하고 있다. 특히 부평에 건설된 제조소는 총기류 생산을 주

임무로 한다는 점을 명시하고 있었다. 비록 제조소를 고쿠라공창장의 예하에 둘 것이라고 적었지만, 훗날 인천육군조병창이 부평과 평양 두 곳의 제조소를 예하에 두고 총기류 생산을 주요 임무로 하게 되었던 조직 및 역할의 골자가 이 문건에 드러나 있었다고 볼 수 있다.

조선 내 공창을 건설하기 위한 토지 매입, 그리고 관련 시설물 공사는 이듬 해 말이 되어 마무리 된 것으로 보인다.[10] 애초 조선공창으로 가칭했던 시설은 공식 명칭을 인천육군조병창으로 하여 문을 열었다. 인천육군조병창이 개창식을 열고 본격적으로 업무를 시작한 것은 1941년 5월 5일이었다.[11] 개창 당시 완성된 공장은 총검공장(銃劍工場)과 견습공들의 연습공장 정도였다.

한편 부평의 육군조병창 설치와 관련하여 다음과 같은 증언도 있다. 요시하라 이사무(吉原勇)가 쓴 「인천에서의 70년」에는 다음과 같이 부평에 조병창이 설치되던 당시의 일화가 기재되어 있다.

> 1938년, 나가이 부윤이 부평 고쿠라 무기 제조창 분소 형태로 무기 제조 공장을 유치하는 데 성공했다. 일본의 손에 의해 만주국이 건국 된 군비 확충이 주장되고 있던 시대이다. 인천항을 갖고, 경성을 배경으로 만주국도 가까운 인천은 지리적으로도 우수했다. 고쿠라 무기 제조창 분소는 바로 인천 무기 제조창으로 격상되었다.[12]

요시하라는 조병창의 부평 설치가 부윤 나가이 데라오(永井照雄)의 유치 운동에 힘입었다고 적었다. 조병창이 부평에 설치된 이유로 지리

10) 인천육군조병창의 건설에는 당시 일본의 주요 토건업체들이 다수 참여하였다. 関東組, 多田組, 清水組, 玉藻組, 間組 등이다.

11) 「6. 仁川陸軍造兵廠」, 『昭和16年 5月 朝鮮視察報告』(整備課 近藤少佐), 陸軍一般史料 滿洲-朝鮮-379(ｱｼﾞｱ歴史資料ｾﾝﾀｰ C13021433900).

12) 吉原勇, 「仁川の七十年」('仁川を想う會'(https://jinsendayori.jimdofree.com)/仁川のお話에 게재된 자료).

적·군사적인 것 외 해당지역의 적극적 유치도 한 몫을 했다는 것이다. 특히 나가이의 유치운동이 1938년부터 시작된 것으로 적고 있는데 이미 중일전쟁 직후부터 한반도 내 대규모 군사시설 구축의 움직임이 있었다는 점을 암시하는 것으로 판단된다.

이를 종합해 보면, 중일전쟁 직후부터 한반도 내 병기 제조소, 또는 공창 건설을 위한 활동이 있었고, 이에 따라 1938년 인천을 비롯한 지역에서 관련 시설 유치운동이 시작되었다. 그리고 1939년 8월에는 육군 측에서 구체적인 계획이 수립되었고 병기공장 건설에 착수하게 되었으며,[13] 마침내 1940년 12월 인천육군조병창이 공식 편성되었고, 이듬해인 1941년 5월 개창했던 것이다.

인천육군조병창은 1941년 개창 이래 부평의 제1제조소와 평양제조소를 중심으로 병기 생산 및 수리에 전념했다. 조병창 내에는 3개의 공장지대가 있었는데 각 공장지대마다 소총과 탄약, 총검, 군도 등을 나누어 생산하였다.[14] 이밖에 창고, 숙사, 병원, 공업용 수도, 도로 및 철도 등이 건설되어 있었다. 인천육군조병창은 설치 이후 조직 자체에 큰 변화 없이 운영되다가 1945년 초 본토결전 방침에 따라 제조소 신설과 부대시설 확충, 그리고 지하공장 등의 건축이 이어졌다. 1945년 6월에는 남만조병창과 동일하게 육군병기본부 예하를 벗어나 조선군관구 아래로 편입되었다.

인천육군조병창에서 생산한 병기들은 크게 육상병기, 항공병기, 그리고 해상병기 등으로 나눌 수 있었다. 이 중 소총·탄약 등 육상병기는 주로 부평의 제1제조소에서 생산했다. 잠수정을 비롯하여 주정 등의 운송정은 조선기계제작소 등이 맡았다. 전국에 산재한 항만의 공장에서도

13) 宮田節子 編·解說, 『朝鮮軍概要史』, 114쪽에는 아래와 같은 기록이 있다. "인천 육군공창은 조선군 및 경성, 인천 간의 관민의 열의를 일본 육군이 인정하게 되어 1939년 착공하게 된 것으로, 주로 소총 탄약, 소구경 화포 탄약, 총검, 수류탄, 경차량의 제작을 위해 조선하청공장을 전면적으로 배양·육성하고…".

14) 이상의, 「아시아태평양전쟁기 일제의 인천조병창 운영과 조선인 학생동원」, 171쪽.

관련 병기를 생산한 것으로 확인된다. 마지막으로 항공병기는 평양병기제조소에서 주로 담당했다. 인천육군조병창의 병기 생산 총액은 1942년 2,700만 엔, 1943년 2,630만 엔, 1944년에는 이전 해보다 거의 두 배에 가까운 4,500만 엔이었다고 한다.[15)]

〈표 1〉 1944년도 인천육군조병창 주요 병기 생산 실태

병기명	생산 실태
소총	刃工檢[16)] 부족과 요원을 항공 생산 협력을 위해 內地로 파견함에 따라 일시 생산이 저하되었다. 그러나 현재 설비, 특히 기계 수리의 철저, 인공검의 정비, 제조 방식의 재검토 등 생산 상의 애로점을 타개하고자 銳意 노력하며 회복에 힘썼다. 본년도에 6만 정은 확보하려고 노력 중인데 소총의 증산은 인공검의 완비 여하에 있기 때문에 자주적 정비에 힘쓰고 있다. 본부 및 관계 조병창의 협력을 바란다.
총검	대체로 예정과 같이 진척 중인데 신규 민간공장을 이용하고, 재료 중에서도 무엇보다 목재의 취득이 곤란하며, 기술도 미숙하여 예정된 생산을 할 수 없었다. 그러나 대체로 생산 궤도에 오르게 되어 앞으로는 획기적 증산에 매진할 수 있는 태세가 된 상태이다.
지상 탄환	지상 탄환은 조선 내 능력을 전면적으로 이용하여 작업을 수행 중이다. 특히 증산 지령이 있었던 97식 곡사 100식 유탄 20만 발, 12센티미터 追擊砲 2식 유탄 5만 발은 각각 완성 될 것이다.
항공 탄약	37밀리미터 포탄환은 14만 발을 완성하려고 노력 중으로 그 완료 후에는 신규 정비품목인 30밀리 포탄환으로 전환하고자 준비 중이다.
유(ゆ)[17)]	이미 순차 보고된 상황처럼 겨울철 작업은 어렵게 시행한 상태이다. 약간 작업이 지연되어 이미 진수 완료된 것 6척, 이번 연도 내에 확실한 진수 7척, 또한 인도 완료는 5척으로 예정하고 있다. 그 달성은 특별히 내지 취득 부품의 촉진에 있으므로 관계 조병창과 밀접한 연계에 힘써 그 협력을 얻었다.
항공기 부품	본년도 약 10만 원을 계획으로 그 전부를 완성할 예정이다. 이밖에 관련 공구 450만 원 정도를 작업 중인데 소요 자재는 점차 최근에 입수되는 상황으로 현재 그 촉진을 위해 주의 깊게 노력 중이다

15) 1945년도 병기 생산액은 1,500만 엔이었다.(宮田節子 編·解說, 『朝鮮軍概要史』, 117쪽)

16) 병기를 제작하기 위해 필요한 공구를 말한다. '戰備材料'라고도 쓰는데, 刃具와 工具, 檢査具를 통칭한 것이다.

17) 3식 수송잠항정 마루유(まるゆ)를 말한다. 동그라미 속에 'ゆ'를 써서 표기하였다.

인천육군조병창에서 1944년까지 생산한 주요 병기들의 현황에 대해서는 1945년 3월에 작성된 『쇼와20년 3월 예하부대장 회동시 병기생산 상황보고-인천육군조병창(昭和20年3月 隷下部隊長會同の際の兵器生産 狀況報告-仁川陸軍造兵廠)』(이하 『1945년 상황보고』)에 상세하게 기술되어 있다. 당시 인천육군조병창장이었던 와케는 인천육군조병창의 병기 생산을 1944년 현재 병기행정본부가 정한 최고 목표 대비 97%, 최저 목표에 대비해서는 105%를 달성할 만큼 성공적이었으며, 이는 전년도 대비 32% 증대된 수치라고 평가했다. 아래는 와케가 보고한 1944년도 인천육군조병창의 주요 병기 생산 실태를 정리한 내용이다.

인천육군조병창이 생산한 병기들 중에서 유독 눈에 띄는 것이 있다. 이른바 마루유라고 불렸던 3식 수송잠항정(3式輸送潛航艇)이다.[18] 마루유는 그 특성상 부평에서 직접 생산할 수 있는 병기는 아니었다.[19] 마루유는 인천 만석정에 있었던 조선기계제작소에서 생산되었으며 조병창은 제작소를 관리 감독하면서 전쟁 말기까지 잠수함을 생산해 냈다.[20] 조선기계제작소는 1944년까지 총 6척의 마루유를 진수한 바 있었다. 잠수정 건조에 참여했던 김재근 역시 조선기계제작소가 완공한 마루유는 총 6척이었고, 10척 정도가 시운전에 들어간 상태였다고 증언하기도 했다.[21]

---

18) 마루유는 '수송(輸送)'의 일본식 발음인 '유소(ゆそう)'의 앞 글자를 원 안에 넣은 데서 유래했다. 조선기계제작소와 마루유의 생산에 대해서는 배석만, 「일제시기 조선기계제작소(朝鮮機械製作所)의 설립과 경영(1937~1945)」(『인천학연구』 10, 2009.), 182~189쪽에 상세하게 기술되어 있다.

19) 애초 잠항정을 해군이 만들지 않고 건조 경험이 전무했던 육군조병창의 관리 아래에서 제작한다는 것부터 문제가 있었다.(배석만, 「일제시기 조선기계제작소(朝鮮機械製作所)의 설립과 경영(1937~1945)」, 183~185쪽.)

20) 宮田節子 編·解說, 『朝鮮軍概要史』, 114쪽. 『조선군개요사』는 조선기계제작소를 인천조선기계공장이라고 지칭하면서 인천육군조병창이 "잠수정 급조의 요구에 따라 인천조선기계공장을 감독해 그 완성을 도모"했다고 적었다.

21) 한만송, 『캠프 마켓』, 봉구네책방, 2013, 68~69쪽.

한편 인천육군조병창에는 1939년부터 1945년까지 2~3명의 조병창장이 있었던 것으로 추정된다. 1939년 설립 당시 조병창장에 대해서는 명확히 알 수 없지만, 1942년에는 다이코 기사부로(大幸喜三郎)라는 인물이 조병창장으로 재직하고 있음이 확인된다. 다이코 창장은 1943년 초 일본 화병학회(火兵學會)에서 발행하는 『화병학회지』 36(5)집에 「화포의 안전 담당자에 대하여」라는 글을 게재한 것으로 보아 화포 병기 전문가였던 것으로 보인다.

1943년 10월경부터 1945년 패전 때까지 인천육군조병창장을 역임한 인물은 와케 다다후미(和氣忠文) 대좌였다. 1943년 10월 『매일신보』 '인사'란에 와케 창장이 인사차 방문했다는 기사가 게재되었는데,[22] 신임 청장 부임인사차 방문이었던 것 같다. 이후 더 이상의 차장 인사는 없었다. 즉 와케는 아시아태평양전쟁기 한반도 병참기지화의 핵심시설을 장악한 인물이었다. 와케는 교토제국대학 공학부를 1927년에 졸업한 인물로 같은 대학 공학부 전기과 교실 내 동창모임인 낙우회(洛友會)의 회보에 이름이 확인된다.[23] 그는 인천육군조병창장 재임시절이던 1941년 『고도국방국가(高度國防國家)의 신산업 도덕의 제창』이라는 제목의 저서를 집필한 바 있었고, 이듬해 4월에는 『국방기술(國防技術)』이라는 책에 「국방기술과 과학 및 경제」라는 제목의 글을 게재하기도 했다.[24]

22) 「人事」, 《毎日新報》, 1943년 10월 31일자.

23) 『洛友會會報』 25号, 昭和32年 8月 1日.

24) 和氣忠文, 『高度國防國家の新産業道德の提唱』, 藤田遷善堂, 1941; 「國防技術と科學及經濟」, 多田禮吉 編, 『國防技術』, 白揚社, 1942.

3. 인천육군조병창의 지하화 계획과 실행

1) 조병창의 지하화 배경과 계획

중일전쟁 이후 중국 전선에 쏟아 부을 전쟁 물자 생산에 집중하던 인천육군조병창은 1941년 말 확전 이후 새로운 전국을 맞이하였다. 주지하듯 초기 전황은 일본에 유리했다. 동남아시아와 진주만에 대한 기습공격에 승리한 이후 일본은 인도차이나반도와 뉴기니, 그리고 서태평양의 대부분 지역을 점령하게 되었다. 그러나 초전 승리의 영광은 오래가지 않았다. 결국 1943년 초에 종료된 과달카날 전투를 분기점으로 일제는 점차 패망의 길로 접어들게 되었다.

일제는 1944년 이래 태평양 일대 제해권과 제공권 대부분을 상실하게 되었고 이로 인해 일본 열도에 대한 미군의 공습이 현실화되었다. 인천육군조병창 역시 하늘에서 쏟아지는 폭탄을 이겨내면서 전쟁을 지속하기 위해서는 군사시설과 생산한 병기를 은닉할 필요가 대두되었다. 그리고 공장과 병기의 은닉을 위해 선택한 최종 수단은 이들을 지하로 옮기는 것이었다. 실제 일제는 1945년 초부터 한반도의 지하에 수많은 군사시설을 구축하면서 마치 한반도 전체를 미군의 공습과 상륙에 대비한 지하벙커로 변모시켰다.[25)]

일제의 1945년 초 한반도 군사기지화는 '본토결전'이라는 일본 열도 방위작전에 따른 것이었다. 이른바 국체호지(國體護持)를 명목으로 최후의 1인이 '옥쇄'할 때까지 결전을 불사한다는 것이었다. 그런데 이 와중

25) 일제 말기 한반도 내 일제 군사유적에 대해서는 문화재청이 2013년부터 2016년까지 발간한 보고서를 참조할 수 있다. 문화재청은 2013년부터 2015년까지 수도권과 강원도를 제외한 전국을 세 지역으로 나누어 조사를 시행한 뒤 관련 보고서를 발행한 바 있다. 2016년에는 앞선 3개년도 보고서를 종합하여 보고서를 간행하였다. 문화재청, 『태평양전쟁유적 일제조사 종합분석 연구보고서』(연구기관: 명지대 한국건축문화연구소), 2016.

에 지금껏 일본 열도와 그 외 지역, 즉 내 외지(內·外地)를 그토록 분명히 구분하던 제국주의 일본이 '본토'의 영역 속에 식민지 조선을 끼워 넣었다.

특히 일본 육군은 본토 결전에 따른 결호작전(決號作戰)을 구상하면서 방어지역을 7개의 작전구역으로 나눴는데 여기에 한반도를 포함시켰다.[26] 결호작전은 1945년 초 「제국육해군작전계획대강」 중 육군 측의 작전계획을 일컫는 것이었다. 결호작전에 따른 작전지역 구분은 〈그림 1〉과 같다.

〈그림 1〉 「決号作戰準備要綱」에 따른 작전구분도(『歷史群像シリーズ 太平洋戰爭 8』, 学研パブリッシング, 2010, 13쪽.)

26) 결호작전은 1945년 초 「帝國陸海軍作戰計劃大綱」 중 육군 측의 작전계획을 일컫는 것이었다. 결호작전의 대강에 대해서는 防衛廳 防衛硏修所 戰史室, 『戰史叢書-本土決戰準備(1) 關東の防衛』(朝雲新聞社, 1971.), 305~313쪽을 참고할 수 있다.

한반도가 갑작스레 본토결전의 범주에 포함된 데는 두 가지 이유가 있었다. 첫째는 전화의 피해를 거의 입지 않은 한반도와 조선 민중들에게 아직 전쟁을 수행할 수 있는 여력이 있다고 판단했기 때문이다. 천황을 지키기 위해서는 일본 열도만으로는 부족했기 때문에 한반도까지 전선을 확장시켜 미군의 공격을 분산·지연시킬 필요가 있었을 것이다.

둘째는 한반도를 최후 방어선에 포함시켜야만 열도의 주권을 온전히 할 수 있다는 생각이었다. 패전을 앞둔 일본 제국주의자들에게는 고래로부터 온전히 유지되어 왔던 열도가 연합국에 의해 분할 점령되는 일은 상상할 수 없었다. 패전의 책임을 지고 영토가 분할 점령되는 화가 닥쳤을 때, 그 희생양으로 제공할 땅덩어리가 필요했다.[27] 그렇잖아도 만세일계(萬世一系)의 동족이며, 내선일체(內鮮一體)로 늘 하나가 되었다고 떠들어왔던 만큼 식민지 조선, 즉 한반도는 희생양으로 너무도 적합하게 보였다. 일제의 본토결전 속에 한반도가 포함되어 함께 악화된 전황의 한 가운데로 굴러 떨어지게 된 연원은 이와 같았다.

일제의 전시 최고 통수기구인 대본영은 한반도에 주둔하는 일본군을 제17방면군과 조선군관구로 재편하였다. 제17방면군은 야전부대로 조선의 방위를 담당했으며 조선군관구군은 보충·교육·경리·위생·위수 업무를 맡게 되었다. 조선군관구사령관은 작전에 관해 제17방면군의 지휘를 받도록 규정되어 있었는데, 실제로는 제17방면군사령관과 조선군관구사령관이 겸직하면서 권한 문제는 발생하지 않았다.

제17방면군 및 조선군관구의 편성과 더불어 본격적으로 미군 상륙에 대비한 방어기지가 한반도에 구축되었다. 주로 상륙이 예상되었던 한반

27) 스탈린은 미국과의 종전 교섭 중 일본 열도 중 하나인 홋카이도의 분할 점령, 더 나아가 4개국에 의한 도쿄의 분할 점령을 제안했다고 한다. 물론 미국은 이 제안을 거부하고 일본 열도에 대한 '독점권'을 관철시켰다. 주목할 점은 연합국이 이러한 교섭을 하는 도중에 일본이 지속적으로 만주와 한반도를 마치 '흥정'의 대상인 것처럼 다뤄왔다는 사실이다.(하세가와 쓰요시 지음, 한승동 옮김, 『종전의 설계자들-1945년 스탈린과 트루먼, 그리고 일본의 항복』, 메디치, 2019, 75, 131, 152쪽)

도 남서 해안에 엄체호나 포대를 구축하고 물자 수송용 또는 자살공격용 해안 동굴을 굴착하는 일이었다. 미군의 공습을 피하면서 한반도 내 본토결전을 총 지휘할 수 있는 지하시설 건설도 추진되었다. 지하에서라도 총을 만들어 '최후의 일인'까지 미군과 교전하기 위해 조병창 역시 지하 깊숙한 곳으로 옮기는 계획이 입안되었다.

일제가 부평의 육군조병창을 지하화 했던 가장 직접적인 이유는 미군의 공습을 피하기 위해서였다. 일본군은 일찍부터 미군의 공습에 대비하여 식민지 조선에 방공지구를 설정하고 방공부대를 확충했으며 민간인을 포함한 대규모 방공훈련을 실시하기도 했다. 그러나 방공지구 개편을 뒷받침할 만한 방공부대나 방공망, 방공시설 등은 턱없이 부족한 실정이었다.[28]

패전 이후 일본군이 미군에게 제출한 자료를 살펴보면 한반도 주둔 일본군이 각 지역별로 배치하고 있었던 방공부대 및 병기 현황을 확인할 수 있다. 경기도에는 인천과 개성에 각각 방공부대가 배치되어 있었는데 인천에 고사포 제151연대 1개 중대가 개성에는 고사기관총 진지가 자리했다. 부평이 포함되는 인천 지역의 고사포 1개 중대가 보유한 방공 병기는 고작 고사포 여섯 문뿐이었다.[29] 이 여섯 문으로 일본군은 인천 항만과 부평의 거대한 조병창 모두를 지키고자 했다.

요컨대 일본군의 방공능력이 미군 공습을 방어하기에 한계가 있었던 탓에 인천육군조병창은 이를 극복하기 위한 방편으로 주요 시설물의 지하화를 추진했던 것이다.

조병창의 지하화와 관련해서는 일단 두 가지 주목할 만한 기술이 있

---

28) 조선 주둔 일본군의 방공부대 배치와 방공망 편성에 대해서는 조건, 「전시 총동원 체제기 조선 주둔 일본군의 조선인 통제와 동원」, 동국대학교 박사학위논문, 2015, 115~125쪽을 참고하였다.

29) 「高射部隊配置要圖(1945.9.2.)」, 『在南鮮 日本軍 部隊概況報告』, 日本 防衛省 防衛研究所 所藏資料(滿洲-朝鮮-44).

다. 우선 조선총독부 관료였던 모리타 요시오가 기록한 것으로 패전 직전 한반도 주둔 일본군의 작전 계획에 관한 것이었다. 그는 다음과 같이 술회하였다.

> 남조선이 전장이 될 때에 군사령부는 대전으로 전진하는데 그때 쓰고자 대전공원 중에 대규모 방공호를 파고 종전 시는 회칠만 되어 있었다.(제17방면군 참모장 이하라 준지로 담) 당시 제17방면군 참모 겸 조선총독부 어용괘, 육군 중좌 다케토미 씨의 담에 의하면, 군은 장기 항전을 기도하여 경상남도의 거창, 경상북도의 상주, 충청남도 대전을 잇는 산간 지구에 작전에 필요한 자재와 제작기계 공장 건설을 계획, 겸이포의 일본제철소 및 인천조병창의 일부를 이곳에 이주할 준비를 개시했다.[30]

모리타 요시오에 따르면, 한반도 주둔 일본군은 미군이 상륙하는 즉시 군사령부를 대전으로 옮기고 결전 태세로 전환하는 한편, 공습을 막기 위해 대전에 대규모 지하시설을 구축했다고 한다. 또한 장기전을 위해 거창과 상주, 그리고 대전을 잇는 산간에 대규모 군수공장을 건설할 계획도 수립했다. 특히 이 지하 군수공장에 황해도 겸이포(兼二浦)[31]의 제철소와 인천의 조병창 일부를 이주할 준비를 했다. 모리타가 분명히 밝히고 있듯이 조병창의 지하화 계획은 기정사실이었다. 다만 그 장소가 어디인가가 문제였다. 실제 상주와 대전을 잇는 산간 지구, 즉 충북 영동지구에는 인위적으로 조성된 대규모 지하시설이 확인된 바 있다.

모리타의 기술은 대체로 사실로 보인다. 그가 지칭한 내용이 현재 잔존해 있는 구조물로 확인되기도 했지만, 그 진술의 전달자를 직접 언급하면서 신빙성을 더했기 때문이다. 모리타에게 한반도 주둔 일본군 군

30) 森田芳夫, 『朝鮮終戰の記錄』, 巖南堂書店, 1964, 18~19쪽.

31) 겸이포는 황해도 대동강변에 위치한 송림항을 말한다. 청일전쟁 당시 군항으로 정비되는 과정에서 항구 건설 지휘를 맡은 일본군 와타나베 겐지(渡辺兼二)의 이름을 따서 겸이포라 불렀다. 겸이포에는 미쓰비시가 건설한 제철소가 있었다. 현재 황해도 송림시이다.

사시설의 지하화 계획을 이야기 한 사람은 제17방면군 참모장이었던 이하라 준지로(井原潤次郎)와 조선총독부 무관 다케토미(武富)였다고 한다. 모두 실제 관련 기획을 직접 입안하거나 중요 사안에 개입했을 가능성이 큰 인물들이었다. 모리타의 기술은 한반도 주둔 일본군이 직접 작성한 자료에서도 유사하게 확인된다.

일본군의 지하사령부를 비롯한 지하시설 건설과 관련한 두 번째 기술은 서론에서 언급했던 1946년 조선군잔무정리부의 보고에서도 찾아볼 수 있다.

> 군은 장차 방면군 전투사령부를 대전에 설치하기로 결정하고 … 한편 군수품의 집적을 위해 정찰을 실시하고 그 복곽적(複廓的) 중심지대를 남선의 대전과 대구 사이 지구로 선정하였다. 그리하여 군비는 대거 팽창하였으나 군의 병기 생산과 정비가 이를 따르지 못하자, 방면군은 중앙의 보급에 의존하지 않고 자활적으로 병기 정비에 착수하여 인천조병창을 급히 정비하였다.[32)]

위 문건에도 역시 군사령부를 대전에 옮기는 한편 대전과 대구 사이에 '복곽적 중심지대'를 선정했다는 문구가 있다. 일본군에는 '복곽진지(複廓陣地)'라는 용어가 있는데, 여기서 복곽이란 군의 핵심시설을 최후로 방어하는 저항 진지를 말했다. 즉 '적'의 공격에 대비한 방어선을 전진 진지, 주 방어선, 내부 방어선, 위곽, 복곽 등 여러 단계로 나누게 되는데 복곽은 그중 가장 안쪽에 자리한 방어진지의 개념이었다. 아울러 군의 병기 생산과 정비를 자활적으로 수행하기 위해 인천조병창을 급히 정비했다는 대목도 있다.

위 문건에는 지하시설에 관한 직접 언급이 등장하지는 않는다. 그럼에도 모리타의 기술과 접목해서 이해하면, 결국 동일한 맥락의 시설물

---

32) 朝鮮軍殘務整理部, 「朝鮮に於ける戰爭準備」, 1946.

건축을 의미했다고 판단된다. 인천조병창 등의 시설을 자활적으로 운용하기 위해서 최후의 보루가 되는 곳에 정비토록 했던 것이다. 역시 그 장소에 대해서는 아직 논의가 필요하지만 조병창의 지하화가 실제 계획이었음은 충분히 짐작할 수 있다.

그럼에도 오랫동안 조병창의 지하화는 사실로 확정되지 않았다. 더불어 부평 인근에 자리하고 있는 함봉산 자락에 잔존해 있는 터널형 지하시설이 과연 조병창과 어떤 관련이 있을 것인가를 두고 의견이 분분했다. 일제의 인천육군조병창의 지하화, 그리고 부평 함봉산의 지하시설과의 관계는 일본 방위성 방위연구소가 소장하고 있는 『1945년 상황보고』에 의해 확정되었다. 이 문건을 통해 인천육군조병창 측이 일본 육군 중앙의 명령에 의해 조병창의 지하화를 추진했으며 그 대상 지역이 현재 지하시설이 발견되고 있는 함봉산 일대라는 것도 확인되었다.

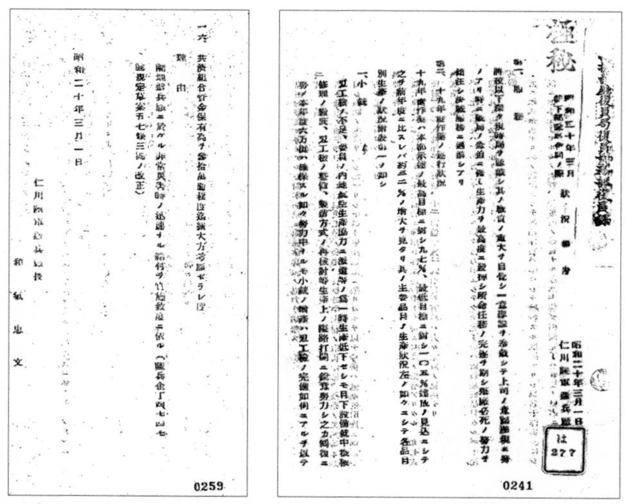
昭和二十年三月一日

仁川陸軍造兵廠

0259

極秘

昭和二十年三月一日

仁川陸軍造兵廠

第二 十九年度作業ノ進行状況

十九年度作業ハ本部示達ノ最高目標ニ對シ九七%、最低目標ニ對シ一〇五%達成ノ見込ニシテ

之ヲ前年度ニ比スレバ約三二%ノ増大ヲ見タリ其ノ主要品目ノ生産状況左ノ如クニシテ各品目

別生産ノ状況附表第一ノ如シ

一、小銃

0241

〈그림 2〉『소화20년 3월 예하부대장 회동시 병기생산 상황보고』 일부

『1945년 상황보고』는 일본 육군의 병기행정본부가 매년 초 관할 조

병창을 대상으로 그 해 생산할 군수물자 현황과 계획, 관련 시설물 건축 등을 보고토록 한 조치에 따른 문건이었다. 『1945년 상황보고』는 크게 다섯 부분으로 구성되었다. 첫째는 '복무', 둘째는 '1944년도 작전수행 상황', 셋째는 '1945년도 작업 수행 상의 요구 사항', 넷째는 '현 전국(戰局)에 대처하기 위해 실시한 시책 사항', 마지막 다섯째는 '장래에 대한 기도 및 의견' 등이다. 내용상으로는 1944년도 조병창 생산 실태와 1945년도 계획 및 의견 등으로 양분된다.

이 중 네 번째 항목인 '현 전국에 대처하기 위해 실시한 시책 사항'에 1945년도 조병창 운영의 목표를 "내지 의존으로부터 탈피하여 조선과 만주를 통한 생산 태세를 확립하고", "조선 내 자급자전(自給自戰) 병기의 정비를" 준비하는 것으로 기재하고 있다. 내지, 즉 일본 열도에 대한 의존에 탈피해야 하는 이유는 미군의 해상 봉쇄로 사실상 군수물자 운반이 단절되었기 때문이었다. 본토결전 방침 아래 한반도와 일본 열도를 함께 그 대상지역으로 했지만 실제는 7개의 구획을 나누어 각 구획별로 독자적 보급과 전투를 수행토록 하고 있었다. 이는 미군의 해상 봉쇄와 공습에 따른 불가피한 조치였다. 이 네 번째 항목의 제10항에 '분산 및 방호'라는 부분이 있는데 여기에 아주 특기할 만한 기술이 눈에 띈다.

> 조선 내의 생산 제시설의 분석 및 방호에 관해서는 주로 창고에 있는 여러 재료를 분산하여 격납토록 하고 일단 실시를 완료했는데 다시금 그를 강화하기 위해 당 창(인천육군조병창-필자) 및 주요 민간 공장의 생산시설 중 중요한 것을 분산하는데 또한 힘써 그를 지하시설로 하는 것으로 계획 준비 중이다.[33)]

이미 한반도 내 전시 상황을 고려하여 창고의 여러 물자들을 분산해

---

33) 「第4 現戰國ニ對妻スル爲實施セル施策事項」, 『昭和20年3月 隷下部隊長會同の際の兵器生産狀況報告(仁川陸軍造兵廠)』, 251쪽.

서 보관토록 했는데, 다시 이를 강화하여 조병창 및 주변 공장의 생산시설을 지하에 구축토록 계획 중이라는 대목이다. 지하에 중요 생산시설을 은닉해서 전화가 직접 부평에 미치는 그날까지 전쟁 무기 생산을 지속하겠다는 의도였다. 그 계획이 1945년 3월 인천육군조병창의 공식보고 문건에서 확인 된 것이다.

『1945년 상황보고』에서 유독 눈길을 끄는 것은 오히려 본문의 내용보다는 본문 뒤에 첨부된 부록이다. 부록에는 단순히 지하시설에 관한 계획뿐만 아니라 실제로 구체적인 실시 방안이 기재되어 있다. 특히 일본 도쿄에 있는 생산시설을 부평을 비롯한 인천육군조병창 관할지역으로 이설하는 일을 매우 구체적으로 추진하고 있었다. 즉 『1945년 상황보고』 부록 중 '이설(移設) 분산 및 방호 등의 진척 상황'과 '이설 분산 방호 실시 요강'이라는 문건이 있는데, 여기에 자급자전 태세 확립을 위해 도쿄 제1조병창의 실포(實包) 생산 설비를 부평과 평양 등으로 옮기는 내용이 담겨 있다. 실포는 화약이 들어 있는 탄환을 이르는 말이었다.

일본 육군은 조선, 그리고 연결된 만주에서 최후까지 전투를 치르기 위해서 월 150만 발의 실탄 생산이 가능해야 한다고 판단했다. 그러나 당시 부평과 평양에 있는 제조소의 설비는 그에 한참 미치지 못했다. 결국 도쿄 제1조병창에 있는 실탄 생산 설비를 이동시키는 방안이 대두된다. 이렇게 이동시킨 생산 설비의 일부를 지하에 설치할 계획이었다. 조병창 측은 이설 및 분산 계획을 월별로 작성했는데 이를 표로 그리면 〈표 2〉와 같다.[34]

〈표 2〉의 맨 윗부분에 있는 '실포설비'가 바로 도쿄의 제1조병창에서 인천으로 옮기는 생산시설의 이동 및 설치 일정이었다. 실포설비 일부는 가공장을 건설하여 옮기고 다른 일부는 지하공장을 건설해서 이설할 계획이었다. 그런데 표에는 실탄 생산 설비의 이설뿐만 아니라 부평

34) 「別表7 移設分散實施計畫」, 『昭和20年3月 隷下部隊長會同の際の兵器生産 狀況報告(仁川陸軍造兵廠)』, 323쪽.

의 제1제조소, 평양제조소, 그리고 부대설비 등의 건설 일정이 함께 드러나 있다. 이 중 핵심이라고 할 수 있는 제1제조소와 평양제조소의 설비는 모두 지하공장을 신설해서 설치할 계획을 세웠다. 뿐만 아니라 표에 기재된 설비의 기타 항목에는 지하에 조병창의 진료시설[35]도 만들고자 했음이 확인된다.

〈표 2〉 이설 분산 실시 계획

설비	구분		순서	3월	4	5	6	7	8	9	10	11	12	1	2	3	4	5
實砲設備	假工場建設	현 설비 이전	1															
		현 건물 개조																
	假工場으로 移設	수송																
		기계 설치																
	地下工場建設																	
	地下工場移設																	
一製	地下工場建設		3															
	地下工場移設																	
附帶設備	宿舍設備		2															
	動力地下移設																	
	瓦斯工場新設																	
	用水 京畿道																	
	用水 水道工事																	
	用水 鑿井																	
	引込線 設備																	
	飯場設備																	
	道路新設																	
기타	人員防護		3															
	地下診療施設																	
평양	地下工場新設		1															
	地下工場移設																	

비고: 원 자료의 표에는 월별 작업 일정이 화살표로 표시되어 있었다. 위 표의 짙은 부분은 자료에서 실선으로 옅은 부분은 점선으로 그려져 있었는데 그 차이는 분명치 않다.

35) 지하 진료시설은 최근 철거와 보존으로 회자되었던 '조병창 병원'을 지하화 하는 작업이었다. 한국전쟁 당시 전화로 반쪽이 된 조병창 병원 건물은 일단 철거가 보류되었으나 언제 다시 헐릴지 모르는 위태로운 지경이다. 만약 우리가 조병창 병원을 철거한다면 일제 식민지배와 침략전쟁, 그리고 강제동원의 사실을 간직한 채 기적적으로 살아남은 '실체'를 부수고 이를 은닉하려고 했던 '그늘'만 남기는 꼴이 된다.

2) 조병창 지하화 실태

일제는 인천육군조병창을 지하공장으로 구축하는 과정에서 패전을 맞았다. 앞에서 살펴본 분산 실시 계획에 따르면 1945년 말까지 공사가 계속될 일정이었기 때문에 8월이면 굴착공사가 마무리 되는 정도였을 것이다. 물론 전황이 점점 더 악화되면서 지하 굴착 공사 자체도 방해받았을 가능성이 있다.

현재 부평 남서쪽에 위치한 함봉산에는 대규모 지하시설이 발견된다. 지하시설은 50~100여m 정도 규모이며 산 아래에서 수평으로 굴착된 형태이다. 암반이 그대로 노출되어 있으며 바닥과 벽, 천정 모두 별도의 마감을 한 흔적은 없다. 입구는 폭과 높이 모두 2미터 가량이지만 지하시설 중간쯤에는 높이와 너비 모두 5m 이상인 공간도 있다. 단순히 물자를 보관하거나 부대 주둔 목적이 아닌 대규모 설비를 장치할 계획이었음을 알 수 있다. 조병창 측이 최종적으로 만들려고 했던 지하공장의 모습은 어땠을까? 『1945년 상황보고』에 수록된 내용을 통해 일제의 인천육군조병창 지하화 실태를 구체적으로 살펴보자.

〈표 3〉 월생산 실포 150만 발에 대한 설비 실시 내역

지하/지상구분		사용구분	공장별	積量(평방미)	寸法(미터)	構造	적 요
지하설비	반지하설비	地金	撰分工場	150		반지하 無筋 콘크리트	
			配合工場	150		반지하 無筋 콘크리트	각종 新古地金의 배합
			鑄造工場	800		반지하 無筋 콘크리트	天井走行 起重機
			壓延工場	900		반지하 無筋 콘크리트	天井走行 起重機

지하/지상구분		사용구분	공장별	積量(평방미)	寸法(미터)	構造	적 요
지하설비	반지하설비	地金	燒鐵工場	500		반지하 無筋 콘크리트	
			洗滌工場	500		반지하 無筋 콘크리트	
			脂油庫	30		반지하 無筋 콘크리트	
		彈丸	彈丸工場	1,200		지하	原軸
			短針洗浄工場	300		반지하 철근 콘크리트	原軸
			脂油庫	10		지하	
			工具置場	1,100		지하	
		藥莢[36]	藥莢工場	1,500		지하	原軸
			燒鐵洗淨工場	600		반지하 철근 콘크리트	原軸
			工具置場	100		지하	
			脂油庫	10		지하	
			ㅁ置場	10		지하	
		塡藥[37]	装塡工場	300		지하	原軸
			着管工場	300		지하	原軸
			ㅁ繕ㅁ量工場	450		지하	原軸
			収函箱詰工場	400		지하	
			油庫	10		지하	
		工具	旋工場	1,200		지하	原軸
			鍛工調ㅁ工場	150		반지하 철근콘크리트	
			鍍金工場	100		지하	
			油庫	10		지하	
			鍍金庫	10		지하	
		製品	製品庫	300		반지하 철근콘크리트	
		합계		11,090			

36) 탄환의 화약을 담는 원통형 용기를 말한다.

37) 화약을 약협에 충전하는 것을 말한다.

지하/지상구분		사용 구분	공장별	積量 (평방미)	寸法 (미터)	構造	적 요
지상설비	地金	事務所		180	6/30	목조	
		更衣室	180	6/30	목조		
		材料置場	180	6/30	무근 콘크리트		
		淘汰場	180	6/30	무근 콘크리트	각종 還ㅁ撰合 및 利材	
		鐵屑置場	180	6/30	목조		
		浴室	100		목조		
		厠	100		목조		
	彈丸	事務所	180	6/30	목조		
		籾穀置場	18	6/30	목조		
		更衣室	180	6/3	목조		
		鋸屑置場	12	3/4	목조		
		厠	100		목조		
	藥莢	事務所	180	6/3.00	목조		
		籾穀置場	18	6/3	목조		
		鋸屑置場	12	3/4	목조		
		更衣室	180	6/30	목조		
		厠	100		목조		
	塡藥	木工場	120	6/20	무근 콘크리트	素箱ㅁ理 其他	
		雜品庫	120	6/20	무근 콘크리트		
		空箱倉庫	120	6/20	목조		
		事務室	180	6/30	목조		
		更衣室	180	6/30	무근 콘크리트		
	工具	材料雜品庫	180	6/30	무근 콘크리트		
		工具用品	180	6/30	목조		
		事務所	180	6/30	목조		
		浴室	100		목조		
		厠	100		목조		

지하/지상구분		사용구분	공장별	積量(평방미)	寸法(미터)	構造	적 요
지상설비	附帶	事務所	360	12/30	목조		
		更衣室	120	6/30	목조		
		業務用品庫	120	6/20	목조		
		機械部品庫	180	6/30	목조		
	本部	工具置場	120	6/20	무근 콘크리트		
		脂油庫	12	3/4	무근 콘크리트		
		物置	24	4/6	목조		
		厠	15		목조		
	附帶檢查	事務所	120	12/10	목조		
		更衣室	180	6/30	목조		
		檢查場	180	6/30	무근 콘크리트		
		物置	15	3/4	목조		
		厠	36		목조		
	합계		5,022				

〈표 3〉은 조병창의 각 시설별 지하화 여부와 용도·넓이·구조 등 내역을 기재한 것이다.[38] 『1945년 상황보고』에 따르면 실탄 생산 설비공장의 계획 규모는 총 1만 5,112㎡에 달했다. 이 중 지하공장으로 건설되는 것이 5,710㎡, 반지하가 4,380㎡였고, 지상설비는 5,022㎡였다고 한다. 생산 공장은 주로 지하에 설치하고 그 외 화약 설비와 창고 부대 건물은 지상에 구축하는 것으로 했다. 지하시설은 터널식으로 구축하는 것을 원칙으로 했고, 반지하시설의 경우에도 공습에 견딜 수 있도록 콘크리트로 구축할 계획이었다. 지하공장의 경우 암반을 뚫어 구축

38) 「別表2 月製實包150万發ニ對スル設備實施內譯」, 『昭和20年3月 隷下部隊長會同の際の兵器生産 狀況報告(仁川陸軍造兵廠)』, 318~319쪽.

하기 때문에 콘크리트 타설을 할 필요는 없었던 듯하다. 반지하나 지상 시설은 같은 콘크리트 건축의 경우에도 철근과 무근으로 구분했다.

〈표 3〉은 인천육군조병창의 지하화에 대한 구체적이고 확정적인 실행 계획 그 이상의 내용을 담고 있다. 각 시설별 구조와 넓이를 세세하게 지정했고 그 건설 방식까지 규명하고 있었다. 또한 〈표 3〉 하단에는 표를 부연하기 위해 '비고'가 기재되었는데 그 내용은 다음과 같다.

> 비고
> 1. 화약 관계는 포함하지 않는다.
> 2. 지하시설은 터널식[39]을 원칙으로 한다.
> 3. 반 지하시설은 耐彈式으로 한다.
> 4. 지상시설은 가능한 防彈式 또는 耐空遮蔽式으로 한다.
> 5. 지하 진료시설은 별도 고려하는 것으로 한다.[40]

위 내용은 현재 남아 있는 조병창 지하시설에 관한 여러 의문점을 상당부분 해소해 준다. 첫째, 새로 구축하는 지하에는 화약류를 보관할 시설은 만들지 않았다. 둘째, 지하시설은 터널식으로 만드는 것을 원칙으로 했다. 현재 남아 있는 지하시설의 구조와 일치한다. 셋째 반 지하시설은 내탄식으로 구축토록 했다. 공습으로 인한 폭발에 견딜 수 있는 구조를 요구했던 것이다. 네 번째 지상시설은 방탄, 즉 폭탄을 방어하거나 견딜 수 있도록 구축하고자 했다. 다섯째 지하 진료시설 구축은 별도 고려한다고 되어 있는데, 공장설비의 지하화 일단락 이후 추가로 건설할 계획이었던 것으로 보인다.

또한, 『1945년 상황보고』에는 지하시설의 구축 계획과 실태뿐만 아

---

39) 원문에는 '隧道式'이라고 표기되어 있다.

40) 「別表2 月製實包150万發=對スル設備實施內譯」, 『昭和20年3月 隷下部隊長會同の際の兵器生産 狀況報告(仁川陸軍造兵廠)』, 319쪽.

니라 해당 시설에 관한 도면이 첨부되어 있다. 도면의 제목은 '실포·소총 이설 분산 방호 전개도(實包小銃移設分散防護展開圖)'(이하 '전개도')[41]로 당시도 존재했던 부평역과 철도선을 기준으로 살펴보면 조병창 지하화 지역과 실태를 더욱 분명히 파악할 수 있다.

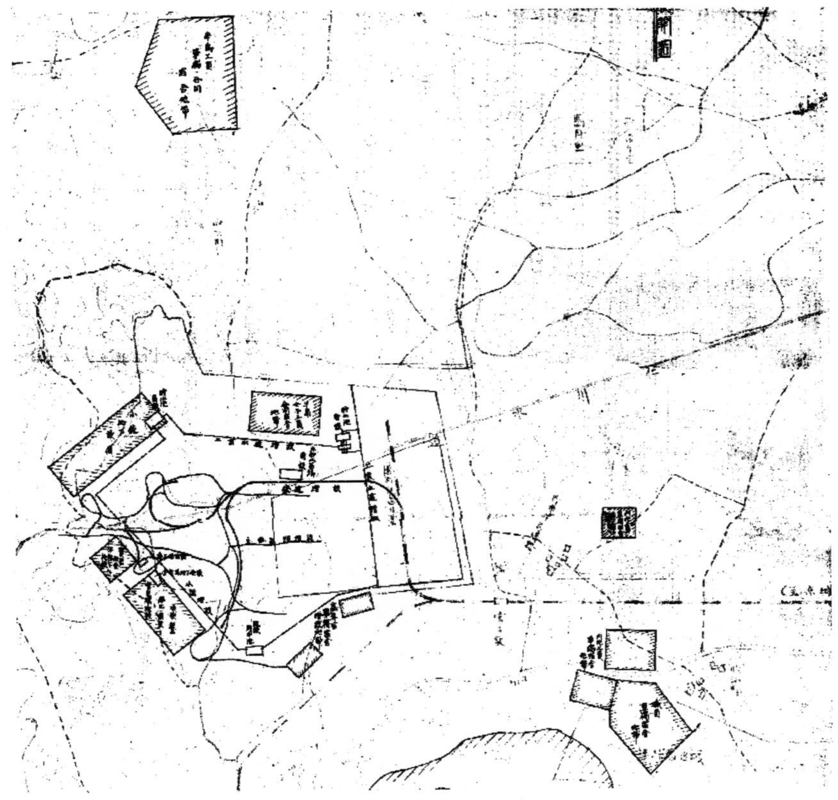

〈그림 3〉 실포·소총 이설 분산 방호 전개도

〈그림 3〉의 '전개도'를 상세히 살펴보자. 우선 지도 하단을 보면 세

41) 실탄 및 소총 공장 등을 공습에 대비하여 이동 또는 분산 설치한 상황을 보여주는 지도라는 뜻이다.

갈래의 철도가 보인다. 철도 왼쪽은 경성 방향이고 오른쪽은 위편의 조병창과 아래편의 인천항 방향으로 나누어져 있다. 조병창과 인천항 방향으로 나뉘기 전에 있는 기차역이 부평역이다.[42] 지도에는 지하화 대상이거나 관련되어 있는 건물만 표시되어 있지만 위편으로 갈라진 철길 주변지역 대부분이 조병창이 설치되었던 곳이었다.

'전개도'는 크게 세 부분으로 나누어 살펴볼 수 있다. 우선 첫 번째로 주목할 대목은 지도 하단 가장 왼편에 그려진 세 개의 사각형이다. 사각형 안에는 해당 시설의 건설 용도가 기재되어 있다. 맨 위에 표시되어 있는 기울어진 직사각형에는 '소총 지하 시설(小銃 地下 施設)'라고 쓰여 있다. 그 아래 정사각형 모양에는 '실포 지금 반지하 시설(實包 地金 半地下 施設)', 마지막 맨 아래쪽 직사각형에는 '전약 제품 탄환 약협 실포 지하시설(塡藥 製品 彈丸·藥莢 實包 地下施設)'이라고 표기되어 있다.

'소총 지하 시설'은 소총을 생산하는 지하 공장시설을 뜻한다. '실포 지금 반지하 시설'은 탄환과 그 원료가 되는 금속을 보관·생산하는 시설로 판단되며 반지하로 구축할 계획이었음을 알 수 있다. 마지막 '전약 제품 탄환·약협 실포 지하시설'은 탄환의 화약통을 생산하고 그 안에 화약을 충전하는 시설로 지하에 건설할 계획이었다. 이 세 곳의 시설은 조병창 지하화의 핵심이었다. 아직까지 '소총 지하 시설'과 '실포 지금 반지하 시설'의 자취는 확인되지 않는다.[43] 맨 아래 있는 '전약 제품 탄환·약협 실포 지하시설'은 현재 부평 함봉산 자락에서 확인되는 대규모 지하호 위치와 일치한다. 즉, 함봉산의 지하호는 인천육군조병창 설비

42) 부평역은 현재도 같은 곳에 자리하고 있어 조병창 지하화 실태를 더욱 분명히 확인할 수 있다.

43) 두 곳의 시설은 현재 국군 제3보급단이 주둔하고 있는 지역이다. 필자는 2021년 7월 제3보급단의 허가를 얻어 해당 지역을 방문했지만 군 주둔지인 까닭에 면밀한 조사는 어려웠다. 주둔지 안에 있는 야산과 건물 등을 정밀 조사한다면 관련 유적이 발견될 가능성이 크다.

중 탄환 생산 공장을 설치하기 위해 굴착한 것이었음을 알 수 있다.

'전개도'에서 두 번째로 살펴볼 부분은 앞에서 언급한 핵심 시설 주변부의 건물로 조선인 강제동원과 관련된 것들이다. 먼저 지도 상단 왼편에는 오각형의 구역이 보이는데 '반도공원 단독·합동 숙사지대'라고 쓰여 있다. 조선인 노동자들의 대규모 거주 시설을 만들고자 했던 것으로 보인다. 다음으로 '소총 지하 시설'의 오른편에 있는 직사각형에는 '반도 여자 공원 합동 숙사지대'라고 표기되어 있으며, 동원된 조선인 여성들의 합동 숙사로 계획된 지역이었다. 이들 거주 시설은 애초 조병창에서 노역하고 있던 사람들이 아닌 새롭게 동원될 조선인들을 대상으로 한 것으로 추정된다.

조선인들의 거주지역과 별도로 지도 하단에는 '고등관 단독숙사 증설지대', '내지 공원 단독 숙사지대', '직원 단독 숙사지대' 등의 구역이 확인된다. 요컨대 조병창 지하화를 위해 조선인을 대상으로 한 대규모 강제동원이 있었고 이들을 수용할 '숙사지대'를 건설했던 것이다. 단, 조선인과 일본인 거주지역은 엄격히 구분되어 있었고 숙사 크기 또한 차별이 있었다. 숙사지대에 건설된 조선인과 일본인 숙사 규모 및 숙사 크기 차별에 대해서는 다음 장에서 살펴보겠다.

'전개도'의 세 번째 부분은 기타 시설이다. 소총 및 실포 공장을 가동시키기 위해 필요한 제반 설비 및 구조물들이었다. 저수지(貯水池), 목재수축장(木材水蓄場), 수전장(受電場), 철도·도로 및 공업 수도 등이 해당한다. 이중에는 기존에 만들어진 것도 있었지만 대부분은 새로 건설하거나 증축하는 것으로 계획되었다.

이렇듯 인천육군조병창의 지하화는 실로 방대한 공사였다. 인천육군조병창은 지하화에 소요되는 경비를 총 5,382만 4,500원으로 산정했다. 설비의 이설 및 분산 경비를 632만 4,500원으로[44] 지하·반지하·지

44) 「別表12 移設分散所要經費概算表」, 『昭和20年3月 隷下部隊長會同の際の兵器生産 狀況報告(仁川陸軍造兵廠)』, 328쪽.

상시설의 축조비를 4,750만원[45]으로 개산(概算)한 결과였다.

대규모 공사를 위해 여러 건설회사가 참여했다. 『1945년 상황보고』에는 당시 공사를 맡은 건축회사들을 공사별로 구분해서 〈표 4〉와 같이 정리해 두었다. 공사는 지하공사, 숙사 설비공사, 철도 인입선 공사, 가스공사, 수도공사, 도로공사 등으로 나누었다. 각 공사별로 청부업자와 하부업자가 있었는데, 청부업자는 공사를 발주하고 관리하는 역할을 맡았다. 조병창의 경우에는 숙사 설비공사와 도로공사만 직접 관리했다. 가장 중요한 지하공장 공사의 경우 조선전업주식회사가 청부를 맡고 가지마구미·니시마쓰구미·도비시마구미 등이 건설에 참여했다.

〈표 4〉 공사 실시를 위한 청부업자의 공사장 군대 담임 구분표

공사별	청부업자	하부업자
지하공사	조선전업	가지마구미(鹿島組), 니시마쓰구미(西松組), 도비시마구미(飛島組)
숙사설비	조병창	다다구미(多田組), 다케나카구미(竹中組)
철도인입선	교통국	다마모구미(玉藻組)
가스공사	경성전기	경성전기
수도공사	인천수도	다마모구미
	경기도공업수도	
도로공사	조병창	다마모구미

지하공사의 청부를 맡은 조선전업주식회사는 1943년 7월 조선총독부가 전력의 국가 관리를 목적으로 설립한 회사였다. 1942년 10월 조선총독부에서는 조선임시전력조사회 심의를 통해 「조선전력국책실시요강」을 발표했는데 이에 따라 기존 전기 회사의 합병과 설비, 발송전을 담당할 회사로 설립된 것이 조선전업이었다. 더불어 가지마구미 등 건설회사들

45) 「別表13 築造費關係」, 『昭和20年3月 隷下部隊長會同の際の兵器生産 狀況報告(仁川陸軍造兵廠)』, 329쪽.

은 이전에도 오랫동안 군 관련 공사를 도맡아 해 오던 업체들이었다. 이들 건설회사는 현재도 일본에서 사세를 유지하고 있다.[46)]

한편 일본 방위성 방위연구소에는 부평의 지하시설과 관련한 지도 한 장이 소장되어 있다. 방위성 육군일반사료 중 「대동아전쟁 제17방면군 축성시설배치도」라는 제목의 지도가 그것이다.[47)] 방위연구소 사료열람실에서 열람만 가능하고 촬영 및 복사는 불가하다. 지도의 크기는 가로 5m, 세로 2m에 이를 정도로 거대하다.

이 지도에는 제17방면군이 패전 직전 한반도 내에 건설했던 군사시설 현황이 표시되어 있다. 특히 경성을 비롯하여 인천·대전·대구·목포·부산·의주 등의 지역에 야전진지(野戰陣地)라고 명명된 군사시설이 그려져 있으며, 그 밖에 비행장과 각 부대 본부의 위치 및 편제 등이 확인된다. 그리고 그 가운데 붉은색으로 삼각형을 그린 후 옆에 '병기격납동굴'이라고 써넣은 부분이 있다. 특히 인천과 경성 사이인 김포 남서편에 '병기격납동굴, 500㎡'라고 기재된 부분을 확인할 수 있다. 붉은색 삼각형의 위치는 부평 일대였다. 부평 일대에 병기 격납을 위한 500㎡ 규모의 동굴이 있다는 표식이며 그 용도가 병기 격납임을 밝히고 있는 것이다. 아울러 병기격납동굴을 표시한 붉은색 삼각형 아래에는 '8고(高)×6'이라는 표기도 눈에 띈다. 99식 8센티미터 고사포 6문이 배치되어 있다는 표시였다.[48)]

『1945년 상황보고』에는 인천육군조병창의 '자활'과 관련하여 흥미로

46) 가지마구미는 현 가지마건설주식회사의 모체이다. 1840년 설립되어 2019년 창업 180주년이 되었다. 니시마쓰구미 역시 현재는 니시마쓰건설주식회사로 사명을 바꾼 채 유지되고 있다. 1874년 설립되었다. 도비시마구미도 도비시마건설주식회사로 명맥을 유지하고 있다. 1883년에 설립되었으며 1965년 지금의 사명으로 변경하였다. 특히 니시마쓰나 도비시마는 터널 굴착 공사 등의 토목공사를 일찍부터 전문으로 해 온 기업이었다.

47) 「大東亞戰爭 第17方面軍 築城施設配置圖」, 日本 防衛省 防衛研究所 所藏資料(請求番號: 滿洲-地誌資料-23).

48) 인천육군조병창 인근에 배치된 고사포에 대해서는 최근 부평문화원 박명식 이사에 의해 실체가 확인되었다. 인천가족공원을 둘러싼 야산에 콘크리트로 조성된 2기의 고사포 지지대가 존재한다.

운 기록도 있다. 인천육군조병창은 전쟁 말기 식량 보급 악화에 대비하기 위해 부지 내 농장과 축사를 건설했는데, 이른바 현지 자활 명분으로 직접 관련 시설을 경영하여 식량이 원활하게 공급되지 않는 상황에서 조병창이 스스로 생계를 꾸린 것이었다. 농장에는 수전(水田) 20정보, 전지(畑地) 20정보, 신개간지 10정보가량이 있었다. 전지의 경영은 대부분 직영했으며 이 외는 해당지역 공공단체 등에서 경작했다고 한다. 이 경우에도 지도 및 감독 권한을 가지고 있었다.[49)]

1944년 수전에서는 찹쌀을 경작하여 302섬을 수확했다. 전지에서는 채소류를 키웠는데 1만 5,700관을 거두어 들였다고 한다. 신개간지에서는 잡곡류 1,650관, 피마자 11석을 수확했다. 피마자는 항공유 대용으로 사용할 피마자유를 얻기 위해 재배했던 것으로 보인다. 이 밖에도 돼지감자 등 여러 작물을 경작하는 한편 오랫동안 저장할 수 있는 야채를 재배하여 비상시에 대비하기도 했다. 축사에서는 말과 소, 돼지, 닭 등을 키웠다. 수레를 끄는 말 15두를 비롯해서 조선마 5두, 축우 90두, 돼지 100여 두, 닭 110마리를 사육 중이었다. 1945년에는 돼지를 400두로, 닭은 2,000마리로 늘릴 계획이었다.[50)]

마지막으로 조병창 지하화의 핵심이었던 도쿄 제1조병창 실포 설비의 이전 계획이 갖는 의미와 경과에 관해 살펴보겠다. 앞서 언급했듯 일본 육군은 인천육군조병창의 실탄 생산 능력을 확충하기 위해 도쿄 제1조병창의 설비를 부평의 지하시설로 이전하려는 계획을 세웠다. 그런데 이렇게 도쿄 제1조병창의 실탄 생산 설비를 한반도에 들이는 것은 결국 일본 열도의 전쟁 물자 생산을 떠맡는 형국을 연출한다. 한반도 주둔 일본군이 사용할 실탄 생산량을 확보하기 위한 것이었다고 했지만

49) 「別冊 第5 昭和19年度 現地食糧自活ノ狀況」, 『昭和20年3月 隷下部隊長會同の際の兵器生產 狀況報告(仁川陸軍造兵廠)』, 355쪽.

50) 「別冊 第5 昭和19年度 現地食糧自活ノ狀況」, 『昭和20年3月 隷下部隊長會同の際の兵器生產 狀況報告(仁川陸軍造兵廠)』, 355~356쪽.

생산 시설과 관련 건축물, 그리고 지하공장 구축에 결국 더 많은 식민지민과 자원의 피해가 유발될 것은 자명했다. 아울러 그만큼 미군의 공격에 노출되어 피해를 입을 가능성 또한 높았다. 즉, 도쿄 제1조병창 설비의 이전은 조선의 영토와 민중을 '국체'를 지킨다는 명목 아래 더 강력한 식민의 사슬로 구속시킨 것이었다고 할 수 있다.

그렇다면 과연 도쿄 제1조병창 설비는 정말 부평으로 이전되었을까. 도쿄 제1조병창은 1945년 6월 「공습 피해 상황, 생산 전망 및 생산 확보 대책」이라는 극비 문서를 생산했다. 이 문건은 일본 육군 병기행정본부가 정기적으로 예하 부대의 현황을 보고받은 문건 중 하나였다.

> 공습 피해 상황, 생산 전망 및 생산 확보 대책
> 1945.6. 동일조
> 1. 官設備는 쥬죠(十条)[51] 구내의 實包 塡藥 설비, 권총 및 12.7m 藥莢 설비 전체와 공구 공장 일부가 소실되었다.
> 민간공장은 각종 부문 모두 상당한 피해를 입었으며 특히 전파통신 관계 및 原機料 관계의 피해는 심대하다.
> 또한 전재에 의해 노무자의 부족과 불안정, 생산의 파행 및 협력 공장의 소실 등은 생산에 큰 영향을 미치고 있다.[52]

위에 따르면, 도쿄 제1조병창 내에 있던 육군 측이 운영하던 실포 전약 설비는 미군의 공습에 의해 모두 소실된 것으로 보고되었다. 다른 부분의 피해도 컸지만 특히 전약과 약협 설비가 불에 타버린 것은 '결전'을 지속하는 데 큰 지장을 초래한 것이었다. 무엇보다 이들 중 일부를

51) 도쿄 북구에 있는 지명으로 도쿄 제1조병창 쥬죠공장이 있었다. 이 일대는 패전 후 미군에 수용되었다가 지금은 쥬죠다이(十条台)의 자위대 주둔지를 비롯하여 공원, 학교 등으로 변모되었다.

52) 「空襲激化に対処する生産確保に関する懇談事項(1945.7.5.)」, 『隷下部隊長会同に関する綴(1945.7月)』, 陸軍一般史料 中央－軍事行政－軍需動員－476(アジア歴史資料センター C12122169900).

부평으로 이전하려던 계획에 차질을 빚었다. 일본 육군은 도쿄 제1조병창의 실포 설비를 1945년 4월 중 발송하여 5월 중에 부평에 도착하는 계획을 세우고 있었다.[53] 그러나 이설할 설비가 불에 타버렸고 급히 복구한다고 해도 다시 해당 시설을 옮기는 것은 어려웠다.

결국 도쿄 제1조병창 측은 부평으로 이설한 계획이었던 실포 설비를 혼슈 내 다른 지역으로 분산할 계획을 수립한다. 즉 월 생산 약 150만 발분의 설비를 우에노 마쓰자카야(松坂屋) 지하공장에 8월까지, 월 생산 약 400만발 분의 설비를 가누마(鹿沼) 지하공장에 9월까지, 그리고 월 생산 약 150만발 분의 설비를 역시 9월까지 덴도(天童) 지하공장으로 이전하려고 했던 것이다.[54] 물론 이것 역시 모두 실행되지는 못했다.

4. 조병창 지하화에 따른 동원과 피해

조병창을 지하화하기 위한 계획은 일본 육군이 수립했다. 이를 실행에 옮긴 것은 한반도 주둔 일본군과 인천육군조병창이었다. 실제 공사를 맡은 것은 일본 유수의 건설회사들이었다. 그러나 그 공사에 동원되어 노역에 시달린 것은 조선인들이었다. 조병창 측에서는 무기 생산시설의 분산 설비와 지하공장 건설을 위해 수많은 조선인들의 노동력이 필요했다. 조병창에 소속되어 무기를 생산하는 데 필요한 노동력과 별도로 전쟁 말기 미군과 교전에 대비한 시설을 구축하기 위한 인력이 추가로 요구되었다.

53) 「別冊 第6 移設分散及防護等ノ進陟狀況(1945.3.1.)」, 『昭和20年3月 隷下部隊長會同の際の兵器生産 狀況報告(仁川陸軍造兵廠)』, 314쪽.

54) 「空襲激化に対処する生産確保に関する懇談事項(1945.7.5.)」, 『隷下部隊長会同に関する綴(1945.7月)』, 陸軍一般史料 中央–軍事行政–軍需動員–476(アジア歴史資料センター C12122169900).

1945년 3월 당시 조병창에 소속되어 있는 전체 노동자는 총 11,300명이었다고 한다. 이 중 일본인이 12% 정도였고 약 90%가 조선인 노동자들이었다. 『1945년 상황보고』의 본문 네 번째 항목 중 제8항의 '근로관리' 부분에는 조병창의 노동자 현황과 향후 동원 계획 등이 상세하게 기재되어 있다.

> 3월 1일 현재 노무자는 약 11,300명으로 이중 내지인은 약 12%이다. 1945년도 노무요원은 제2제조소 신설 요원 약 1,500명, 지하공사 등에 따른 임시적 요원 약 3,500명, 합계 약 5,000명을 증원하고, 결원 보충을 위해 약 3,000명, 총계 약 8,000명의 취득을 필요로 한다. 지하 공사 등에 필요한 임시 요원은 모두 징용에 의거하고, 그 외는 관 알선 및 학도 동원에 의해 충족하도록 시책 중이다.(1945년도 요원 충족 계획 부표-3) 또한 위에서 언급한 것 외에 내지 조병창 및 남만 조병창으로부터 공출을 의뢰받은 반도 국민학교 수료자 노무요원 약 2,000명의 취득에 관하여 각각 수배 중이다.
> 그리고 조선은 종래 노무요원의 급원지(給源地)를 담당해 왔는데 전시 시국에 대처하여 내지와 남만 및 군 요원으로 공출된 자가 이미 약 90만 명에 달한다. 오히려 전시에 따라 발흥된 조선 내 생산 확충공업으로의 흡수, 만주 개척 이주민, 그리고 본년도부터 시행된 징병제 등에 의해 최근에는 현저히 부족하게 되었다. 학도를 동원하여 활용하는 것에 대해서는 다시금 활발하게 할 필요가 있어 1945년에는 현재 학도수를 확보하는 것 외 신설제조소 요원으로 약 600명(남자 300명, 여자 300명)의 증원을 알아보는 중이다. 이밖에 장래에는 다시 한번 학도로 종업원의 반수를 확충하고자 기도하고 있다. 또한 3월 30일 현재 동원 학도수는 약 930명으로 인천 및 경성의 주요한 중등학교는 거의 동원한 상황이다.[55]

앞서 언급했듯 1945년 3월 현재 조병창에서 일하는 노동자는 총 11,300명이었다. 그리고 이 중 약 9,000명은 조선인이었다. 이 인원은 이전까지 통상적인 조병창 운영을 위해 필요한 규모였다. 그런데 본토

---

55) 「第4 現戰國ニ對妻スル爲實施セル施策事項」, 『昭和20年3月 隷下部隊長會同の際の兵器生産狀況報告(仁川陸軍造兵廠)』, 248~249쪽.

결전 작전 계획에 따라 조병창의 지하화가 결정되자 이를 수행할 추가 노동력이 요구되었다. 위 인용문에는 추가 노동력 동원 등을 비롯하여 종전 직전 조병창의 상황을 파악할 수 있는 내용이 서술되어 있다.

첫째, 조병창은 부평에 제2제조소를 신설할 계획이었다. 역시 '자급자전' 계획에 따른 확장이었을 것이다. 제2제조소 신설에 필요한 인원이 1,500명이었다고 한다. 이 역시 대부분은 조선인들을 동원해서 충원했을 것이다. 나아가 제조소가 새롭게 설치되면 추가로 600명의 인원이 필요하여 이를 동원하는 중이라고 적고 있다.

둘째, 지하공장 건설 등을 위해 '임시적'으로 약 3,500명의 추가 노동력이 필요했다. 공사에 동원된 인원은 조선인들을 징용하여 충당할 계획이었다. 이 3,500명의 역할과 동원 계획은 〈표 5〉와 같다.[56]

〈표 5〉 지하공장 건설 노동자 동원 계획

구분 \ 월.일	3.20	4.5	4.10	4.15	4.20	4.25	5.1	5.10	5.20	계	비고
지하공사요원	200		200		200		400	300	200	1,500	이 외 숙련 광부 500
도로, 수도, 철도공사요원		300		300		400				1,000	
숙사건설요원		300		400		300				1,000	
합계	200	600	200	700	200	700	400	300	200	3,500	

지하공장에 필요한 인력은 지하공사와 도로·수도·철도공사, 숙사공사 등으로 나누어 축차적으로 충당할 계획이었다. 3월부터 5월까지 인력 동원 계획이 마련되어 있었다. 지하공장 건설에 1,500명, 도로와 수도·철도공사에 1,000명, 숙사 건설에 1,000명이 배정되었다. 위 표

56) 「別表9 工事勞務者充足計畫」, 『昭和20年3月 隷下部隊長會同の際の兵器生産 狀況報告(仁川陸軍造兵廠)』, 325쪽.

의 비고에는 이 외 숙련된 광부 500명을 추가로 동원하는 내용도 기재되어 있다. 굴착 공사라는 특성 상 광부들의 동원이 필수적이었을 것이다. 다만 광부 500명을 합하면 지하공장 건설에 투입되는 인력은 총 2,000명이 된다.

셋째, 지하공장 건설에 필요한 '임시요원' 외 결원 등으로 인한 보충은 관 알선과 학도 동원으로 충당한다는 점이 기재되어 있다. 관 알선은 조선총독부 당국을 통한 모집과 소개 등의 방편을 사용한다는 것인데 사실상 강제동원이었다. 학도 동원의 경우 이전부터 신문에 대서특필되기도 했고[57] 조병창 관련자의 증언에서도 확인된 바 있다. 조병창 측은 당장 필요한 인원 외 추가로 요구되는 인원은 학도를 동원함으로써 해결할 수밖에 없다는 입장을 밝히고 있다. 아예 "장래는 학도로서 종업원의 반수를 확충하고자 기도하고 있다."고 기술하기도 했다. 무분별한 강제동원으로 노동력이 부족한 상황에서 학생들을 대상으로 한 동원이 추가로 필요한 인력을 충당하는 유일한 대안으로 생각되었던 것이다. 이미 3월 30일 현재 동원 학도 수가 약 930명으로 인천과 경성의 주요 중등학교는 대부분 동원되었다는 점도 언급했다. 요컨대 향후 학도 동원 지역이 경인 지역을 벗어나 다른 지방에까지 확대될 것을 암시하고 있다.

넷째, 인천육군조병창의 부족 인력을 충당하는 것에 그치지 않고 일본과 남만조병창에서 "공출을 의뢰"받아 국민학교 수료자 2,000명을

57) 인천육군조병창에 동원되었던 학도들 관련 신문기사는 아래와 같은 것들이 있다. 「半島學徒動員 第1會發動 仁川造兵廠에 入廠 6男女中學校生 360名」; 「兵器 만드는 工具學徒 先陣勇躍出動 最初로 仁川造兵廠서 作業」; 「工員學徒들 仁川造兵廠 入廠式」, 《每日新報》 1944.5.10.; 「態度도 健康도 滿點 動員 學徒 仁川造兵廠 一朔의 成果」, 《每日新報》 1944.7.1.; 「씩씩한 姿態에 感動 板垣軍司令官 造兵廠의 學徒들 激勵」, 《每日新報》 1944.7.19.; 「손수만든 兵器들고 滅敵第一線에 進發 仁川造兵廠 動員 學徒들 入營壯行會」, 《每日新報》 1944.8.24.; 「見하라 子弟들의 勤勞-仁川造兵廠에서 學徒父兄招待」, 《每日新報》 1944.8.31.; 「第2次로 3校 仁川造兵廠에 動員」, 《每日新報》 1944.9.2.; 「기름에 젖은 "學徒工"에 慈愛가 넘치는 激勵 阿部總督 仁川造兵廠 視察」, 《每日新報》 1944.9.26.

동원 중이라는 점이 확인된다. 특히 수배 중이라는 표현을 쓰고 있는데, 다른 지역의 조병창에서 필요한 인력을 의뢰받아 직접 알선해서 보내는 일을 하고 있었던 것이다.

다섯째, 1945년 3월 현재 전시 노동력 보충을 위해 일본과 남만, 그리고 군요원으로 동원된 자가 이미 90만 명에 이르렀음을 기술하면서, 조선이 "종래 노무요원의 급원지"를 담당했으나 이제는 동원이 '궁박'하게 되어 이를 학도 동원으로 해소할 수밖에 없다고 토로하고 있다.

『1945년 상황보고』에는 이러한 인력 충원계획을 더욱 구체적으로 보여 주는 표가 있다. 특히 부평의 제1제조소와 평양제조소에 필요한 '공원(工員)'인력을 징용, 일반, 학도 등으로 구분해서 4월 이후 분기별로 계획한 것이었다.[58]

〈표 6〉 1945년 공원 충족 계획표

		期別	제1기 (4월~6월)		제2기 (7월~9월)		제3기 (10월~12월)		제4기 (1월~3월)		계	
地區	充足區分	新補區分	新規增加	減耗補充	新規增加	減耗補充	新規增加	減耗補充	新規增加	減耗補充	新規增加	減耗補充
仁造	징용	남	3,500								3,500	
	일반	남	1,000	600	300	600		800		600	1,300	2,600
		녀	200	100		50		80		80	200	310
	학도	남	300	150		200				450	300	800
		녀	300								300	
	여자정신대											
	계	남	4,800	750	300	800		800		1,050	5,100	3,400
		녀	500	100		50		80		80	500	310

58) 「附表3 1945年度要員充足計劃表(工員)」, 『昭和20年3月 隷下部隊長會同の際の兵器生産 狀況報告(仁川陸軍造兵廠)』, 265쪽.

		期別	제1기 (4월~6월)		제2기 (7월~9월)		제3기 (10월~12월)		제4기 (1월~3월)		계	
地區	充足區分	新補區分	新規增加	減耗補充	新規增加	減耗補充	新規增加	減耗補充	新規增加	減耗補充	新規增加	減耗補充
平製	징용	남										
	일반	남	200	300		200		300		200	200	1,000
		녀	100	50				50		50	100	150
	학도	남		200	100						100	200
		녀										
	여자정신대											
	계	남	200	500	100	200		300		200	300	1,200
		녀	100	50				50		50	100	150
合計	징용	남	3500								3500	
	일반	남	1200	900	300	800		1100		800	1500	3600
		녀	300	150		50		130		130	300	460
	학도	남	300	350	100	200				450	400	1000
		녀	300								300	
	여자정신대											
	계	남	5000	1250	400	1000		1100		1250	5400	4600
		녀	600	150		50		130		130	600	460

〈표 6〉에 따르면, 1945년 4월부터 1946년 3월까지 부평의 조병창에는 남자 8,500명, 여자 810명 등 9,310명, 평양제조소에는 남자 1,500명, 여자 250명 등 1,750명을 동원할 계획이었다. 모두 더하면 1만 1,060명이다. 애초 조병창에서 일하는 인력이 1만 1,300명이었던 것을 상기하면, 조병창은 1945년에만 현재 동원되어 있는 인원만큼의 조선인들을 더 동원할 요량이었다.

인천육군조병창은 일제가 침략전쟁을 지속하기 위해 한반도에 구축한 병참기지화 및 본토결전의 핵심시설이었다. 그러나 실제 조병창에서 일하는 사람들 대부분은 강제동원 된 조선인들이었다. 그럼에도 조병창 측은 동원된 조선인들을 정당하게 대우하지 않았다. 〈표 7〉은 신설한 부평 제2제조소의 직원 및 공원 숙사 건축 계획이다.[59)] 해당 공사는 거의 추진되지 못한 상태에서 패전을 맞은 것으로 파악되지만, 주목할 것은 기존 조병창의 숙사도 〈표 7〉과 같은 기준으로 만들어져 활용되고 있을 가능성이 크다는 점이다.

〈표 7〉 부평제조소 신설 추가 숙소 건축계획

(직원 숙사) (면적 단위: ㎡)

	구분	호수	1호당 소요 면적	소요 면적	구조	완성 기일
고등관	좌관단독	20	77	1,540	목조 페치카	9월 말일
	위관단독	30	63	1,890	목조 페치카	
	계	50		3,430		
판임관 고원	준사관단독	10	63	630	목조 온돌	9월 말일
	하사관단독	30	49	1,470	목조 온돌	
	고원단독	10	31.5	315	목조 온돌	
	계	30		2,415		
합계		180		5,845		

(공원 숙사) (면적 단위: ㎡)

	구분	호수	1호당 소요 면적	소요 면적	구조	완성 기일
단독 숙사	내지인	200	31.5	6,300	목조 온돌	10월 말일
	반도인	500	15.0	7,500		11월 말일
	계	700		13,800		
합동 숙사	남	300	8.5	2,550	목조 온돌	6월 말일
	녀	500	8.0	4,000		6월 말일
	계	800		6,550		

숙사 건축은 군인·군속이 머물 직원숙사와 노동자들이 묵을 공원 숙사로 나누어 추진되었다. 공원 숙사 중 합동 숙사의 경우 6월, 단독 숙

59) 「別表11 第2製造所要員宿舍計畫」, 『昭和20年3月 隷下部隊長會同の際の兵器生産 狀況報告(仁川陸軍造兵廠)』, 326~327쪽.

사인 경우에는 11월 경 완공할 예정이었다. 그런데 여기에서 일본인과 조선인의 호당 숙사 크기에 차이가 있다. 일본인 숙사의 경우 호당 소요면적이 31.5㎡인 반면 조선인은 그 절반이 안 되는 15㎡에 불과했다. 합동숙사 항목에는 일본인과 조선인의 별도 구분이 없지만 인원 구성상 모두 조선인이었을 것으로 판단된다. 합동숙사는 남자가 8.5㎡, 여자가 8.0㎡로 민족 차별 외에 적지만 남녀 간 차별도 존재했다. 조병창 운영의 절대다수인 90% 조선인들은 이러한 차별을 일상으로 받아들일 수밖에 없었다.

5. 결론

일본 육군은 중일전쟁 장기화에 따른 병기 보급 문제의 해결을 위해 지금의 인천시 부평구 일대에 대규모 군수 병참 시설인 인천육군조병창을 건설하였다. 일제는 전쟁 말기 총 7개의 육군조병창을 운영했는데, 다섯 곳은 도쿄를 비롯한 '본토'에, 나머지 두 곳은 각각 인천과 만주 봉천(奉天, 지금의 심양)에 두고 있었다. 인천육군조병창은 소총과 실포 생산을 주로 했지만 총검과 각종 탄약, 수류탄, 자동차, 항공기 부품, 잠항정에 이르기까지 다양한 병기를 더불어 생산하였다.

인천육군조병창 건설이 공식적으로 계획되기 시작한 것은 1939년 8월 경이었다. 당시 육군조병창 장관과 육군성 병기국에 의해 작성된 문건에 따르면 조선에 이른바 조선공창 건설이 필요하며 그 대상지역으로 대규모 군용지가 있었던 부평 지역을 꼽고 있었다. 다만 여러 정황상 한반도 내 조병창 건설은 중일전쟁 직후부터 거론되기 시작했을 가능성이 크다. 인천육군조병창은 1939년 하반기부터 공장 시설 건축을 시작했고, 1940년 12월 공식 편성되었으며, 1941년 5월 개창식을 거행하고 본격적인 활동에 들어갔다.

그런데 중일전쟁에 대비해 건설된 인천육군조병창은 개창 직후 전국(戰局)의 변동에 따라 역할과 조직에 변화를 겪는다. 일제는 1941년 말 동남아시아와 하와이 진주만에 대한 기습 공격으로 초기 승리를 구가했지만 이후 연합군의 반격으로 인해 수차례 작전 방침을 변경하지 않을 수 없었고 인천육군조병창 역시 이러한 전국의 변화에 대응해야 했던 것이다. 결국 패색이 짙어진 1945년 초 일제는 '본토결전' 작전을 결행하였고, 일본 육군은 결호작전 방침을 하달하였다. 인천육군조병창은 본토결전과 결호작전 방침에 따라 조병창 시설의 지하화를 추진하게 되었다.

인천육군조병창의 지하화에 대해서는 조병창장이었던 와케 다다후미 명의로 생산된 『1945년 상황보고』를 통해 구체적인 내막을 파악할 수 있다. 인천육군조병창은 소총 및 실포 생산 공장을 중심으로 한 주요 시설물을 조병창 인근의 산지에 구축한 지하시설에 이전할 계획이었다. 당시 계획했던 지하화 규모는 지하공장이 5,710㎡, 반지하가 4,380㎡, 지상설비는 5,022㎡로 총 1만 5,112㎡에 달했으며 소요 경비는 5,382만 4,500원으로 개산(概算)하고 있었다.

일제의 본토결전과 결호작전 방침은 침략전쟁에 대한 책임은 방기한 채 사실상 천황만을 지키기 위해 일본인은 물론 식민지 조선인까지 사선으로 내모는 일이었다. 인천육군조병창의 지하화도 결국 식민지 조선인들을 볼모로 한 결전 태세의 일환이었다. 식민지 조선은 일본 제국주의의 식민지배로 인해 뜻하지 않은 침략전쟁에 동원되었고 나아가 마지막 결전을 준비하기 위해 지하시설까지 구축하게 되었던 것이다.

실제 조병창 측은 지하화에 필요한 조선인 동원 계획을 직군별, 시기별로 촘촘하게 세워놓고 있었다. 구체적으로 인천육군조병창은 1945년 3월부터 5월까지 조병창 지하화를 위해 지하공사요원, 도로·수도·철도 공사 요원, 숙사건설요원 등 약 4,000여 명을 동원할 계획이었다. 다른 한편 부평의 조병창 본부와 평양제조소에 필요한 인력을 1945년 4월부터 이듬해 3월까지 총 네시기로 나눈 뒤 징용·일반·학도 등으로 구분하여 동원하려는 계획도 수립해 놓았다. 이에 필요한 인력은 총 11,000여 명에 달했다. 즉 조병창 지하화를 통한 본토결전을 수행하기 위해 애초 조병창에 동원했던 인원 외 추가로 1만 5,000명이 추가로 동원할 계획이었던 것이다.

인천육군조병창의 지하화 과정에서 놓치지 말아야할 대목이 하나 더 있다. 지하화의 핵심 시설인 실포 설비를 도쿄 제1조병창에서 이전할 계획이었다는 사실이다. 도쿄 제1조병창에 있는 실포 설비의 부평 이전은 일본 열도의 가장 핵심 조병창 시설의 일부를 나눠 갖는다는 것이고 이것은 그만큼의 전쟁 피해를 전가하는 것이었다. 일제가 자신들의 전쟁 책임과 피해를 식민지 조선과 조선인들에게 연루시켰던 것이다.

인천육군조병창은 1945년 8월 15일 일제의 패망과 함께 운명을 다했다. 그러나 해방 직후 조병창의 땅과 시설들은 여전히 일본군의 손아귀에 머물러 있었다. 미 제24군단이 한반도에 상륙한 9월 8일까지도 일본군은 무기를 소지한 채 침략전쟁의 망령을 지키고 있었다. 이것은 모두 한반도 진주 이전까지 오키나와에 주둔했던 미24군단사령관이 한반도주둔일본군에게 허락한 사안이었다.[60)]

미군 제24군단이 인천에 상륙한 것은 9월 8일이었다. 당시까지 조병창을 비롯한 인천 내 주요 군사 시설에는 무장한 일본군 헌병대가 치안을 유지하고 있었다. 이후 3일 동안 미군은 조병창을 비롯하여 보급 시설과 탄약 창고 등 서울과 인천지구에 있는 일본군 병참시설에 경비병을 배치하였다.[61)]

60) 『第17方面軍 終戰關係雜書綴(1945.9)』陸軍一般史料–滿洲–朝鮮–71(アジア歷史資料センター C13070055100~C13070060400).

61) 『주한미군사 1』, 379쪽.

냉전의 시대를 이어갔다.

2019년 캠프 마켓의 반환은 단순히 미군기지로 사용되던 땅의 '소유권'이 전환된 것 이상의 의미를 가진다. 지금껏 우리의 영토였던 이 땅에서 우리의 의도와는 관계없는, 혹은 우리를 더욱 위태롭게 만들 수도

1) 캠프 마켓은 공식적으로 2019년 12월 한국에 반환되었다.

미군이 진주했을 때 부평에는 거대한 무기 생산시설과 생산 '재료'들이 산더미처럼 버려져 있었다. 동원에서 풀려난 사람들은 돌아가고 패잔병으로 남은 일본군은 미군에 항복했다. 일본군 잔류 인원 중 대부분은 미군에 무장해제 되는 즉시 본국으로 귀환하였다. 일부 인원이 대전

있는 전쟁이 준비되었다. 부평 외국군 병참기지의 반환은 길고 긴 과거의 '전화(戰禍)'를 벗어나 우리 손으로 평화를 구가할 수 있는 시대 전환의 이정표와 같은 일이었다.

그러나 반환된 부평의 외국군 군사기지는 아직도 그 활용 방안을 놓고 이견이 분분하다. 시민들에게 돌아온 땅을 시민들의 쓸모에 맞게 활용하는 것은 중요하다. 다만, '실용적인' 쓸모 이전에 대체 이 땅이 어떠한 과거사를 품고 있는지, 그것이 지금을 살아가는 사람들에게 어떤 신호를 보내고 있는지 찬찬히 들여다볼 필요가 있다.

이 글에서는 부평 외국군 병참기지의 과거와 현재, 특히 일본군과 미군 병참기지의 성립과 해체를 구체적으로 살펴보고자 한다. 이를 통해 외국군 병참기지가 부평에 자리했던 의미를 재고하고 그 토대 위에서 반환 부지의 활용 방안에 대해서도 궁리해보도록 하겠다.

부평의 외국군 기지에 대해서는 일찍이 학계와 시민들에 의해 많은 부분이 규명된 바 있다. 학계의 대표적인 연구로는 이상의, 정혜경, 조건, 이연경 등을 들 수 있고,[2] 대중서로는 김현석과 한만송의 저작이 있다.[3] 또한 부평구와 부평문화원, 인천광역시립박물관 등에서 발간한 관찬 서적과 연구조사 보고서들도 있다.[4] 이들에 의해서 외국군 병참기지

2) 이상의, 「아시아태평양전쟁기 일제의 인천조병창 운영과 조선인 학생동원」, 『인천학연구』 25, 2016; 「구술로 보는 일제하의 강제동원과 '인천조병창'」, 『동방학지』 188, 2019; 정혜경, 「국내 소재 아시아태평양전쟁 유적의 현황과 활용」, 『미군기지 캠프 마켓과 인천육군조병창 유적』, 2021년 인천광역시립박물관 학술회의 자료집(2021.11.5.); 조건, 「일제 말기 仁川陸軍造兵廠의 地下化와 강제동원 피해」, 『한국근현대사연구』 98, 2021; 이연경, 「1940년대 인천 일본육군조병창의 설치와 군수산업도시 부평의 탄생」, 『도시연구: 역사·사회·문화』 30, 2022.
일제 육군조병창의 조선인 강제동원에 관한 연구도 있다. 인천육군조병창을 중심 주제로 한 것은 아니지만 육군조병창과 관련하여 많은 참고가 된다. 심재욱, 「工員名票」를 통해 본 戰時體制期 舊日本陸軍造兵廠의 조선인 군속동원」, 『한국민족운동사연구』 66, 2011.

3) 김현석, 『우리 마을 속의 아시아태평양전쟁 유적-인천광역시 부평구』, 선인, 2019; 한만송 지음, 『캠프 마켓』, 봉구네책방, 2013.

4) 부평사편찬위원회 편, 『부평사』 3·4권, 2021; 부평문화원, 『장고개길을 따라서-부평

의 전모와 그곳에 강제동원 되었던 피해자들의 면면을 확인할 수 있다. 다만, 일본군과 미군이 부평을 병참기지로 삼은 경위와 해체 과정, 그리고 그 의미에 대해서는 좀 더 천착할 것들이 있다.

부평에 외국군의 병참시설이 들어서게 된 이유, 그리고 해체되는 과정을 살펴보다 보면, 과연 이 공간을 앞으로 어떻게 활용하는 것이 그 역사성에 부합하는 일이 될 것인가 성찰하는데 도움이 될 것으로 생각한다.

2. 일제의 한반도 병참기지화와 육군조병창 설치

1) 일제의 한반도 '대륙병참기지(大陸兵站基地)' 추진과 실체

식민지 조선 내 육군조병창 설치에 관한 본격적 논의는 중일전쟁 직후부터였다. 중일전쟁은 1937년 9월 18일 베이징 인근 노구교(盧溝橋)에서 일어난 중국군과 일본군의 교전에서 촉발되었다. 그러나 처음 루거우차오 사건이 일어났을 때 이것이 이후 이어지는 긴 전쟁의 서막이 될 것이라고 예상한 사람은 그리 많지 않았다. 일본 군부는 중국에 대한 도발과 그로 인한 전쟁은 계획했으나 이전에 치러왔던 전쟁 사례에 비춰 비교적 초기에 종전 교섭이 시작될 것으로 예상했다.

실제 초기 전황 자체는 일본군에 유리한 듯 했다. 그러나 광활한 중국 대륙으로 침략해 들어가면 갈수록 비대해 지는 전선과 이를 지키기 위한 막대한 자원의 소비는 일제를 그야말로 진흙의 수렁에 빠져들게

3보급단 지역 콘텐츠 조사사업』, 2021.12; 인천광역시립박물관, 『미군기지 캠프 마켓과 인천육군조병창 유적』, 2021.12; 『캠프 마켓 1단계 반환구역 건축도면 해제집』, 2021.12.

했다. 일본의 선택은 식민지의 인적·물적 자원을 최대한 동원하고 수탈하여 전쟁을 지속하는 것이었다. 그리고 전쟁 지속을 위한 핵심 시설로 인천육군조병창이 설치되었다.

그런데 일제의 육군조병창 설치는 단순히 중일전쟁에 필요한 군수물자의 생산과 집적, 수리와 보전에 그치지 않고, 이른바 대륙병참기지의 핵심 시설이었다는 점에서 주목된다. 여기서 '대륙병참기지'라고 하는 것의 진의를 파악할 필요가 있다. 아래에서는 경성제국대학 교수였던 스즈키 다케오(鈴木武雄)[5]의 저작을 중심으로 대륙병참기지의 실체와 부평 육군조병창의 관계에 대해 살펴보겠다.[6]

우선 '대륙병참기지'란 무엇일까. 대륙병참기지는 군사용어인 '병참기지'에 '대륙'을 덧붙인 용어였다. 스즈키에 따르면, '병참기지'는 '兵站主地'에 대응하는 용어인데, 후방에서 병참근무의 중심이 되는 것이 '병참기지', 그리고 이 '병참기지'로부터 전선의 작전부대로 보내진 군수품을 축적하고 정리·전송·후송·분배하는 것이 '병참주지'라는 것이다.[7] '조선의 병참기지화', 또는 '병참기지 조선'이라는 말은 일차적으로 중국의 전선 부대 배후에서 군수 물자를 보충하는 기지라는 의미를 지니고 있다. 단, 여기에 '대륙'이 덧붙여지면, 그 의미가 한층 더 확장된다.

스즈키는 "'대륙병참기지'라고 일컫는 경우에는, 내지에 있어야할 '병

---

5) 스즈키 다케오(1901~1975)는 효고현 출신으로 1925년 도쿄제국대학 경제학부를 졸업했다. 1928년부터 경성제대에서 재직했으며 패전 때까지 조선에 있었다. 전후에도 무사시(武蔵) 대학과 도쿄대 교수를 역임한 바 있다. 『朝鮮の経済』(日本評論社, 1942), 『朝鮮經濟の新構想』(東洋經濟新報社, 1942), 『朝鮮の決戰態勢』(朝日新聞社, 1943) 등의 저서가 있다.

6) 이 글에서 살펴본 스즈키 다케오의 글은 「大陸兵站基地論解說」(『今日の朝鮮問題講座 第2冊』, 綠旗聯盟, 1939)과 「兵站基地としての半島」(『大東亞戰爭と半島』, 人文社, 1942)이다. 「兵站基地としての半島」는 『친일반민족행위관계사료집』 Ⅷ(친일반민족행위진상규명위원회, 2009)에 「병참기지와 반도」라는 제목으로 번역·수록되기도 했다. 「병참기지와 반도」는 1942년에 간행된 『朝鮮經濟の新構想』의 제1장 2절 「大東亞戰爭と朝鮮及び朝鮮經濟」 안에도 포함되어 있다.

7) 鈴木武雄, 「大陸兵站基地論解說」, 106~107쪽.

참기지'가 대륙으로 전진되어 있다는 것을 의미 한다"라고 하면서, 병참선이 해로를 통해 연결되어 있을 경우 해로의 안전 확보를 위해 많은 노력이 필요하기 때문에 이에 대한 대안이 필요했다는 점을 언급하고 있다. 그러면서 당시 조선군 참모였던 대좌 이하라 준지로(井原潤次郎)가 해상 병참선 확보의 어려움을 토로했던 점을 상기시켰다.[8)]

즉 조선의 병참기지화는 '조선해협'의 안전한 확보 여하에 관계없이 중국 전선의 전투 수행을 원활히 하려는 방안으로 구상된 것이었다. 애초부터 조선의 병참기지화, '대륙병참기지'는 '내지(內地)' 병참기지의 '분신(分身)'으로서 중국 전선의 전투를 독자적으로 수행할 수 있도록 고안되었던 것이다. 조선을 병참기지화 한다는 것은 한반도에 군사적 병참 기능을 부가했다는 차원뿐만 아니라 한반도를 진정한 '내지의 연장'으로 자리매김 시키는 것이었다.

이에 대해 스즈키는 1942년 '대동아전쟁' 개전 이후에 집필한 「병참기지와 반도」에서도 '대동아공영권'과 조선의 '대륙병참기지'를 직결시켜 서술하고 있다. 특히, '경제적 내선일체화(經濟的 內鮮一體化)'라는 표현을 사용하면서, 식민지 조선이 대동아공영권 경제의 중점적 위상을 가지고 있으며 이것은 곧 '제2의 내지'인 조선의 공업화와 직결된다는 점을 강조하고 있다. 그리고 조선이 자원과 비용 측면에서는 '공영권' 내의 여타 지역과 비교할 때 뒤처지지만, "교육보급, 국어의 이해, 황국신민화 정도에 있어서는 가장 '내지인'에 근접"해 있고, 해상운수에 유리한 입지조건, 치안과 풍속, 기후 등 환경이 가장 본토에 접근해 있어 '대륙전진병참기지'의 사명을 짊어지기에 적합하다고 기술하였다.[9)] 아울러 '대동아전쟁' 이후 전장이 '북방권'에서 '남방권'으로 이동했지만 '반도'의 대륙전진기지로서 중요성은 한층 더해졌다는 점을 언급했다.

8) 鈴木武雄, 「大陸兵站基地論解說」, 112~113쪽.

9) 스즈키 다케오, 「병참기지와 반도」, 113~114쪽.

> '대동아공영권'의 북방권 내지 대륙부분이 아직 건설 과정에 있어, 이 부분에 대한 '반도'의 경제적 관계의 중요성은 종전과 아무런 변화가 없고, 중심이 가령 남방으로 이행했다고 해도 기성의 북방권을 포기하는 것이 단연 아닌 이상, 대륙병참기지로서의 '반도' 사명은 결코 마지막이 된 것이라고는 말할 수 없기 때문이다. 더군다나 '대동아전쟁'이 이미 발발한 오늘날에는 바쁘기 이를 데 없는 본토경제에 대신해서, 대륙은 가능한 한 조선이 인수하여 본토로 하여금 후환의 염려 없이 그 전 자세를 태평양 쪽으로 향하게 하는 것이 무엇보다도 필요하다.[10]

스즈키에 따르면, 조선의 '대륙병참기지화'는 그저 군사적인 차원의 '병참기지'가 건설되는 것 이상의 의미를 지닌다. 예컨대 '대륙전진병참기지'라고 하는 것은 대만을 '남진 기지', 조선을 '북진 기지'라고 하는 것과 같은 의미가 아니라고 하면서, "본토에 있어야 할 병참기지가 바다를 넘어 대륙의 일각에 전진 위치한다는 의미"라고 했다. 이러한 의미에서 '본토'가 태평양 전선에 전념하기 위해 조선이 '본토경제'를 대신해서 대륙을 떠맡아야 한다고 적었다. 나아가 조선은 "대륙에까지 전진하고 있는 본토경제"라는 점을 분명히 하고 있다. 대륙병참기지화가 '경제적 내선일체', 또는 '물적 내선일체(物的 內鮮一體)'라고 부르는 이유가 여기에 있다는 것이다.[11]

여기에서 '경제적 내선일체'의 의미를 좀 더 구체적으로 살펴보자. 스즈키는 「병참기지와 반도」의 "아시아 해방운동의 주체인 '반도 동포'"라는 부분에서 "'반도' 2,400만 동포는 일본인이고, 내지인과 함께 '대동아공영권'의 지도자인 영예와 책임을 짊어지는 것"이라고 언급했다.[12] 조선인은 '내선일체'라는 슬로건 아래에서 다른 식민지나 '점령지 인민'

10) 스즈키 다케오, 「병참기지와 반도」, 114쪽.
11) 스즈키 다케오, 「병참기지와 반도」, 115쪽.
12) 스즈키 다케오, 「병참기지와 반도」, 110쪽.

과는 달리 일본인과 똑같은 경제적 책임을 지는 '주체'라는 언설이었다.

스즈키는 1942년에 저술한『조선경제의 신구상(朝鮮經濟の新構想)』에서 '경제적 내선일체'를 더욱 강경한 어조로 설명하고 있다.

> '대륙병참기지'론은 (중략) 대륙의 일각인 이 조선 반도에, '제2의 內地', '내지의 대륙적 分身', 혹은 '내지 경제의 前衛'라고 말할 수 있는 각종 산업이 고도로 발달한 산업권을 형성하고, 일조유사의 때에 대륙경제권의 자립을 조달할 수 있는 산업적 거점이 되는 것을 이상으로 하는 것이다.[13)]

일본은 대륙을 향한 침략전쟁을 수행하기 위해 한반도에 '내지'의 병참기지를 전진 배치함으로써, 한편으로 내지와 한반도를 일체화하고, 다른 한편으로 대륙과 연결된 독자적 전투체계를 확립하고자 했다. 이것이 바로 '대륙병참기지', 또는 '대륙전진병참기지'의 실체였다. 그리고 그 역할은 아시아태평양전쟁으로 인해 전장이 태평양 일대로 확장된 이후에도 지속되었다. 주목할 점은 일제의 '경제적 내선일체'에 따른 조선의 대륙병참기지화가 결국 한반도 전체를 '내지'와 똑같은 전쟁 가해의 책임 속으로 끌어들였다는 데 있다.

2) 대륙병참기지의 핵심, 육군조병창의 설치 과정

스즈키가 「대륙병참기지론해설」을 집필한 1939년, 일본 육군은 한반도 내 조병창 설치를 본격적으로 논의하기 시작했다. 이제는 널리 알려진 바와 같이 1939년 8월 9일, 당시 육군조병창 장관이었던 고스다 가쓰조(小須田勝造)가 육군대신 이타가키 세이시로(板垣征四郎)에게 인천 부평 일대 '조선 공창' 건설을 위한 토지 매수 요청 문건을 제출했던 것이

13) 鈴木武雄,『朝鮮經濟の新構想』, 東洋經濟新報社, 1942, 291쪽.

다. 그리고 하루 뒤인 8월 10일, 육군성 병기국은 "만선(滿鮮) 북지(北支)에 대한 수송의 신속 안전 및 조선 내 병기 공업 능력의 비약적 발전을 기하기 위해 경성 근방에 총기류 생산을 주 임무로 하는 제조소 한 곳을 설치 한다"는 내용의 문건을 추가로 제출하였다.

병기국의 문건에 따르면, 경성 근방에 만들어질 제조소는 소총 월 생산 2만 정, 경기관총 및 중기관총 월 생산 각 100정, 총검 월 2만 진, 군도 월 1천 진, 그리고 탄환 등을 생산할 수 있는 시설로 계획되었다.[14)]

처음 조선 공창, 또는 제조소는 일본 규슈의 고쿠라조병창 예하로 구상되었으나 이후 위상을 높여 육군조병창을 설치하고 그 아래 제조소를 두는 것으로 결정되었다. 육군조병창의 설치 장소는 부평, 공식 명칭은 인천육군조병창이었다. 조선 공창 공사는 1939년 말 시작되었고, 이듬해 1940년 12월에는 인천육군조병창으로 공식 편성되었으며, 이듬해인 1941년 5월 개창하기에 이른다.[15)]

그런데 한반도 내 일제 병참기지 건설 논의가 중일전쟁보다 훨씬 앞서 진행되고 있었던 정황이 있다. 관련 정황은 주로 신문 기사를 통해 확인할 수 있는데 이미 1910년대 후반 '조병창' 건설 논의를 전하고 있다. 당시는 조선 내 상주사단 건설이 가시화된 상황이었고, '조병창' 건설 역시 이와 관련된 논의였을 것으로 판단된다.

한반도 내 '조병창'에 관한 가장 빠른 기사는 1917년 5월 26일자 『매일신보』에서 확인된다. 당시 육군 예산 중 2백만원이 조선조병창 설치 목적으로 계획되었다는 것이었다. 조병창 설치는 병기 제조가 아닌 수리가 목적이라는 점이 언급되어 있으며, 조병창 직공들은 조선인으로

14) 「土地買收ノ件申請」, 『昭和14年 密大日記』 第5册. アジア歴史資料センター C01004619300.

15) 1938년부터 이미 인천에 대규모 공창을 설치하려는 움직임이 시작되었다는 기록이 있다. 당시 인천부윤이었던 나가이 데라오(永井照雄)가 고쿠라 무기 제조창의 분소 형태로 부평에 무기 제조 공장을 유치했다는 것이다.

채용할 방침이라는 점이 부기되어 있다.[16)]

『조선시보』 1917년 7월 18일자 기사 역시 두 번에 걸쳐 조선 내 조병창 설치에 관한 소식을 전했다. 특히 그 장소로 평양을 특정한 점에서 주목할 만하다. 다만 '조병창'은 일반명사로 사용한 것이고 기사에는 2백만 원으로 조선병기지창을 1918년부터 건축할 예정이라고 보도했다. 앞의 『매일신보』 기사와 맥을 같이 하는 것이었다.[17)] 이와 유사한 기사는 같은 해 8월 26일에도 계속되었다.[18)] 이에 대응하여 평양에는 대규모 병기제조소가 들어섰다.

1933년 6월 평양 내 조병창 건설 소식이 다시 한번 보도되었다. 육군성이 당시 중화군에 있었던 수은광산을 조사하고 수은 채굴과 정련 시설을 확충하기로 했는데 이를 계기로 평양에 조병창 지창이 설치될 수 있다는 추측성 기사였다.[19)] 평양 조병창 관련 내용은 『매일신보』뿐만 아니라 『조선중앙일보』도 보도한 바 있다.[20)] 그러나 이때 역시 조병창 건설은 실현되지 않았다.

그러던 1937년 6월 『조선일보』와 『동아일보』는 조선상의(朝鮮商議)의 결의 내용을 전하면서 평양에 있는 병기제조소 등을 확대하여 조선 내 조병창을 건설해야 한다는 내용을 보도했다. 조선상의는 "현재 조선은 군의 작업청(作業廳)으로 육군조병창 평양병기제조소, 육군병기본창 평양출장소, 육군항공본창 평양항공지창 및 해군연료창 평양광업부의 4청이 있으나 조선의 지리적 중요성에 비춰 당국은 지금 조속히 병기제조

16) 「내지전보: 조선에 조병창설치; 병기 수선이 위주오, 직공은 조선인」, 『每日申報』 1917.5.26. 2면.

17) 「造兵廠は平壤」, 『朝鮮時報』 1917.7.18. 2면.

18) 「平壤造兵廠規模: 古川要塞司令官談」, 『朝鮮時報』 1917.8.26. 2면.

19) 「中和의 水銀鑛 採掘計劃 擴張 今後 成績이 良好하게 되면 平壤에 造兵廠 設置?」, 『每日申報』 1933.6.12. 3면.

20) 「中和의 水銀鑛 採掘計劃 擴張 平壤에 造兵廠 設置」, 『朝鮮中央日報』 1933.6.23. 3면.

소를 조병창 공창에 병기본창 출장소를 병기본창 지창으로 확대"해야 한다는 점을 조선총독부에 건의했다는 것이다.[21]

1917년 이후 조병창을 조선 내 건설 논의는 지속적으로 보도되고 있다. 조선 내 조병창 건설은 일본 육군 측의 강력한 의지도 있겠지만 조선총독부나 재조일본인 사회의 바람 속에서 추동되었을 가능성이 높다. 다만 이러한 의지와 바람에도 불구하고 그들이 그토록 요구하던 조병창 건설까지는 꽤 오랜 시간이 걸렸다. 결국 육군조병창이 식민지 조선에 건설되는 것은 중일전쟁 이후였다. 조병창이라고 하는 대규모 병참기지의 한반도 건설은 당장의 필요와 요구 그 이상의 의미가 내포된 조처였던 것이다.

실제 조병창 건설의 기점으로 판단할만한 기사가 중일전쟁 개전 꼬박 1년 지난 시점이었던 1938년 7월 9일 보도되었다.

> 永持造兵廠長官 北鮮工業을 視察
> 陸軍造兵廠 長官 永持 中將은 長谷川 大佐 이하를 수행하고 來鮮中 지난 5, 6의 양일 일본고주파중공업 성진공장을 시찰하고 다시 아오지의 석탄 액화사업을 시찰한 후 일양일(一兩日) 중에 再入城 歸東할 예정이다.[22]

나가모치[23] 육군조병창 장관이 북한지역을 시찰했다는 이 기사는 당시 『매일신보』와 『동아일보』 등 주요 신문에 보도되었다. 그다지 특별할 것 없는 기사였지만 지난 시간 조병창 건설을 둘러싸고 관심을 보였던 사람들의 눈에는 달리 보였을 것이다. 그리고 다시 1년이 지난 1939년

---

21) 「朝鮮商議의 決議 總督府에 建議」, 『東亞日報』 1937.6.23; 「資源開發資材補給 軍作業廳擴充」, 『朝鮮日報』 1937.6.23.

22) 「永持造兵廠長官 北鮮工業을 視察」, 『每日新報』, 1938.7.9.

23) 나가모치 겐지(永持源次)를 말한다. 도쿄부 출신. 1903년 육군사관학교 졸업하고 이듬해 포병 소위로 임관했다. 포병 지휘관으로 야전 장교와 교관을 두루 거쳤다. 1935년 중장으로 진급하고, 1936년 조병창 장관이 되어 복무하다 1939년 예비역에 편입되었다.

6월 3일 고스다[24] 조병창 장관이 재차 조선에 왔다. 고스다의 조선 방문 소식을『매일신보』는 사실 위주로 보도한 반면,『조선일보』와『동아일보』는 기대 섞인 어조로 주목하고 있다.[25]

> 小須田造兵長官 來鮮
> 조병창 장관 小須田 중장은 오는 13일 입경할 예정이고 일본고주파 성진공장을 시찰하는 외 총독부, 조선군 당국과도 중요 협의를 할 예정인데 동 장관의 입경은 조선 내에서의 군수중공업에 어떤 新展開를 줄 것이라고 기대되어 그 동정은 자못 주목된다.[26]

고스다는 조선에 방문한지 두 달 뒤 육군성에 이른바 조선공창 건설을 위해 육군대신에게 토지 매수를 신청했던 바로 그 인물이었다. 이후 조선공창이 인천육군조병창 설치로 이어지는 것은 앞서 기술한 바와 같다.

한편 1940년 4월 육군은 육군조병창과 육군병기창을 통합해 병기 자재의 제조 수리 조변 보급의 일대 기관인 육군병기행정본부의 창설했다. 육군조병창 장관이었던 고스다는 이때 육군병기행정본부 차장에 임명되었고,[27] 1942년에는 본부장이 되었다. 참고로 인천육군조병창은 1940년 이래 육군병기행정본부 예하에 있다가 1945년 본토결전 방침 이후 한반도 주둔 일본군 예하로 편입된다.

---

24) 고스다 가쓰조(小須田勝造). 나가노현 출신. 1907년 육군사관학교를 졸업하고 같은 해 포병 소위로 임관했다. 육군 파견학생으로 도쿄대학 이과대학에 입학, 물리학과를 졸업했다. 주로 공장과 조병창에서 기술장교로 복무했다. 육군조병창 쥬죠제조소장, 육군기술본부 주미국 주재관, 고쿠라공창 도쿄병기제조소장 등을 역임했다. 1938년 육군 중장으로 진급했으며, 같은 해 조병창 장관으로 취임했다. 1942년에는 육군병기행정본부장(조병창과 육군병기창을 통합한 것)이 되었다. 1943년 예비역에 편입되었다.

25) 「小須田中將日程」,『東亞日報』1939.6.3.;「小須田中將明日來鮮」,『每日新報』1939.6.13.;「小須田中將 明日釜山上陸」,『東亞日報』1939.6.13.

26) 「小須田造兵長官 來鮮」,『東亞日報』1939.6.3.

27) 「陸軍戰時編成改革－兵器本部人事發令」,『每日新報』1940.4.2.

3. 아시아태평양전쟁 종전에 따른 조병창의 변화와 미군 진주

1) 인천육군조병창의 최후

다음으로는 일제의 패전과 미군의 진주에 따른 한반도 내 육군조병창의 최후 모습을 살펴보고자 한다. 전체상을 조감하기보다 특징적인 면을 중심으로 기술했는데, 일본 방위성 방위연구소에 소장되어 있는 자료들을 주로 활용했다.

우선, 「1945년 인천조병창 상황보고」[28] 중에는 패전 전후 인천육군조병창의 상황을 보여주는 대목이 있다. 특히 최근 보존을 둘러싸고 여러 차례 주목을 받았던 조병창 병원에 관한 내용이 눈길을 끈다.

> 의무과 전원이 병기 증산의 추진력이 된다는 것을 기하여 야간 진료를 개시하는 동시에 제조소 내 진료소 및 주택 영단 지구 진료소를 개설하여 종업원은 물론 그 가족의 보건 지도를 적극 과감하게 실시함으로써 안전감을 지키고 생산에 종사토록 노력하고 있다. 공습 하의 치료를 고려하여 구내로부터 약 2킬로미터의 사립 여학교에 이전할 것을 계획 중이다.

육군조병창을 원활히 운영하기 위해서는, 다시 말해 최후 결전을 위해 지속적으로 병기를 생산하기 위해서는 조병창에서 부상당한 사람들에 대한 빠른 치료와 회복이 중요했다. 인천육군조병창에서는 이를 위해 조병창 병원의 운영 방침을 세 가지로 나누어 제시하고 있다.

첫째는 야간 진료의 개시다. 야간 진료가 시작되었다는 것은 야간 노동이 시행되고 있다는 것을 의미한다. 조선인 노동자들을 동원해서 시행한 병기 생산, 또는 조병창 지하화 공사가 밤낮을 가리지 않고 자행

28) 「昭和20年3月 隷下部隊長會同の際の兵器生産 狀況報告(仁川陸軍造兵廠)」(陸軍一般史料 中央-軍事行政兵器-41). 본문에서는 「1945년 인천조병창 상황보고」로 지칭하겠다.

되었던 것이다. 조병창 병원에서는 이들 중 부상당한 사람들을 치료하기 위해 야간 진료를 개시했다고 한다.

〈그림 1〉 잔존한 조병창 병원 건물, 미군은 '1780'이라는 번호를 달았다.(2019.8. 필자 촬영)

둘째는 제조소 및 주택 영단 지구 진료소를 개설하는 것이다. 조병창과 인근 지역이 워낙 방대한 탓에 부상자 등 환자가 발생했을 경우 적절히 진료 및 치료가 힘들다는 판단이었을 것이다. 이에 따라 제조소와 영단주택 지구에 진료소를 개설하여 조병창의 노동자들을 치료하겠다는 심산이었다. 부상자의 시급한 치료를 위한 행위였지만 이 역시 결국 침략전쟁을 무리 없이 수행하려는 방책이었다고 할 수 있다.

셋째는 공습에 대비하여 병원 시설을 조병창 밖으로 이전하는 것이다. 자료에 따르면 "공습 하의 치료를 고려하여 구내로부터 약 2km의 사립 여학교에 이전할 것을 계획 중"이라고 했다. 미군이 공습을 시작하면 인천육군조병창이 공습 대상이 될 것은 자명했다. 문제는 병원이 공습 피해를 입을 경우 조병창의 원활한 운영이 어려워진다는 사실이었다. 이에 따라 조병창 병원을 조병창에서 멀리 떨어진 여학교로 이전할 계획을 세웠다. 조병창 병원을 이전하고자 했던 학교는 쇼와고등여학교(昭和高等女學校)였다. 이에 대해서는 『1945년 인천조병창 상황보고』에 수록된 아래 표를 참조할 수 있다.

〈표 1〉 조병창 병원 등 주요 시설 이전 계획

부서 및 공장명	면적	이전 장소	면적	이전 실시 기일
의무과	6,114	쇼와여학교	2,599	3.15~3.20
본부 각 과소(課所) (공영회를 포함)	4,767	의무과	6,114	3.20~3. 25
제1제조소 사무소 (검사괘 포함)	3,153	서무과, 회계과	1,519	3.25~3.30
제품고		총상(銃床) 공장 동측 창고	504	3.1~3.20
연마공장 (샌드 블라스터[29] 제외)	900	판금공장 1,2층 공지(空地)	800	3.1~3.20
조립공장	2,154	연마공장(이전 자리)	900	3.20~4.10
회계과 창고 1동	1,300	신설 창고		3.1~3.20
회계과 가창고				3.1~3.30

※위 계획에 따라 각 과소의 이전 계획을 세워 실시함. 단, 본부 각 과(공영회 사무소를 포함)는 별도에 의해 실시함.

※이전에 맞춰 회계과는 이전하는 동안 트럭 1대를 이전 과소에 배속함.

※이전에 맞춰서는 비품, 잡품을 휴행하는 것으로 함.

표에 기재된 의무과는 조병창 병원을 의미했다. 즉 인천육군조병창 측은 조병창 병원을 3월 15일부터 20일 사이에 '쇼와여학교'로 이전할 계획이었다. 쇼와여학교는 현재 박문여자고등학교의 전신이다. 쇼와여학교는 1940년에 부평에서 개교했으며 해방 직후 교명을 박문으로 변경했다. 1956년 교사를 송림동으로 신축 이전하면서 부평과는 멀어졌다.[30]

앞서 언급했듯 조병창 병원 이전은 미군의 공격에 대비한 것이었다. 물론 미군이 본격적인 상륙과 공습을 감행하기 직전에 전쟁은 끝났다. 인천육군조병창 역시 직접적인 피해를 받지는 않았다. 그러나 일본 열도의 다른 조병창들은 적지 않은 피해를 입었다. 육군병기행정본부가

---

29) 모래를 이용한 연마기계를 말한다.

30) 박문여자고등학교 홈페이지(http://bakmun-h.icehs.kr/main.do) 학교 연혁 참조. 박문여고는 2015년 다시 인천 연수구 송도동으로 이전했다.

작성한 「조병창 현황」[31]에는 일본 내 육군조병창들의 공습 피해 상황이 기술되어 있다.

〈표 2〉 일본 내 육군조병창들의 피해 상황

구분		설비 피해(%)	생산능력 저하(%)
지상 총기		2	3
항공 무기		12	23
화포		25	65
광학 병기		76	70
지상 탄약		26	28
항공 탄약		18	18
해운기재	선체	14	30
	기관	30	40
裝軌 車輪		30	40
자동차		30	39
전파기재		50	51
통신기재		70	70
진공관		80	80
일반기재	치중병기	58	64
	일반기재	13	18
철모		18	63
항공부품		6	7

〈공습피해 상황〉

공습의 초두에는 공격 목표에서 제외되었기 때문에 지상 병기(항공기 탑재 무기 탄약 포함)의 정비에 미치는 1차적 영향은 거의 없어서 생산 강행 등에 따라 점차 생산 상승의 경향을 보이고 있었는데, 12월 이후는 수송력 저하, 자재 편중 등 2차적 피해가 점차 가중되었다.

1945년 2월 이후 중요 공업 도시의 소실은 지상병기의 정비에 중대한 위협을 더하게 되었다. 생산시설의 파괴, 협력공장의 소실은 물론 무피해 공장

31) 「日本兵器工業會資料 造兵廠の現況(1945.8.31.)」(陸軍一般史料-軍事行政軍需動員-195).

> 이라고 할지라도 노동자 주택의 상실에 따른 노동력 감소와 수송 능력 특히 소운송 능력의 핍박에 따른 원재료와 생산용 부자재 부족 등으로 인해 생산 능력은 점차 감퇴되었다.
> 아울러 최근 관 시설 중 최대의 피해를 받은 것은 6월 말 나고야조병창, 8월 14일 오사카 조병창 본창으로 각각 담임 병기 정비상 치명적이었다고 한다.
> 위 공습에 따른 설비 피해 및 당면한 생산 능력 저하 상황은 〈표 2〉와 같다.

일본 열도에 대한 미군의 공습이 본격화된 1945년 이후에는 육군조병창의 직접 피해가 늘어났고 그에 따라 생산 능력 또한 저하되었다. 특히 나고야조병창과 오사카조병창은 전쟁 말기에 '치명적' 피해를 입었다고 한다.

일본 내 육군조병창의 설비 피해 및 생산능력 저하는 적게는 2~3%에서 많게는 80%에 달했다. 항목마다 차이가 있지만 설비는 평균 30% 이상 피해를 입었고, 생산능력은 평균 41%가 넘게 저하되었다.

미군의 공습이 경인지역에 실행되었다면 인천육군조병창 역시 큰 피해를 입었을 것이다. 조병창 건설과 운용을 위해 강제동원되었던 조선인들의 피해 역시 막대했을 것이다.

2) 미군의 한반도 진주와 조병창 해체

미군은 아시아태평양전쟁 종전 직후 한반도에 상륙하여 부평 지역의 일본군을 무장해제하고 주둔지 및 군사시설을 접수했다.

미군이 처음 인천 앞바다에 모습을 드러낸 것은 1945년 9월 6일이었다. 미군선견대는 이전에도 몇 차례 기뢰 제거 등을 위해 인천 상륙을 시도했으나 악천후 등으로 연기되다가 결국 본대의 상륙 직전에 도착할 수 있었다. 선견대는 항복조인에 관한 실무와 본대의 상륙 준비 등을 협의하는 임무를 띠고 있었다.[32] 그리고 이틀 뒤인 9월 8일 드디어 미군 본대가 인천에 상륙했다.

인천항에 상륙한 제24군단 제7사단은 제17, 32, 184 보병연대로 구성되어 있었는데, 제17보병 연대는 인천지역을 확보하기 위해 인천지역에 주둔하고, 나머지 부대는 서울로 진주했다. 하지의 명령에 따라 경기도지사 이쿠타 세자부로(生田淸三郎)는 경성과 인천지역에 통행금지령을 포고했다. 이에 따라 오후 8시부터 다음 날 오전 5시까지 일반인의 야간 통행이 금지되었다.[33] 이때 미군에 의해 처음 시행된 통행금지는 무려 37년이 지난 1982년 1월까지 지속되었다.[34]

미군이 인천 상륙 직후 경성과 인천에 통행금지를 시행한 까닭에 대해 김운태는 당시 미군이 한국인을 '준적국인(準敵國人, quasi-enemies)'으로 취급했기 때문이라고 기술했다. 즉 이미 맥아더는 하지 등 제24군단 각 지휘관에게 이른바 야전명령을 하달하여 "점령군의 작전수행에 방해되는 개인과 단체의 모든 행위를 진압"하도록 하고 있었다.[35] 또한 진주 이전 지속적으로 아베 총독과 고즈키 군사령관의 전신을 통해 "공산주의자와 선동가들"이 조선사회의 평화와 질서를 교란하고 있다는 거짓 정보를 습득하고 있었다.[36]

한편 인천육군조병창의 해체에 관해서는 미군 측 자료를 참조할 수 있다. 미군정 정보참모부(G-2) 군사실(Historical Section)에서 편찬한 History of the United States Army Forces in Korea(HUSAFIK, 『주한미군사』)에는 미육군 제24군단군의 인천 상륙 이전부터 일본군의 무

32) 李圭泰, 『米ソの朝鮮占領政策と南北分断体制の形成過程』, 信山社, 1997, 140~141쪽.

33) 李圭泰, 『米ソの朝鮮占領政策と南北分断体制の形成過程』, 142쪽.

34) 金雲泰, 『美軍政의 韓國統治』, 博英社, 1992, 70쪽.

35) 金雲泰, 『美軍政의 韓國統治』, 65~66쪽.

36) 오키나와 주둔 미군과 한반도 주둔 일본군 간의 교신에 관해서는 김운태·이규태·정병욱·유지아·조건 등이 논급한 바 있다.

장해제 전 과정에 대해 상세히 기술되어 있다.[37)]『주한미군사』에 수록된 인천육군조병창 관련 기록은 아래와 같다.

> 제24군단이 9월 8일 조선반도에 상륙했을 때 인천에서는 무장한 일본군 헌병대가 경계를 서고 있었다. 대부분의 일본군은 서울에서 철수하고 있었지만, 소수의 일본군과 경찰이 서울을 경비하고 있었다. 다음날에는 인천–서울 지구에 주둔한 모든 일본군의 무장해제와 송환은 … 별다른 충돌 없이 순조로이 진행되고 있었다. 이후 3일 동안 미군은 서울–인천 지구에서 확인한 모든 물자 야적장, 보급 시설, 조병창, 탄약 공장에 경비병을 배치했다. 여기에는 인천 근처의 대규모 조병창이 포함되어 있었다. 서울–인천 지구에 주둔한 일본군은 9월 10일까지 25% 정도의 병력을 제외하고 무장해제를 완료했다. 일본군이 경비하고 있던 시설은 미군이 순차적으로 접수하였고 경비 병력은 서울–인천지구의 경계 밖으로 후송되었다.[38)]

미군은 일본군 측에서 제공한 정보를 토대로 경인지역의 주요 군사시설을 미리 파악하고 있었다. 조병창은 그 중 주요한 시설이었기 때문에 우선 경비병을 배치해서 관리했던 것으로 보인다. 그러나 당장 조병창을 어떻게 운용해야 할지, 조병창 내에 남겨진 군수물자와 공장 설비들을 어떻게 처리할지에 대해서는 구체적인 방안이 마련되어 있지 않았다.

> 38선 이남 지역에 있는 중요한 조병창은 인천 근교에 단 한곳이 있었으며 제24군수지원사령부가 주둔한 뒤 신속하게 비군사화되었다. 제24군단 병기참모부는 보고서에서 다음과 같이 설명했다.

> "점령 부대는 조병창 내부에서 문제를 일으켰다. 후속 부대가 주둔할 공간을 마련하기 위해 조병창에 있던 여러 종류의 공구와 특수 기계를 철거해

37) HUSAFIK은 2014년 국사편찬위원회에서 『주한미군사』라는 제목으로 번역 출판한 바 있다.

38) 「조선 본토의 일본군 무장해제와 철수」, 『주한미군사』, 국사편찬위원회, 2014, 379쪽.

서 아무데라 버린 것이다."

조병창의 기계류를 철거해 버린 것은 군단 야전 명령에서 규정한 것보다 더 심한 조치였다. 군단 야전 명령은 조병창을 점령하라고 했지 파괴하라고 한 것은 아니었기 때문이다. 하지 장군은 조병창의 기계를 파괴한 것은 어쩔 수 없는 과정이었다고 생각했다.[39]

미군은 조병창뿐만 아니라 일본군 군사시설에 남겨진 무기들을 '비군사화'하는 절차를 시작했다. 이중 일부는 미군의 전리품이나 기념품이 되기도 했다.[40] 전리품으로 '소비'된 것 외의 기관총, 화포, 폭탄, 항공기 엔진, 그리고 수많은 탄약들은 땅에 묻거나 태웠고, 많은 수는 바다에 수장시키는 방법을 택했다.[41] 특히 엄청난 약의 탄약을 어떻게 처리할지 고심을 했던 것으로 보인다.

인천육군조병창의 주요 임무가 소총과 탄환을 생산하는 것이었다는 점을 주목할 필요가 있다. 미군이 부평을 점령했을 당시 조병창 내에는 탄환 생산을 위해 비축했을 엄청난 양의 탄약이 쌓여 있었을 것이다. 인천육군조병창은 매달 150만 발의 탄환을 생산하는 것을 목표로 했었기 때문이다.[42] 미군은 인천육군조병창에 남겨진 탄약과 탄환들을 바다에 버리고 싶었지만 인천항에는 한반도로 상륙하는 미군과 귀환하는 일본인들로 혼잡한 상태였다. 자료에 따른다면 인천육군조병창에 보관되어 있는 탄약과 탄환은 땅에 묻거나 태워진 것으로 판단된다.

39) 「일본군 장비와 시설 처분」, 『주한미군사』, 416~417쪽.

40) 미군은 1945년 9월 4일 「태평양 미육군 회람 제58호」에 따라 일본군이 남긴 무기를 기념품으로 지급하는 것을 승인했다.(「일본군 장비와 시설 처분」, 『주한미군사』, 409쪽.)

41) 「일본군 장비와 시설 처분」, 『주한미군사』, 408쪽.

42) 조건, 「일제 말기 仁川陸軍造兵廠의 地下化와 강제동원 피해」, 189쪽.

4. 부평지역 외국군 병참기지의 귀결과 그 의미

일본군이 떠난 조병창 자리는 미군의 '병참기지', 즉 군수지원사령부[43]가 들어섰다. 처음 부평에 진주한 부대는 미 제24군단 예하로, 8월 29일 오키나와에서 공식 편성된 미군 제24군수지원사령부(ASCOM 24)였다. 제24군수지원사령부는 "제24군단의 군수보급을 담당하는 조직으로 조선반도에서 군단의 군수보급 시설, 조직, 장비의 운영을 책임"지는 부대였다.[44] 제24군수지원사령부는 편성된 날 승선 명령을 받고 강습상륙함 베컴(Beckgam)과 고속상륙함 링네스트(Ringnest)에 각각 탑승하여, 9월 5일 오키나와의 정박지를 출발, 9월 8일 인천에 상륙할 수 있었다.[45]

그런데 애초 한반도에 진주할 미군은 스틸웰(Joseph W. Stilwell)이 사령관으로 있었던 제10군이었다. 미 제10군은 태평양 미육군사령부 예하로 제24군단, 제7사단, 제27사단, 그리고 군수지원사령부(ASCOM) 등으로 구성되어 있었다. 태평양 미육군사령부는 한반도에 진주한 이후 제10군의 군수 보급을 담당케 하기 위해 8월 11일자 작전 지령 제4호를 통해 제10군수지원사령부를 편성하였다. 그런데 8월 12일 오후 제10군에 부여됐던 한반도 진주와 점령 임무가 갑작스레 제24군단으로 변경되었다. 한반도 점령부대가 변경된 것은 제10군 사령관 스틸웰의 '중국 연안부' 복귀를 반대했던 장제스의 입김 때문이었다고 한다.[46] 트루먼과 맥

43) 공식 명칭은 'Army Service Command', 미육군 군수지원사령부다.

44) 「보급 및 행정」, 『주한미군사』, 75~76쪽.

45) 당시 태풍으로 오키나와 일대 파고가 높아 승선이 중단되는 등 기상 악화로 진주가 지연되었다.(「승선」, 『주한미군사』, 95~97쪽.)

46) 장제스와 스틸웰의 갈등은 해묵은 것이었다. 스틸웰은 중일전쟁 개전 이래 중국전구 미군사령관이자 주중미군사고문단 단장으로 근무했는데, 당시 국민당 정부와 군의 무능과 부패를 신랄하게 비판했다고 한다. 특히 대일전을 효과적으로 수행하기 위해서는 공산군을 지원해야 한다는 입장을 펴기도 해서 장제스와 불화를 겪었다.(정용욱,

아더가 일본을 항복시키기 위한 중대 국면에서 장제스와 불필요한 대립을 원치 않았다는 것이다. 이에 따라 제24군단장이었던 존 하지(John R. Hodge)가 8월 19일 주한미육군사령관(CGUSAFIK)에 임명되었다.[47)]

하지는 즉시 한반도 진주 준비에 착수했다. 특히 제10군수지원사령부를 제24군수지원사령부로 개칭하고 편성을 새롭게 정비했다. 초기 제24군수지원사령부는 장교와 사병 500명으로 구성되어 있었으나 증원이 필요하다는 요청에 따라 750명으로 확충되었다. 제24군수지원사령부 사령관은 제1군수지원사령부의 오키나와 육군기지사령관이었던 '셰비스'(Gilbert X. Cheves)가 임명되었다.[48)]

제24군수지원사령부는 부평의 인천육군조병창을 접수하여 병참기지로 활용했다. 예하에 병기기지창 등을 배치했고 일본 오키나와에서 군수 물자들을 운송해 왔다. 미군은 1945년 말부터 제24군수지원사령부를 중심으로 점차 확장되기 시작한 병참기지 일대를 애스컴 시티(ASCOM City)로 불렀다.[49)]

제24군수지원사령부는 앞서 언급했듯 기본적으로 제24군단의 군수보급을 담당했으며, 그 외 전술부대 예하에 있거나 배속된 부대를 제외한 모든 의무부대를 지휘하기도 했다. 또한 군정청과 협력하여 철도, 통신시설, 항만, 공공설비와 같은 한반도 내 민간 시설을 관할하고 군사적

『존 하지와 미군 점령통치 3년』, 중심, 2003, 12쪽.)

47) 오코노기 마사오 지음, 류상영 등 옮김, 『한반도 분단의 기원』, 나남, 2019, 196~197쪽. 오코노기 마사오는 주한미육군사령관의 변경이 결국 미군의 남한 점령 정책에 변화를 주었다고 지적했다. 그는 하지를 "결연한 전투형 장군으로서 남한 점령처럼 정치적으로 미묘한 임무에 필요한 조건은 전혀 갖추지 않은 인물이었다"고 평했다.

48) 「보급 및 행정」, 『주한미군사』, 75~76쪽.

49) 김현석, 「땅의 계보와 공간 서사: 부평연습장, 조병창, 애스컴 시티」, 『미군기지 캠프 마켓과 인천육군조병창 유적』, 인천광역시립박물관, 2021, 28쪽. 『주한미군사』에 따르면, 9월 16일 제24군수지원사령부를 비롯한 주요 부대들이 부평 조병창 근처로 이동했고 이때부터 이 일대를 '애스컴 시티'로 명명했다고 한다.(『주한미군사』, 206쪽.)

인 용도의 건물과 부동산을 관리하는 임무도 가지고 있었다.[50] 항복 조인식 이후인 9월 11일에는 인천항과 남한 내 철도의 운영 책임까지 맡게 되었다.[51] 이러한 임무 범주로 인해 제24군수지원사령부는 남한 주둔 일본군의 귀환 사무를 담당하기도 했다.[52] 아울러 일본군이 남긴 무기 등 군수품 처리도 역시 제24군수지원사령부의 주요한 임무 중 하나였다.[53]

애스컴 시티는 1948년 제24군단의 철수와 미군 감축 등에 따라 한국 정부에 반환되었으나 한국전쟁으로 다시금 부활했다. 1950년 7월부터 9월 중순까지 애스컴 시티 일대는 북한군의 수중에 있었지만, 인천상륙작전 이후 유엔군이 다시금 부평 일대는 점령했고, 9월 하순에는 제3군단 병참사령부가 창설되었다. 1951년 1·4후퇴 이후 잠시 동안 다시 통제권을 상실했지만, 그 해 봄 재탈환함으로써 애스컴 시티는 복원되었다.[54]

한국전쟁과 종전 후 복구 기간 중 애스컴 시티는 부산의 하야리야 부대와 함께 주한미군에 군수물자를 보급하는 역할을 담당했다. 하야리아는 부산항을 통해 들어온 물자를 배분했고, 애스컴 시티는 휴전선 인근 주한미군의 보급창 노릇을 했다.[55]

1953년 후반부터는 사실상 주한 미군에 대한 모든 지원활동을 애스컴 시티에서 맡게 되었고 이에 필요한 군사시설 공사를 위해 제565공병대대가 부평 일대 주둔하기도 했다. 1955년 5월에는 애스컴 시티 지역사령부(ASCOM City Area Command)가 설립되었고, 같은 해 10월에는

50) 「보급 및 행정」, 『주한미군사』, 76쪽.

51) 「제7사단의 서울 점령」, 『주한미군사』, 187쪽.

52) 「일본군의 송환절차와 송환과정」, 『주한미군사』, 396~400쪽.

53) 「일본군 장비와 시설 처분」, 『주한미군사』, 406~408쪽.

54) 「ASCOM City, Korea: Historical Study of ASCOM City」, RG 550 Records of the U.S. Army, Pacific, 1945-1984, Box 224(국사편찬위원회 등록번호 IM0000204583).

55) 한만송 지음, 『캠프 마켓』, 봉구네책방, 2013, 104쪽.

애스컴 시티 예하지역 사령부(ASCOM City Sub-Area Command)가 창설되었다.[56)]

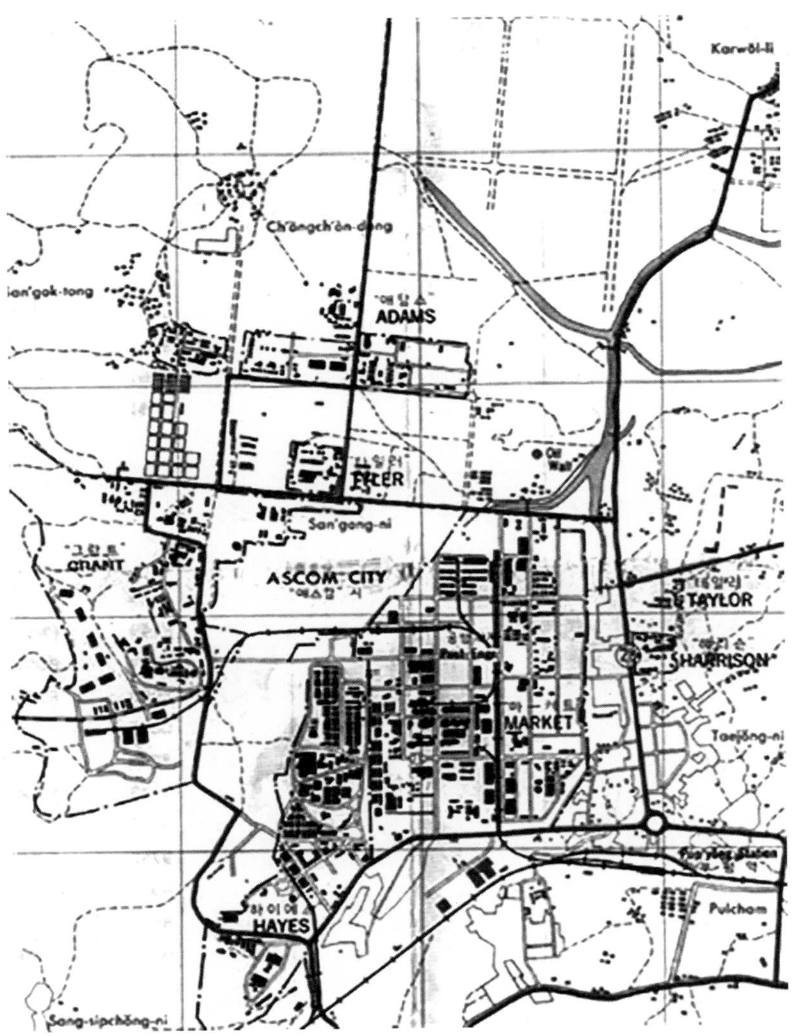

〈그림 2〉 애스컴 시티 지도(출처: 부평역사박물관)

56) 「ASCOM City, Korea: Historical Study of ASCOM City」.

1950년대 이후 애스컴 시티는 행정보급 구역(Quartermaster City)과 군수병기 구역(Ordnance City) 등 7개 구역으로 나누어졌다. 이들 구역은 1963년 미국 대통령의 이름을 따서 캠프 아담스(Camp Adams), 캠프 그랜트(Camp Grant), 캠프 헤이스(Camp Hayes), 캠프 해리슨(Camp Harison), 캠프 테일러(Camp Tailor) 등으로 명명되었다. 그러나 이렇게 팽창했던 애스컴 시티는 보급창 기능이 경북 칠곡의 캠프 캐럴(Camp Carroll)로 이전되면서 축소되기 시작했고, 1973년 1월 군수지원사령부의 해체와 함께 역사 속으로 사라졌다. 이후 부동산 매각사업실과 제55헌병중대 및 빵공장 등이 캠프 마켓이라는 이름으로 잔존하게 된다.[57)]

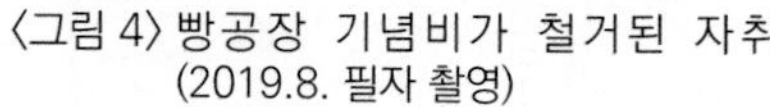
〈그림 4〉 빵공장 기념비가 철거된 자취 (2019.8. 필자 촬영)

〈그림 3〉 미군 빵공장 앞에 있었던 기념비(출처: 부평문화원)

57) 국방부 주한미군기지이전사업단, 『주한미군기지 역사-반환기지를 중심으로』, 2015, 85쪽. 이때 기차역 서편의 일제 조병창 창고 12개를 우리 육군이 수용하여 제3보급단이 주둔하게 되었다.

캠프 마켓은 2019년 한국 정부에 공식적으로 반환되었다. 이미 2011년 미군의 주요 시설들은 김천으로 이전한 뒤였다.[58] 다만 빵공장만은 남아서 기지의 명맥을 유지하고 있었는데 몇 해 전 역시 이전했다. 빵공장 앞에 서있던 던 기념비도 철거되었다.

빵공장 기념비는 1974년 11월 공장에 재직하던 사람들에 의해 건립되었다. 기념비 하단에는 건립 일자와 함께 '종업원일동'이라고 각인되어 있다.[59] 빵공장에서 일했던 한국인 노동자들이 중심이 되어 건립한 것으로 보인다. 2019년 이전까지 캠프 마켓은 우리 주권이 미치는 영역은 아니었지만, 일제강점기에도 해방 이후에도 우리와 직간접적으로 많은 관계를 맺고 있던 공간이었다.

그런데 최근 육군조병창 관련 유적의 철거를 둘러싸고 여러 이견이 있었다. 당사자가 처한 상황과 이해 정도에 따라 의견이야 다를 수 있지만 종전 후 근 80년 만에 한국 정부에 반환된 유적을 어떻게 할 것인지에 대해서 좀 더 신중할 필요가 있다. 이에 육군조병창이 갖는 역사적 의미를 상기하면서 아래 몇 가지 점을 제안하고자 한다.

첫째, 인천육군조병창과 캠프 마켓은 일제의 침략전쟁과 식민지배, 그리고 냉전의 문제점이 극명하게 드러나 있는 공간이다. 과거의 사실만을 학습하는 공간이 아닌 그 본질을 깨닫게 되는 장소로 구성되어야 한다.

둘째, 인천육군조병창은 개별 유적으로 잔존하지 않고 한반도 전체의 아태전쟁 유적과 궤를 같이 한다. 부평 조병창만의 특질과 성격에 매몰 되지 말고 이것이 20세기 제국주의와 식민주의, 그리고 침략전쟁으로 인한 한반도 전체, 나아가 피식민국가 전체의 유산이라는 인식을 가져야 한다.

58) 국방부 주한미군기지이전사업단, 『주한미군기지 역사—반환기지를 중심으로』, 2015, 84쪽.

59) 비신에 각인된 'aafes'는 'The Army & Air Force Exchange Service', 즉 미 육군 및 공군의 군사시설 내 매점을 일컫는 것으로 보인다. 그 아래는 'central bakery plant'라는 각인도 있다.

셋째, 인천육군조병창과 캠프 마켓은 '갇힌 유적'이 아닌 '열린 유적'이 되어야 한다. 역사교육의 장으로 활용한다는 명목으로 유적을 '박제화'해서는 안 된다. 건축물을 잘 복원하여 보존하고 그 안에 관련 유물을 전시하는 것도 필요하지만 이를 통해서는 유적에 대한 시민적 공감대를 형성하는 데 한계가 있다. 시민들이 함께 활용하고 공유할 수 있는 유적으로 만들어야 한다.

넷째, 인천육군조병창, 또는 캠프 마켓이 외국군의 주둔지였지만, 당연히 우리의 공간이었다는 점이 함께 부각되어야 한다. 조병창에 강제동원되었던 한국인들의 존재를 비롯하여, 빵공장에서 생활했던 우리들의 모습을 함께 살펴볼 수 있어야 한다.

다섯째, 인천육군조병창과 캠프 마켓은 역사를 넘어선 또 다른 가치의 현장이 되어야 한다. 외국군 병참기지의 굴레를 벗은 평화의 장소로서, 그리고 점령지라는 한계에도 불구하고 그 속에서 싹틔운 예술의 메카로서 자리매김해야 한다. 이러한 맥락에서 조병창과 유사 유적들의 세계유산적 가치를 지속적으로 개발할 필요가 있다.

5. 결론

부평의 일본 육군조병창은 일제의 한반도 병참기지화 정책을 대표하는 군수기지로 당시 추진되었던 물적·인적 동원의 '총화(總和)'였다. 특히 육군조병창은 한반도에서 생산하고 수탈한 각종 물자들의 집결지였고, 더불어 군수공장과 지하시설에 수많은 한국인들이 동원된 장소였다. 또한 부평 육군조병창과 관련 지하호는 본토결전 수행을 위해 구축된 핵심 시설로 일제의 식민지배와 침략전쟁의 피해를 극명하게 드러내는 유적이다.

일제는 한반도를 '대륙전진병참기지'로 규정했고, 본문에서 살펴보았듯 이것은 한반도를 '내지의 분신'으로 만들어 '가해의 책임'을 전가하고 '피해의 참화'를 떠넘기려는 의도였다. 인천육군조병창은 그 중심에 있었던 시설이었고, 따라서 부평은 그 핵심 지역이었던 것이다. 실제 전쟁 말기 조병창의 지하화를 실행하면서 도쿄 제1조병창의 시설을 이전하는 등 '분신'으로 역할 하도록 추진했다는 점을 주목해야만 한다.[60)]

해방 후 부평은 미군의 병참기지가 되었다. 외국군 병참기지라는 오명을 그대로 감내하게 된 것이다. 미군은 이곳에서 남한 내 자국군의 병참업무를 수행했다. 이름과 파급이 달랐지만, 부평에는 지속적으로 외국군의 병참기지가 주둔했고, 여기에서 각기 다른 성격과 양상의 전쟁을 치러야 했다.[61)]

부평의 외국군 병참기지는 단순히 전쟁 무기와 물자를 공급하는 데 그치지 않고 냉전의 토대로 작용했다는 점에서 중요하다. 우리 품으로 되돌아 온 부평의 영토는 일제의 침략전쟁과 강제동원의 굴레만을 벗어난 것이 아니라 아직도 자욱하게 주위를 감싸고 있는 냉전, 신냉전의 멍에에서도 탈피할 수 있어야 한다. 어떻게 하면, 식민지배, 침략전쟁, 강제동원, 냉전, 이념의 굴레 등을 극복하는 장소가 될 수 있을지 궁리해야만 한다.

요컨대 미군 캠프 마켓의 반환은 부평의 역사적·지정학적 굴레와 외국군 주둔사가 종결되었음을 의미한다. 따라서 그 활용 역시 역사적 시각에서 고려되지 않으면 안 된다.

---

60) 이에 대해서는 조건, 「일제 말기 仁川陸軍造兵廠의 地下化와 강제동원 피해」, 200~201쪽 참조.

61) 엄밀히 말하면 일제의 인천육군조병창은 '생산', 미군의 애스컴 시티는 '보급'에 중점을 두고 있었다. 어떤 목적을 주로 수행하느냐에 따라 시설 내용과 그 성격이 달라질 수 있기 때문에 '생산'과 '보급'을 구분해서 살펴볼 필요가 있다. 다만, 이 글에서는 두 시설의 '생산'과 '보급'을 '병참'이라는 용어로 묶어서 조감하고자 했다.

〈보론〉

‘본토’가 된 한반도의 상처받지 않은 침략군

〈보론〉
'본토'가 된 한반도의 상처받지 않은 침략군

1. 패전 당시 일제 침략군의 상황

한반도에 주둔했던 일본군은 주둔 형태와 활동을 중심으로 크게 여섯 시기로 구분이 가능하다. 제1기는 1875년 운요호사건부터 1903년 한국주차대(韓國駐箚隊) 사령부 편성까지, 제2기는 주차대 편성 때부터 조선주차군 시기까지, 제3기는 조선 주둔군의 상주화(常駐化)가 시작되는 1916년부터 1921년 상주화 완료까지, 제4기는 1921년부터 중일전쟁이 개전되는 1937년까지, 제5기는 1937년부터 1945년 2월 조선 주둔군이 제17방면군(第17方面軍)과 조선군관구사령부(朝鮮軍管區司令部)로 개편되는 때까지, 그리고 제6기는 1945년 2월부터 8월 패전 때까지이다.[1)]

패전 직전 조선 주둔 일본군은 '조선군사령부'를 중심으로 한 독자적인 집단군 체제를 벗어나 중앙의 직접 통수를 받는 방면군 체제를 유지

1) 각각의 시기에 대한 좀 더 구체적인 내용은 조건, 「전시 총동원체제기 조선 주둔 일본군의 한인 통제와 동원」(동국대 박사학위논문, 2015.), 19~22쪽 참조.

하고 있었다. 이것은 전황의 추이에 따른 조선 주둔군의 역할 변화에 따른 것이었다.

1944년 말 레이테 해전에서 패배하고 1945년 초 잇따라 필리핀 방어전에도 실패하자 오키나와를 비롯한 일본 본토 전역은 미군의 직접 공격에 노출되었다. 이에 일본의 전시 최고 통수기관이었던 대본영(大本營)[2]에서는 이른바 본토결전을 위해 1945년 1월 20일 「제국육해군작전계획대강(帝國陸海軍作戰計劃大綱)」(이하 작전계획)을 수립하게 되었다.[3]

대본영이 수립한 작전계획은 전시 작전부대를 방면군과 군관구로 나누어 '통수(統帥)'와 '군정(軍政)'을 분리한 것이었다.[4] 이에 따라 조선 주둔군은 작전을 수행하는 야전부대 성격의 제17방면군과 군사행정을 담당할 조선군관구사령부로 재편되었다. 제17방면군은 조선 내 방위를 담당하는 야전부대였고, 조선군관구사령부는 제17방면군의 작전 활동을 위해 관구 내 부대들을 통솔하는 한편, 병력의 보충 및 교육훈련, 경리 및 위생 등을 담당하는 부대였던 것이다. 요컨대 조선 주둔군의 조직이 야전부대와 군정부대로 나뉘어 새롭게 개편된 것은 조선이 전장화되었음을 뜻하는 것이었다.

조선군의 재편과 함께 대본영이 계획한 또 다른 조치는 미군의 한반도 상륙에 대비한 작전의 실시였다. '결호작전(決號作戰)'으로 명명된 이

---

2) 대본영은 전시 작전군의 통수권을 일원화하기 위해 설치한 조직이었다. 청일전쟁 이래 전쟁 개전시에만 설치할 수 있도록 규정되어 있었으며 천황을 정점으로 하여 내각 및 육군과 해군의 수뇌부가 모여 있었다. 대본영 설치는 전시 작전을 일원화한다는 측면이 있었는데, 육군과 해군, 그리고 통수와 작전이 분리되어 있던 군 조직 체계의 문제점을 보완하기 위한 것이었다. 한편, 1937년 '지나사변' 때는 '사변'에도 대본영을 설치할 수 있도록 규정을 변경한 바 있다.

3) 「제국육해군작전계획대강」에 따른 대본영의 조치에 대해서는 신주백, 「1945년 한반도에서 일본군의 '본토결전' 준비」(『역사와 현실』 49, 2003.), 19~27쪽에 구체적으로 서술되어 있다.

4) 조선 주둔군은 조선군사령부를 중심으로 예하에 나남을 사령부로 한 제19사단과 경성을 중심으로 한 제20사단을 기간으로 하고 있었다. 조선군사령관은 예하부대의 통수권은 물론 군사행정에 관한 권한을 보유하고 있었다.

작전에서 제17방면군은 '결7호(決7號)'의 범주에 속하였다. 그리고 작전 이행을 위해 제17방면군 예하에 대대적인 부대 증강이 있었다. 1945년 3월 나남에 제79사단, 제주도에 제96사단이 신설되었고, 4월에는 제주도에 제58군사령부 설치를 비롯하여 고창(高敞)에 제150사단, 이리(裡里)에 제160사단이 만들어 졌다. 5월에도 제주도에 독립혼성 제127여단이 설치되는 한편, 제120사단이 만주 동녕(東寧)으로부터 대구로, 제111사단과 제122사단이 만주에서 제주도로 이동하기도 했다.[5)]

1945년 9월 일본의 침략전쟁이 공식적으로 종결되었을 때, 한반도에는 약 25만에서 30만 명의 일본군 병력이 주둔하고 있었다. 이들은 서남 해안과 도서에 상륙을 감행할 미군에 대항하기 위한 방어 부대가 주류를 이루었다. 애초부터 한반도에 주둔했던 제19사단과 제20사단 주력부대는 각각 필리핀·대만 일대와 동부 뉴기니의 전선에 파견되었다가 그곳에서 패전을 맞았다.

〈표 1〉 해방 당시 한반도 주둔 일본군의 주둔 지역 및 규모

부대명	사령부 소재지	인원수(명)	비 고
제17방면군사령부/조선군관구사령부	서울	1,299	야전군, 사단, 혼성여단, 혼성 연대
제120사단	대구	9,013	
제110사단	정읍	14,797	
제160사단	이리	13,883	
제320사단	서울	8,923	
독립혼성제126여단	부산	6,349	
독립혼성제39연대	정읍	3,467	
독립혼성제40연대	성환	3,400	

5) 본토 결전에 따른 한반도와 제주도의 일본군 부대 증강에 대해서는 조성윤 편저의 『일제 말기 제주도의 일본군 연구』를 참조할 수 있다.

부대명	사령부 소재지	인원수(명)	비 고
전차제12연대	광주	943	야전군 직할부대
독립야포병제10연대	평양	1,850	
박격포제30대대	서울	856	
박격포제31대대	광주	1,200	
고사포제151연대	부산	2,704	
고사포제152연대	서울	2,003	
독립고사포제42대대	평양	830	
독립고사포제46대대	청진	660	
독립기관포제20중대	대령강	140	
독립기관포제21중대	포항	140	
제12공병대사령부	서울	100	
독립공병제125대대	서울	2,700	
독립공병제128대대	대구		
독립공병제129대대	광주		
전신제4연대	대전	1,170	
제86·87 독립통신작업대	대전	1,500	
제88 독립통신작업대	대구		
제89·90 독립통신작업대	서울		
부산요새사령부	부산	170	요새부대
나진요새사령부	나진	180	
영흥만요새사령부	원산	120	
여수요새사령부	여수	80	
부산요새중포병연대	부산	999	
나진요새포병대	나진	300	
여수요새중포병연대	여수	320	
나남사관구부대	나남	6,300	군관구 사단관구
평양사관구부대	평양	6,300	
경성사관구부대	서울	12,077	
대구사관구부대	대구	5,488	
광주사관구부대	광주	5,800	

부대명	사령부 소재지	인원수(명)	비 고
마산중포병연대 보충대	마산	500	군관구 사단관구
야전포병제15연대 보충대	회령	495	
독립공병제23연대	수색	395	
조선군관구교육대	평양	70	
조선군관구방역부	부산	64	
인천조병창	인천	252	
평양병기보급창	평양	71	
조선육군화물창	대전	238	
부산병참부	부산	462	
부산수송통제부	부산	102	
나진수송통제부	나진	90	
제12야전보충마창고	회령	600	
조선포로수용소	서울	24	
경성육군구금소	서울	15	
나남·함흥·신의주·평양·해주·경성·춘천·청주·대전·전주·광주·대구·부산	왼쪽 각 지역	1,105	지구사령부 병사부
제12야전수송사령부	대구	40	병참수송 부대
제46병참지구대본부	대전	168	
제62병참지구대본부	대구	190	
독립자동차 제65대대	추풍령	801	
독립자동차 제70대대	대구	795	
독립자동차 제82대대	이리	800	
독립자동차 제299·301중대	부산	359	
독립치중병 제63·64·72·74중대	대전·정읍·대구	1,339	
나진·나남·회령·함흥·원산·평양 1·평양 2·경성·군산·전주·광주·여수·대구·부산 육군병원	왼쪽 각 지역	1,592	군(군마)위생기관
제71병참병원	부산	400	
제16군마방역창	영동	150	
조선군 임시병참병마창	부산	50	

부대명	사령부 소재지	인원수(명)	비 고
제41경비대대		630	경비대대
제141-160경비대대		11,400	
제10야전근무대본부	대전	17	근무대
건축근무제59중대	대전	507	
제36야전근무대본부	목포	17	
육상근무대 제166·167·168·169·170·171·172중대	목포	3,577	
제37야전근무대본부	부산	17	
육상근무대 제 173·174·175·176·177·178·179중대	부산	3,577	
제38야전근무대본부	원산	17	
육상근무대 제180중대	군산	2,044	
육상근무대 제181중대	정읍		
육상근무대 제182중대	원산		
육상근무대 제183중대	경성		
제39야전근무대본부	鏡城	17	
육상근무대 제184·185중대	鏡城	3,066	
육상근무대 제186중대	성진		
육상근무대 제187중대	포항		
육상근무대 제188중대	전주		
육상근무대 제189중대	鏡城		
육상근무대 제210중대	서울	2,500	
육상근무대 제211중대	나진		
육상근무대 제212중대	평양		
육상근무대 제213중대	서울		
육상근무대 제214중대	부산		
수상근무 제77중대	원산	1,533	
수상근무 제78중대	부산		
수상근무 제79중대	여수		

부대명	사령부 소재지	인원수(명)	비 고
특설수상근무 제105·106·107·108중대	부산	1,550	특설근무대
특설수상근무 제109중대	서울		
특설수상근무 제109·110중대	부산	620	
특설경비대대(갑) 12개			특설경비부대
특설경비대대(을) 11개			
특설경비중대 5개			
특설경비중대 12개			
소계		158,317	
제58군사령부 및 예하부대	제주도	74,781	
제5항공군사령부 및 예하부대	서울	43,059	
총계		276,157	

※宮田節子 編·解說, 『朝鮮軍概要史』(不二出版, 1989)의 「附表 第4 朝鮮軍部隊一覽表」와 「附表 第3 濟州道部隊一覽表」·「附表 第8 第5航空部隊一覽表」 등의 내용을 토대로 작성함.

※제58군사령부 및 예하부대와 제5항공군사령부 및 예하부대는 전체 통계만 기입함.

※인원규모는 군속이 포함되어 있으며, 소계 및 총계는 원 자료에 기재된 수치를 단순 합산한 것으로 실제 규모와는 다소 차이가 있음.

한편 패전 당시 조선 주둔 일본군 사령관이었던 고즈키 요시오(上月良夫)는 1946년 '복원(復員)'하여 일왕에게 상주한 문건에서 당시 제17방면군의 규모를 "지상 2군, 9사단, 5사관구, 2혼성여단과 3요새 및 항공 1군 1사단을 기간"으로 하는 약 23만 명이라고 보고하였다.[6] 또한 모리타 요시오는 1945년 종전 당시 한반도 주둔 일본군의 병력을 북한 117,110명, 남한 230,258명으로 합계 347,368명이었다고 기술하였다.[7] 그러나 모리타는 같은 책에서 1945년 9월 현재 재조일본인 77만 천 명 중 군인이 27만 천 명이라고 기술하기도 했다.[8] 일본 측의 기록

6) 第17方面軍司令官兼朝鮮軍管區司令官 上月良夫, 「第17方面軍 朝鮮軍の終戰狀況上奏文(1945.12.5)」, 防衛省 防衛硏究所 陸軍一般-滿洲-朝鮮-16.

7) 이 수치는 구속을 포함한 것으로 보인다.

8) 森田芳夫, 『朝鮮終戰の記錄』, 巖南堂書店, 1964, 24~25, 219쪽. 모리타는 27만 천 명의 일본군 중 22만 천 명이 귀환했다고 한다.

에 따르면 한반도 주둔 일본군의 최종 인원은 25만 명 내외였을 것으로 판단된다.

2. 일제 침략군의 안전한 귀환

조선총독부에서는 해방 직전부터 여운형을 중심으로 한 건준에 통치권 이양을 검토하고 있었다. 그러나 막상 해방이 되자 조선 주둔군 측은 '경거망동'하지 말 것을 경고하며 한인들의 독립에 대한 희망과 정치활동을 통제했다. 더욱이 오키나와에 주둔하고 있던 미 제24군단은 자국군이 진주할 때까지 일본군에 의한 남한지역 치안유지를 승인했고 이로써 해방의 의미는 크게 훼손되고 말았다.

조선 주둔 일본군은 한반도 내 치안유지를 위해 2,500명 정도였던 헌병 병력을 단기간에 16,000명으로 확장하고 이들을 지방에 분산 배치시켰다. 이것은 총독부가 관할하던 경찰 병력으로 더 이상 한인들을 통제할 수 없었기 때문이었다. 즉 경찰 병력 중 절반을 차지하던 한인 경찰들이 대부분 이탈하여 경찰 병력의 수급이 원활하지 않았고, 더불어 총독부의 치안권 장악에 대한 의지 역시 불분명하다고 판단했던 것이다.

결국 조선 주둔군은 한인들의 만세 시위를 통제하면서 미군의 진주 때까지 한반도 내 치안권을 장악하였다. 주목할 점은 미군이 진주하여 항복조인을 맺은 이후에도 일본군 중 일부가 지속적으로 무기를 소지하면서 치안을 유지하고 안전한 귀환을 도모했다는 사실이다. 미군 측은 경인지역과 38선 이남지역 무장해제 과정에서 일부 일본군의 무기 소지를 허가하였다.

미군의 이와 같은 '비호' 아래에서 일본군은 정상적으로 아니 매우 비정상적으로 평온하게 귀환할 수 있었다. 이러한 상황을 조선 주둔군 마지막 징병주임참모를 역임한 요시다 도시쿠마(吉田俊隈)는 다음과 같이 적었다.

> 종전 후 재선부대는 8월 하순부터 축차 조선병을 귀향시켰고 중국·남방의 제 지역은 연합국군에 이관했다. 내지부대도 역시 부대마다 잘 처리하여 귀선시켰는데 고래의 종전사에 본 것과 같은 타민족군의 반란 등 불상사건도 발생하지 않고 평온리에 마무리될 수 있었다.
> 물론 일부에서는 종전 후 불안에 쫒긴 무리 도망하는 자가 없었던 것은 아니지만 이 역시 내지병도 같은 현상으로 특별히 大書할 사건도 아니어서 退營시켰다.[9]

일본군의 입장에서 보기에도 조선 주둔군의 귀환은 "고래의 종전사에 본"적이 없는 평온한 것이었다. 마지막 조선 주둔군 사령관이었던 고쓰기 역시 일본군의 무장해제가 스스로의 손으로 실시되었고, 미군으로부터 어떠한 보복이나 충돌없이 우호적인 분위기 속에서 무사히 귀환하였다고 보고하였다.[10]

그렇다면 과연 조선 주둔 일본군의 귀환은 어떻게 추진되었을까. 여기에서는 기존 연구에서 다루지 않았던 일본 방위성 방위연구소와 외무성 외교사료관에 소장된 자료를 바탕으로 일본군의 귀환 상황을 육군과 해군으로 나누어 검토해 보겠다.[11]

---

9) 吉田俊隈, 「朝鮮人 志願兵·徵兵의 梗概」, 『朝鮮軍關係史料 2/2』, アジア歷史資料センター C13070003800.

10) 第17方面軍司令官兼朝鮮軍管區司令官 上月良夫, 「第17方面軍 朝鮮軍の終戰狀況上奏文(1945.12.5)」.

11) 일본군과 미군의 귀환 교섭 과정 및 주요 내용은 유지아의 연구에 비교적 상세히 기술되어 있다. 유지아의 글에는 모리타 요시오(森田芳夫)의 『朝鮮終戰の記錄』 등을 토대로 작성된 일본군의 주별 귀환 현황표가 게시되어 있다.(유지아, 앞 논문, 187쪽.) 여기에는 1945년 9월부터 12월까지 총 17만 6,241명의 귀환 현황이 나타나 있다. 이중

우선 조선 주둔 일본 육군의 귀환 상황이다. 1945년 10월 6일자[12] 조선군관구사령부 참모장이 육군성 차관에게 보낸 조선 주둔군 '복원(復員)'[13] 계획에 따르면, "군 수송은 9월 27일부터 우선 부산 내 부대를 부산으로부터 1일 평균 약 4,000명씩 수송 중으로 현재는 대구 이남 부대를 차례로 환송 중"이었다고 한다. 10월 7일부터는 "대구 이북 부대의 수송을 개시할 예정"이며 이와는 별도로 미군 함선을 이용 2만 명의 병력을 인천항을 통해 귀환 수송할 계획이라고 밝히고 있다. 아울러 본 계획을 통한 군 전반-북위 38도선 이남 중 제주도 제외-의 수송은 10월 말 완료될 예정이었다.[14]

1945년 10월 19일자 조선군관구사령부 참모장이 육군성 차관에게 보낸 보고에는 위 문건이 계획한 수송 현황이 구체적으로 확인된다.[15] 1945년 9월 28일부터 10월 18일까지 미군의 LST를 이용해 귀환한 일본군의 인원수가 날짜별로 기재되어 있다. 이 문건에는 조선 주둔군의 귀환 수송을 18일자로 일단 완료했으며, 이후 한반도에 잔류한 병력은 제주도에 5만 명, 38선 이남 조선에 만 명, 그리고 이북에 6만 명이라고 밝혀져 있다.[16]

97%인 약 17만 여명이 11월 상순까지 모두 귀환한 것으로 기술되었다. 다만, 귀환 현황은 자료별로 다소 차이를 보인다. 여기에서는 당시 조선 주둔군 당국이 직접 보고한 문건을 토대로 그 실태를 살펴보겠다.

12) 10월 5일 11:53 발-10월 6일 05:40 착.

13) 일본군에서 '動員'에 대응하여 쓰이는 말이다. 즉 전시 동원령에 따라 동원된 병사들이 평시가 되어 복원령에 의해 복원되었다고 표현된다. 除隊·退役 등과 혼돈하여 쓰이는 경우가 있으나 엄밀하게는 구분된다. 해군에서는 '解員'이라고 불렀다. 이 글에서는 일반적인 의미에서 귀환으로 번역해 사용하였다.

14) 「朝參電 第87号(1945.10.6)」朝鮮軍管區參謀長(大田)-次官·次長.(外務省 外交史料館 K-0004「太平洋戦争終結による在外邦人保護引揚関係 在外各地状況及び善後措置関係 南鮮の状況(朝鮮全般のものを含む)」).

15) 「朝參電 第375号(1945.10.19)」朝鮮軍管區參謀長(大田)-陸軍次官.(外務省 外交史料館 K-0004「太平洋戦争終結による在外邦人保護引揚関係 在外各地状況及び善後措置関係 南鮮の状況(朝鮮全般のものを含む)」).

16) 해방 후 한반도 내 일본인들의 귀환은 38도선을 경계로 나누어진다. 즉 북한은 소련

〈표 2〉 1945년 9월부터 10월까지 조선 주둔 육군 귀환 현황

출항 항	일시(월.일)	인원수(명)	비고
부산	9.28	3,674	
	9.29	5,436	
	9.30	1,147	
	10.1	4,842	
	10.2	2,641	
	10.3	5,362	
	10.4	581	
	10.5	4,465	
	10.6	2,355	
	10.7	7,775	
	10.8	2,079	
	10.9	3,427	
	10.10		
	10.11	6,074	
	10.12		
	10.13	591	
	10.14	7,655	
	10.15	2,428	
	10.16	9,070	
	10.17	7,256	
	10.18	4,646	
	계	81,074	실제 합계는 81,504명
인천	10.10	10,000	
	10.16	10,000	
	계	20,000	
총계		101,074	실제는 101,504명

이에 따르면 한반도 내 일본 육군의 귀환 대상 총수는 22만여 명이

이, 남한은 미군이 관장하게 되었는데 미군이 진주했던 남한의 경우 미 당국과의 교섭을 통해 귀환이 비교적 원활하게 진행된 반면, 북한 지역의 일본인들은 그렇지 못했다. 더불어 일본군의 경우에도 서울에 있었던 조선 주둔 일본군 사령부는 주로 미군과의 교섭을 통한 남한 지역 장병들의 귀환만을 도모할 수 있었다.

었고, 이 중 약 10만 천여 명이 10월 중순까지 귀환을 마쳤으며, 북한 내 6만 명을 포함 12만 명이 아직 한반도에 잔류하고 있음이 확인된다. 또한 10월 중순까지 귀환인원 10만 명 중 8만 명은 부산항, 2만 명은 인천 항을 통해 귀환했다고 기록하였다.

위의 10월 6일자 문건과 10월 19일자 문건을 비교해 보면 일본군의 귀환 수송이 계획에 따라 큰 차질없이 진행되고 있음을 알 수 있다. 즉 10월 말까지 제주도를 제외한 남한 지역 조선 주둔군의 귀환 수송을 마치겠다는 계획에 따라 10월 18일 현재 1만여 명을 제외한 모든 병력이 한반도를 떠났고, 인천항을 통한 출항 계획도 차질없이 10월 중순 두 차례에 걸쳐 추진되었다.

해군의 경우에도 크게 다르지 않았을 것이다. 조선 주둔 해군의 귀환 계획은 방위성 방위연구소에 소장되어 있는 『남선해군부대복원관계서류철(南鮮海軍部隊復員關係書類綴)』[17]을 통해 살펴볼 수 있다. 특히 서류철 내에는 「남선해군부대 복원 군인 군속 귀환 수송계획」이라는 제목의 문건이 편철되어 있는데, 1945년 9월 27일부터 10월 31일에 걸친 한반도 내 일본 해군의 귀환 계획이 자세히 기술되어 있다. 해군의 경우에도 남선, 즉 38도선 이남을 기준으로 하고 있었는데, 해군은 주로 진해경비부를 중심으로 주둔하고 있었기 때문에 귀환 대상의 대부분은 남한 지역에 잔류하고 있었을 것으로 예상할 수 있다.

남한지역 해군부대의 귀환 대상 총원은 8,983명이었다. 이중 장교가 283명, 특무사관과 준사관은 337명, 하사관과 병이 7,863명, 그리고 군속이 약 500명 포함되어 있었다. 귀환 수송은 고사오(光濟丸)와 류헤이(龍平丸) 두 척의 배가 사용될 계획이었다.[18]

---

17) 『南鮮海軍部隊復員關係書類綴(1945.9.26)』(防衛省 防衛研究所 中央-終戰處理-33). 이 서류철은 『米國第7艦隊に對する報告』라는 문서군에 포함되어 있다.

18) 고사오마루는 1,115톤으로 수송가능원수가 800명, 류헤이마루는 725톤으로 650명을 수송할 수 있었다.

진해 발항일(發港日) 기준 귀환 수송 인원은 다음과 같다.

〈표 3〉 1945년 9월부터 10월까지 조선 주둔 해군 귀환 수송 계획

선정명	선주구간	진해발항기일	수송인원		기사
			군인군속	가족 및 일반시민	
고사오마루	진해-하카다	9월 28일	500	300	각 항해 마다 수송 여력은 군인 군속의 가족 약 2600명의 수송으로 충당.
		10월 2일	500	300	
		10월 9일	500	300	
		10월 14일	600	200	
		10월 20일	600	200	
		10월 27일	600	200	
류헤이마루	진해-하카다	9월 27일	300	0	
		10월 4일	400	250	
		10월 8일	400	250	
		10월 13일	450	200	
		10월 20일	450	200	
		10월 27일	450	200	
계			5750	2600	

위 수송계획을 보면, 고사오와 류헤이 두 선편으로 진해-하카다 항로를 통해 총 8,350명의 인원을 수송할 예정이었다. 그런데 이중 2,600명은 '가족 및 일반시민'이 포함되어 있었다. 육군과 다르게 해군에서는 군인 가족과 일반인의 수송 계획도 마련하고 있었던 것이다.

두 척의 해군 복원수송선에 탑승하지 못한 해군 인원은 9월 27일부터 10월 29일 사이에 매일 약 100명씩 관부연락선(關釜連絡船)을 통해 수송토록 계획하였다. 관부연락선을 이용한 귀환자는 3,233명이었다.[19)]

해군의 귀환 수송이 위 계획에 따라 진행되었는지 여부는 확인하지

19) 이밖에 제주도에 잔류해 있는 해군도 654명 있었다고 한다. 장교 25명, 특무 및 준사관 13명, 하사관 및 병 610명, 군속 6명.

못했다. 그러나 이미 귀환 수송 계획은 미군과의 협조 속에서 추진되고 있었던 만큼 큰 어려움 없이 시행되었을 것이다.[20] 더욱이 해군은 진해 경비부를 중심으로 주둔하면서 한인들과의 접촉이 크지 않았기 때문에 별다른 불상사도 발생하지 않았을 것으로 보인다.

해방 직후에도 한반도는 여전히 패전국 군대의 손아귀에서 자유롭지 못했다. 미군을 등에 업은 일본군의 한국민에 대한 속박은 해방을 무색케 하는 것이었다. 일본군은 엄연한 패전국 군대였음에도 불구하고 패전 이후 일정 기간 남한 내 치안권을 장악한 채 매우 안전하고 순조롭게 자국으로 귀환할 수 있었다.

일제 침략군의 상처받지 않은 패전이었다.

20) 해군 수송 계획은 미 제7함대에 보고한 문서군 내에 편철되어 있었다.

참고문헌

〈신문자료〉

『每日申(新)報』, 『朝鮮時報』, 『朝鮮中央日報』, 『朝鮮日報』, 『東亞日報』

〈일본 방위성 방위연구소 소장자료〉

「陸海軍防空協定ノ件通牒」, 『大正12年 軍事機密大日記』 3/6.

「朝鮮時局宣傳事務概要－朝鮮中央情報委員會活動狀況竝ニ同會附議事項」, 『昭和12年 時局宣傳事務報告』.

「南鮮地方兵營設置ニ關スル件」, 『陸軍省大日記 乙輯 大正13年』.

「兵營設置ニ關スル件」, 『陸軍省大日記 乙輯 大正13年』.

「土地買收ノ件申請」, 『昭和14年 密大日記』 第5册.

『朝鮮に於ける戰爭準備』, 陸軍一般史料 滿洲－朝鮮－2.

「木浦地区兵要地理」, 陸軍一般史料 滿洲－朝鮮－37.

『在南鮮 日本軍 部隊概況報告』, 陸軍一般史料 滿洲－朝鮮－44.

『第17方面軍 終戰關係雜書綴(1945.9)』, 陸軍一般史料 滿洲－朝鮮－71.

「朝鮮軍人馬自動車概數表」, 陸軍一般史料 滿洲－朝鮮－196.

「部隊行動表」, 陸軍一般史料 滿洲－朝鮮－199.

『昭和16年5月 朝鮮視察報告』(整備課 近藤少佐), 陸軍一般史料 滿洲－朝鮮－379.

「大東亞戰爭 第17方面軍 築城施設配置圖」, 陸軍一般史料 滿洲－地誌資料－23.

「南鮮部隊概況表」, 陸軍一般史料 滿洲－終戰時の日ソ戰－1063.

『飛行場記錄(朝鮮ノ部)』, 陸軍一般史料 陸空－滿洲方面－125.

『在滿鮮北方陸軍 航空部隊概見表』, 陸軍一般史料 陸空－滿洲方面－135.

『在朝鮮陸軍航空部隊 行動概況』, 陸軍一般史料 陸空－滿洲方面－136.

『陸軍飛行場要覽(北海道·朝鮮)』, 陸軍一般史料 陸空－本土周邊－86－2.

「朝鮮の航空に關する植弘少佐回想」, 陸軍一般史料, 陸空－日誌回想－874.

『聯合軍司令部回答書類綴』, 陸軍一般史料 中央-終戰處理-3.
『昭和20年3月 隷下部隊長會同の際の兵器生産 狀況報告(仁川陸軍造兵廠)』, 陸軍一般史料 中央-軍事行政兵器-41.
『隷下部隊長会同に関する綴(1945.7月)』, 陸軍一般史料 中央-軍事行政-軍需動員-476.
「陸軍航空後方作戰準備に關する資料 昭和17~20」, 陸軍一般史料 文庫-依託-505.
「日本兵器工業會資料 造兵廠の現況(1945.8.31.)」, 陸軍一般史料 軍事行政軍需動員-195.
『鎭海警備府引渡目錄』, 海軍一般史料 ①中央-引渡目錄-4·5.
『第1連合航空隊戰闘詳報 昭和12.8~12.10』, 海軍一般史料 ②戰史-支那事變-33.
「航空基地図 樺太, 千島, 北海道, 朝鮮, 中國, スマトラ, 馬來 等」, 海軍一般史料 ⑤航空基地-95.

〈문헌자료〉

朝鮮軍經理部, 『朝鮮師團營舍建築史』, 1923.
『忠淸南道發展史』, 湖南日報社, 1934.
鈴木武雄, 「大陸兵站基地論解說」, 『今日の朝鮮問題講座 第2册』, 綠旗聯盟, 1939.
______, 「兵站基地としての半島」, 『大東亞戰爭と半島』, 人文社, 1942.
______, 『朝鮮の経済』, 日本評論社, 1942.
______, 『朝鮮經濟の新構想』, 東洋經濟新報社, 1942.
______, 『朝鮮の決戰態勢』, 朝日新聞社, 1943.
森田芳夫 著, 『朝鮮終戰の記録-米ソ兩軍の進駐と日本人の引揚-』, 巖南堂書店, 1964.
戰史敎養叢書刊行會, 『戰史敎養叢書 近代日本戰爭概史』, 黎明社, 1965.
金正明 編, 『朝鮮駐箚軍歷史』, 巖南堂書店, 1967.
防衛廳防衛硏修所 戰史室, 『戰史叢書 大本營陸軍部(1)』, 朝雲新聞社, 1967.
______, 『戰史叢書 本土防空作戰』, 朝雲新聞社, 1968.
______, 『戰史叢書 本土決戰準備 九州の防衛』, 朝雲新聞社, 1968.
______, 『戰史叢書 本土決戰準備(1) 關東の防衛』, 朝雲新聞社, 1971.
______, 『戰史叢書 大本營海軍部·聯合艦隊(6)-第3段作戰後期-』, 朝雲新聞社, .1971.

______, 『戰史叢書 滿洲方面陸軍航空作戰』, 朝雲新聞社, 1972.
______, 『戰史叢書 海軍航空概史』, 朝雲新聞社, 1976.
______, 『戰史叢書 陸軍航空作戰基盤の建設運用』, 朝雲新聞社, 1979.
宮田節子 編·解說, 『十五年戰爭極祕資料集 15-朝鮮軍概要史』, 不二出版, 1989.
宮田節子 監修, 宮本正明 解說, 『未公開資料 朝鮮總督府關係者 錄音記錄 5-朝鮮軍·解放前後の 朝鮮』, 東洋文化研究所 第6號 拔刷, 2004.
『주한미군사 1(History of the United States Army Forces in Korea: Part 1)』, 국사편찬위원회, 2014.
「ASCOM City, Korea: Historical Study of ASCOM City」, RG 550 Records of the U.S. Army, Pacific, 1945 – 1984, Box 224(국사편찬위원회 등록번호 IM0000204583).
Gordan L. Rottman, *Korean War Order of Battle–United States, United Nations, and Communist Ground, Naval, and Air Forces, 1950–1953* (Greenwood Publishing Group, 2002).

〈사전·편람〉

外山操 編, 上法快男 監修, 『陸海軍將官人事總覽(陸軍編)』, 芙蓉書房, 1985.
大濱徹也·小澤郁郎 編, 『改訂版 帝國陸海軍事典』, 同成社, 1995.
『日本步兵陸軍連隊』, 新人物往來社, 1991.
秦郁彦 編, 『日本陸海軍総合事典』 第2版, 東京大学出版会, 2005.
坂本正器·福川秀樹 編著, 『日本海軍編制事典』, 芙蓉書房出版, 2003.

〈논문·저서〉

광주학생운동기념회관, 『일제강점기 동굴 추정시설물 연구조사 결과 보고서』, 2015.
국방부 주한미군기지이전사업단, 『주한미군기지 역사-반환기지를 중심으로』, 2015.
국사편찬위원회, 『해외사료총서 32권-일본소재 한국사 자료 조사보고Ⅳ』, 2019.
______, 『일제의 강제동원과 인천육군조병창 사람들』, 2020.

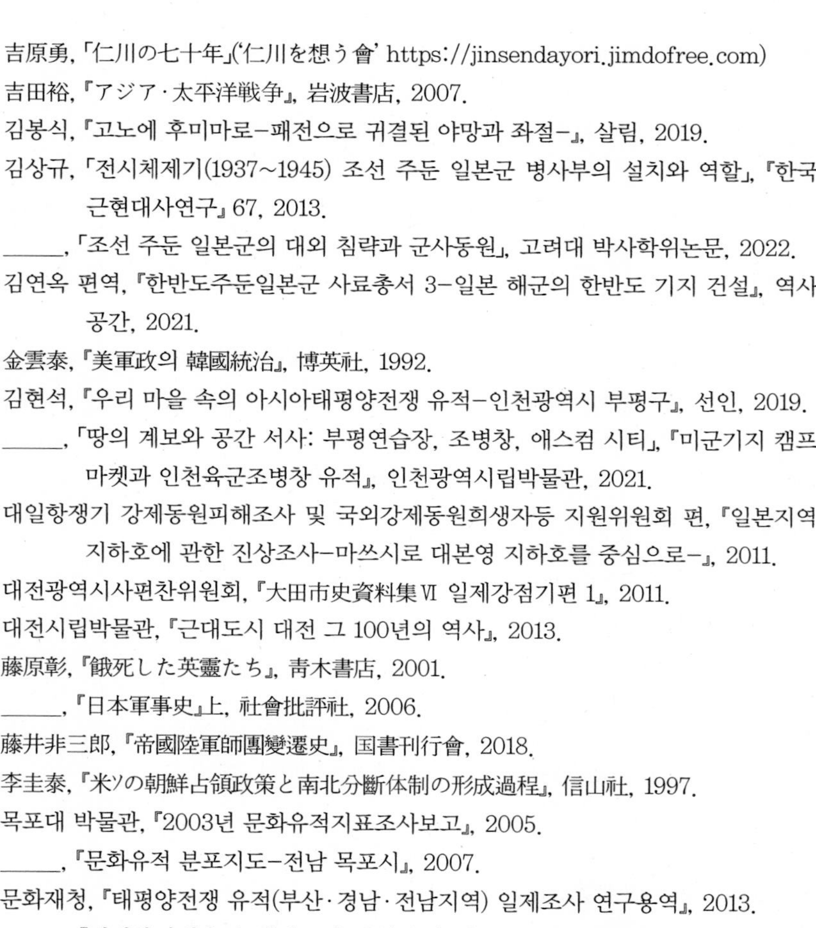

吉原勇, 「仁川の七十年」('仁川を想う會' https://jinsendayori.jimdofree.com)

吉田裕, 『アジア·太平洋戦争』, 岩波書店, 2007.

김봉식, 『고노에 후미마로–패전으로 귀결된 야망과 좌절–』, 살림, 2019.

김상규, 「전시체제기(1937~1945) 조선 주둔 일본군 병사부의 설치와 역할」, 『한국근현대사연구』 67, 2013.

______, 「조선 주둔 일본군의 대외 침략과 군사동원」, 고려대 박사학위논문, 2022.

김연옥 편역, 『한반도주둔일본군 사료총서 3–일본 해군의 한반도 기지 건설』, 역사공간, 2021.

金雲泰, 『美軍政의 韓國統治』, 博英社, 1992.

김현석, 『우리 마을 속의 아시아태평양전쟁 유적–인천광역시 부평구』, 선인, 2019.

______, 「땅의 계보와 공간 서사: 부평연습장, 조병창, 애스컴 시티」, 『미군기지 캠프마켓과 인천육군조병창 유적』, 인천광역시립박물관, 2021.

대일항쟁기 강제동원피해조사 및 국외강제동원희생자등 지원위원회 편, 『일본지역 지하호에 관한 진상조사–마쓰시로 대본영 지하호를 중심으로–』, 2011.

대전광역시사편찬위원회, 『大田市史資料集Ⅵ 일제강점기편 1』, 2011.

대전시립박물관, 『근대도시 대전 그 100년의 역사』, 2013.

藤原彰, 『餓死した英靈たち』, 青木書店, 2001.

______, 『日本軍事史』上, 社會批評社, 2006.

藤井非三郎, 『帝國陸軍師團變遷史』, 国書刊行會, 2018.

李圭泰, 『米ソの朝鮮占領政策と南北分斷体制の形成過程』, 信山社, 1997.

목포대 박물관, 『2003년 문화유적지표조사보고』, 2005.

______, 『문화유적 분포지도–전남 목포시』, 2007.

문화재청, 『태평양전쟁 유적(부산·경남·전남지역) 일제조사 연구용역』, 2013.

______, 『태평양전쟁유적 일제조사 종합분석 연구보고서–태평양전쟁시기 구축된 일본군 군사시설–』, 2016.

朴廷鎬, 「近代日本における治安維持政策と國家防衛政策の挾間–朝鮮軍を中心に–」, 『本鄕法政紀要』 第14号, 2005.

芳井研一, 「植民地治安維持体制と軍部–朝鮮軍の場合–」, 『季刊現代史』 7, 1976.

배석만, 「일제시기 조선기계제작소(朝鮮機械製作所)의 설립과 경영(1937~1945)」, 『인천학연구』 10, 2009.

백범정신선양회 엮음, 『백범일지』, 하나미디어, 1992.

부평문화원, 『장고개 길을 따라서–부평3보급단 지역 콘텐츠 조사사업』, 2021.12.

부평사편찬위원회 편, 『부평사』 3권·4권, 2021.

서민교, 「만주사변기 조선 주둔 일본군의 역할과 활동」, 『한국민족운동사연구』 32, 2002.

_____, 「근대 일본의 조선 주둔군에 대한 고찰-그 시원에서 1910년 한국병합까지-」, 한일관계사연구논집 편찬위 편, 『일본의 한국침략과 주권침탈』, 경인문화사, 2005.

수요역사연구회 편, 『제국 일본의 하늘과 방공, 동원 1-방공정책과 식민지 조선-』, 선인, 2012.

신주백, 「일제의 강점과 조선 주둔 일본군(1910~1937)」, 『일제 식민지 지배의 구조와 성격』, 경인문화사, 2005.

_____, 「1910년대 일제의 조선통치와 조선 주둔 일본군」, 『한국사연구』 109, 2000.

_____, 「1945년 한반도에서 일본군의 '본토결전' 준비」, 조성윤 외 공저, 『일제 말기 제주도의 일본군 연구』, 보고사, 2008.

_____, 「1945년도 한반도 남서해안에서의 '본토결전' 준비와 부산·여수의 일본군 시설지 현황」, 『軍史』 70, 2009.

_____, 「한반도에서 일본군 역사(1904~1945)」, 송연옥·김영 편저, 박해순 옮김, 『군대와 성폭력』, 선인, 2012.

_____, 「전시체제기 조선인 해군군속의 일본지역 동원 현황」, 『한국민족운동사연구』 81, 2014.

_____, 「'태평양전쟁'기 일본 화물선 침몰과 조선인 舊海軍 군속의 사망피해」, 『한국민족운동사연구』 85, 2015.

심재욱, 「전시체제기 시바우라(芝浦) 海軍施設補給部의 조선인 군속 동원」, 『한국민족운동사연구』 97, 2018.

심재욱, 「工員名票」를 통해 본 戰時體制期 舊日本陸軍造兵廠의 조선인 군속동원」, 『한국민족운동사연구』 66, 2011.

안자코 유카, 「조선총독부의 '총동원체제'(1937~1945) 형성 정책」, 고려대 박사학위논문, 2006.

庵逧由香, 「朝鮮に常設された第19師團と第20師團」, 坂本悠一 編, 『地域のなかの軍隊』 7, 吉川弘文館, 2015.

五島寧, 「日本統治下の平壌における街路整備に関する研究」, 『土木史研究』 14, 1994.

오코노기 마사오 지음, 류상영 등 옮김, 『한반도 분단의 기원』, 나남, 2019.

유경호, 「평양의 도시발달과 지역구조의 변화」, 고려대학교 교육대학원 석사학위논문, 2007.

윤현명, 「근대 일본의 임시군사비에 대한 일고찰」, 『한국학연구』 28, 2012.
______, 「중일전쟁기 일본 육해군의 임시군사비 전용 문제 분석-제국의회의 논의를 중심으로-」, 『군사』 119, 국방부 군사편찬연구소, 2021.
이민성, 「1910년대 중반 조선 주둔 일본군 군영 배치계획과 군영 유치운동의 양상」, 『한국근현대사연구』 83, 2017.
______, 「1920년대 조선 주둔 일본군 항공부대 설치와 부지선정 문제」, 독립기념관 한국독립운동사연구소 발표논문, 2021.
______, 「1920년대 조선 주둔 일본군 항공부대 설치와 지역사회」, 『한국독립운동사연구』 83, 2023.
이상의, 「아시아태평양전쟁기 일제의 인천조병창 운영과 조선인 학생동원」, 『인천학연구』 25, 2016.
______, 「구술로 보는 일제하의 강제동원과 '인천조병창'」, 『동방학지』 188, 2019.
이양희, 「일본군의 3·1운동 탄압과 조선통치방안-朝鮮騷擾事件關係書類를 중심으로-」, 『한국근현대사연구』 65, 2013.
이연경, 「1940년대 인천 일본육군조병창의 설치와 군수산업도시 부평의 탄생」, 『도시연구: 역사·사회·문화』 30, 2022.
이완희, 『한반도는 일제의 군사요새였다』, 나남, 2014.
인천광역시립박물관, 『미군기지 캠프 마켓과 인천육군조병창 유적』, 2021.
______, 『캠프 마켓 1단계 반환구역 건축도면 해제집』, 2021.
일제강점하강제동원피해진상규명위원회, 『제주도 군사시설 구축을 위한 노무·병력 동원에 관한 조사』, 2007.
______, 『굴 파러 군대 갔어』, 2008.
______, 『일제시기 조선 내 군사시설 조사-전남 서남해안 일대 군인동원을 중심으로-』, 2008.
______, 『일하지 않는 자는 황국신민이 아니다-제주도 군사시설 구축에 동원된 민중의 기억』, 2008.
임동우, 『평양 그리고 평양 이후-양 도시 공간에 대한 또 다른 시각-1953~2011-』, 효형출판, 2011.
임종국, 『日本軍의 朝鮮侵略史 Ⅰ·Ⅱ』, 일월서각, 1988·1989.
장세훈, 「한국전쟁과 남북한의 도시화-서울과 평양의 전후 복구 과정을 중심으로」, 『사회와 역사』 67, 2005.
戰爭と空爆問題硏究會, 『重慶爆擊とは何だったのか』, 高文硏, 2009.
정명섭 외 지음, 『일제의 흔적을 걷다』, 더난출판, 2016.

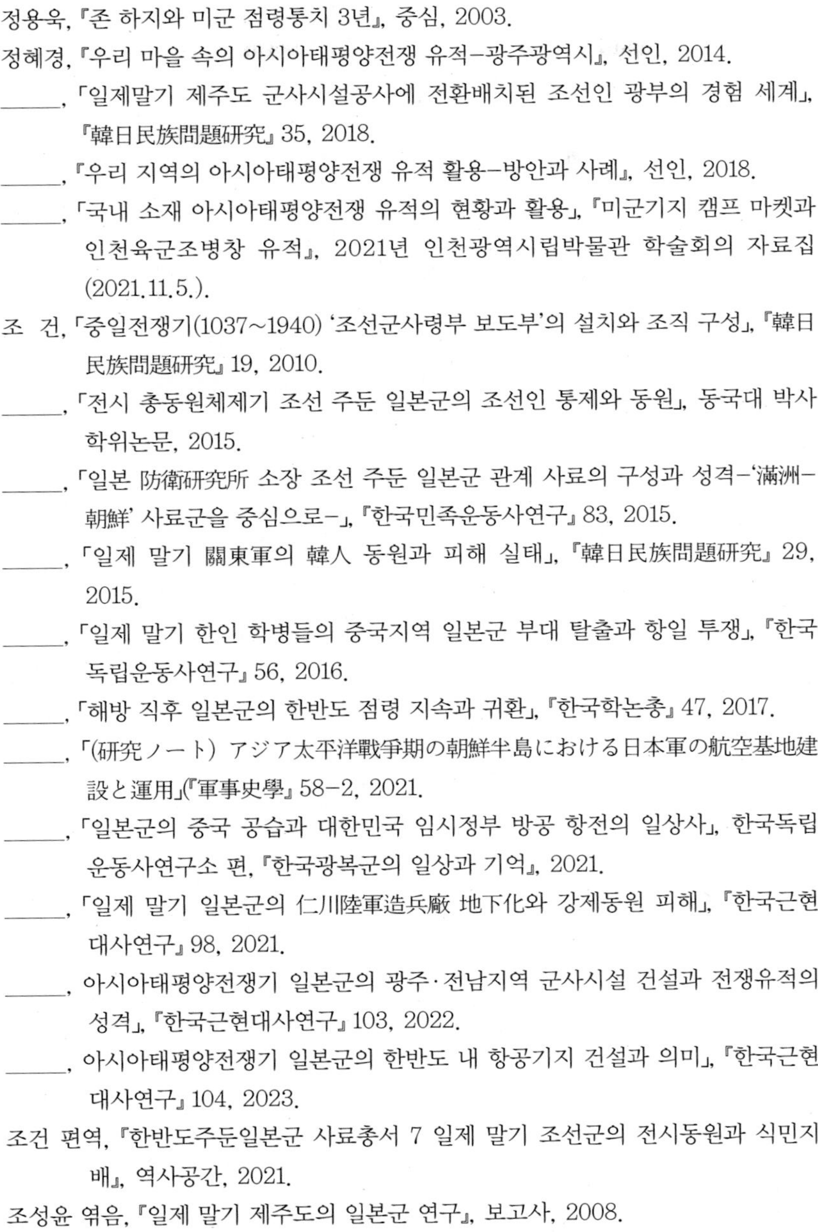

정용욱, 『존 하지와 미군 점령통치 3년』, 중심, 2003.

정혜경, 『우리 마을 속의 아시아태평양전쟁 유적–광주광역시』, 선인, 2014.

______, 「일제말기 제주도 군사시설공사에 전환배치된 조선인 광부의 경험 세계」, 『韓日民族問題硏究』 35, 2018.

______, 『우리 지역의 아시아태평양전쟁 유적 활용–방안과 사례』, 선인, 2018.

______, 「국내 소재 아시아태평양전쟁 유적의 현황과 활용」, 『미군기지 캠프 마켓과 인천육군조병창 유적』, 2021년 인천광역시립박물관 학술회의 자료집(2021.11.5.).

조 건, 「중일전쟁기(1037~1940) '조선군사령부 보도부'의 설치와 조직 구성」, 『韓日民族問題硏究』 19, 2010.

______, 「전시 총동원체제기 조선 주둔 일본군의 조선인 통제와 동원」, 동국대 박사학위논문, 2015.

______, 「일본 防衛硏究所 소장 조선 주둔 일본군 관계 사료의 구성과 성격–'滿洲–朝鮮' 사료군을 중심으로–」, 『한국민족운동사연구』 83, 2015.

______, 「일제 말기 關東軍의 韓人 동원과 피해 실태」, 『韓日民族問題硏究』 29, 2015.

______, 「일제 말기 한인 학병들의 중국지역 일본군 부대 탈출과 항일 투쟁」, 『한국독립운동사연구』 56, 2016.

______, 「해방 직후 일본군의 한반도 점령 지속과 귀환」, 『한국학논총』 47, 2017.

______, 「(硏究ノート) アジア太平洋戰爭期の朝鮮半島における日本軍の航空基地建設と運用」『軍事史學』 58–2, 2021.

______, 「일본군의 중국 공습과 대한민국 임시정부 방공 항전의 일상사」, 한국독립운동사연구소 편, 『한국광복군의 일상과 기억』, 2021.

______, 「일제 말기 일본군의 仁川陸軍造兵廠 地下化와 강제동원 피해」, 『한국근현대사연구』 98, 2021.

______, 아시아태평양전쟁기 일본군의 광주·전남지역 군사시설 건설과 전쟁유적의 성격」, 『한국근현대사연구』 103, 2022.

______, 아시아태평양전쟁기 일본군의 한반도 내 항공기지 건설과 의미」, 『한국근현대사연구』 104, 2023.

조건 편역, 『한반도주둔일본군 사료총서 7 일제 말기 조선군의 전시동원과 식민지배』, 역사공간, 2021.

조성윤 엮음, 『일제 말기 제주도의 일본군 연구』, 보고사, 2008.

조성윤·지영임·허호준, 『빼앗긴 시대 빼앗긴 시절–제주도 민중들의 이야기–』, 선인, 2007.
조성훈, 「북한의 도시발달 연구–평양시를 중심으로–」, 『국사관논총』 70, 1996.
줄리오 두헤 지음, 이명환 옮김, 『제공권』, 책세상, 1999.
표영수, 「일제말기 병력동원정책의 전개와 평양학병사건」, 『韓日民族問題硏究』 3, 2002.
_____, 「해군특별지원병제도와 조선인 강제동원」, 『한국민족운동사연구』 58, 2009
하세가와 쓰요시 지음, 한승동 옮김, 『종전의 설계자들–1945년 스탈린과 트루먼, 그리고 일본의 항복』, 메디치, 2019.
하야시 사부로 지음, 최종호 옮김, 『태평양전쟁의 지상전』, 논형, 2021.
한만송, 『캠프 마켓: 아픈 희망의 역사 부평 미군기지를 말하다』, 봉구네책방, 2013.
황선익, 「해방 전후 재한일본인의 패전 경험과 한국 인식–모리타 요시오를 중심으로–」, 『한국학논총』 34, 2010.
荒井信一, 『空爆の歴史』, 岩波書店, 2008.

찾아보기

【ㅇ】

【ㅈ】

【ㅊ】

【ㅋ】

【ㅌ】

【ㅍ】

【ㅎ】

조건

· 동국대 사범대학 역사교육과, 동국대 대학원 사학과 졸업(문학박사)
· 대통령 소속 친일반민족행위진상규명위원회 조사관 역임
· 국무총리 소속 대일항쟁기 강제동원피해 및 국외강제동원희생자등 지원위원회 전문위원 역임
· 동국대 대외교류연구원 및 고려대 한국사연구소 연구교수 역임
· 現 동북아역사재단 연구위원
· 現 서울시 문화재위원회 전문위원
· 現 동국대 역사교과서연구소 운영위원
· 現 역사와교육학회 편집위원장
· 現 한국근현대사학회 편집위원

〈논저〉

· 『반대를 논하다-'반일종족주의'의 역사부정을 넘어-』(공저), 선인, 2019
· 『한반도주둔일본군 사료총서 7-일제 말기 조선군의 전시동원과 식민지배』(편역서), 역사공간, 2021
· 「중일전쟁기 일본군의 중국 공습과 대한민국 임시정부의 고투」, 『한국근현대사연구』 95, 2020
· 「일제의 아시아태평양전쟁기 조선인 '전사자' 정책과 식민 지배」, 『역사와교육』 32, 2021
· 「2021년 일본 고등학교 검정교과서의 한국 근대사(1890-1910) 서술과 특징」, 『한일관계사연구』 76, 2022
· 「일제의 조선인 해군 지원병제도 시행과 특징」, 『북악사론』 18, 2023